呼應能力指標的教學與評量設計

洪碧霞 主編

洪碧霞、陳　沅、林宜樺、黃秀霜、鄒慧英、蔡玲婉、鍾榮富、
林娟如、林素微、謝　堅、蔡樹旺、涂柏原、翁大德、陳煥文、
徐秋月、謝苑玫、林玫君、洪顯超、歐宗明、龔憶琳　著

主·編·者·簡·介

洪碧霞

學歷：美國明尼蘇達大學教育心理系博士

專長：教學評量、教育測驗、電腦化適性測驗、認知診斷

經歷：國立台南大學教育學院院長

國立台南大學測驗統計所教授兼所長

國立台南師範學院初等教育系教授

國立台南師範學院初等教育系副教授

國立新竹師範學院特教中心助教

彰化縣二林國中教師

曾經獲得之榮譽：

全國教育學術團體聯合年會木鐸獎（中國測驗學會推薦）

（2002 年 12 月）

現職：國立台南大學測驗統計所教授

科技化評量中心主任

作 · 者 · 簡 · 介

洪碧霞（第一章、七章、十至十一章）

見主編者簡介

陳沅（第一章）

台南市永福國小

林宜樺（第一章）

高雄市苣光國小

黃秀霜（第二章）

國立台南大學教育學系

鄒慧英（第二至三章）

國立台南大學測驗統計研究所

蔡玲婉（第二章）

國立台南大學國語文學系

鍾榮富（第四至五章）

南台科技大學應用英語系

林娟如（第四至五章）

國立台南大學教育學系

林素微（第六至七章）

國立東華大學數學系

謝堅（第六章）

國立台南大學數學教育學系

蔡樹旺（第八至九章）

國立嘉義大學科學教育研究所

涂柏原（第八至九章）

國立台南大學測驗統計研究所

翁大德（第九章）

台南市復興國民小學

陳煥文（第十至十一章）

國立台南大學測驗統計研究所

徐秋月（第十至十一章）

國立台南大學教育學系

謝苑玫（第十二章）

國立台南大學音樂學系

林玫君（第十二章）

　國立台南大學戲劇創作與應用學系

洪顯超（第十二章）

　國立台南大學美術學系

歐宗明（第十三至十四章）

　國立台南護理專科學校通識教育中心

龔憶琳（第十三至十四章）

　國立台南大學體育學系

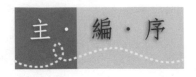

主·編·序

教育品質的反省

　　最近十年，配合教育改革，教育社群積極推動國民中、小學教師教學和評量的專業成長，舉凡建構主義、能力指標、多元評量、行動研究、績效評鑑等，接二連三教師研習的波瀾，吹皺安定保守的教學文化。當然，改變本身並不是目的，教育改革的目的在追求教育品質的提升，而品質的反省，始於現況與目標的差異評估。比如說，各項國際評比資訊顯示，台灣學生數學表現佳、科學素養不錯、推論支撐的說明能力相對較弱、閱讀素養則可積極強化。針對這些資訊，我們或許會希望學生能更喜愛數學、論述有據，而且養成閱讀習慣。如果教師們準備啟動新一波自主的教學改革，該如何進行有效的規劃與執行呢？

　　任何有利學習意義化的行動革新都是教育社群引領期盼的改變，但是教師專業的成長除了需要啟動時高強度的激勵，更需要後續實務執行中不斷的省思和調整。教學改革效益的反思深切依賴教學與評量創新設計的能力，大家都知道這項能力涉及重要能力指標焦點的詮釋和描繪，但多數教師傾注所有心力在教學活動的設計，事實上，教學評量可以像是學習樂章的伴奏，貴在支撐生手學習的主軸，並進一步彰顯學習者的優勢特色。評量結果企圖述說學生學習表現的故事，每個題目也都像是一個鏡頭的腳本。能力指標提供故事綱要，教與學的平台上，身兼導演、編劇和攝影的教師，需要素養豐沛，熱愛學習，方能呈現出一個主題重要、內容結構有意義、事件流暢精練、畫面清晰扣人心弦的學生學習表現特徵故事。錯讀指標，內涵將貧乏膚淺；焦距沒調準，看不清學生的表現；角度不佳，無法呈現學習的真切樣貌；錯選鏡頭，更無從反映改革成效。所以，教學品質提升的深切關懷，即應化為有

效指標的檢核行動。評量是教學活動效能反省的重要機制，評量設計具體示範教學目標的精義，支持並回饋教學。基於這樣的信念，本書特別強調教學目標、教學活動與評量設計如影隨形、相互呼應的重要性。

本書作者群認同全人教育的價值，因此，採合著的方式，兼顧七大學習領域，再從領域特定的能力指標出發，擇定關鍵核心能力，提供教學與評量設計理念的說明和對應的具體示例。當嬰兒跨出蹣跚的第一步時，多能博得滿堂喝采；曾幾何時，孩子學會複雜抽象的知識概念，卻變成期待中的當然。進步是需要許多的累積和轉化，終身學習的奠基階段，如果能有適切的支持和回饋，孩子們的學習一定能更為自信和投入。學生學習路上重要、正向改變的引導與回饋是學習經營的核心，在教師或職前教師自主、嚴謹的教學革新努力中，本書作者群期盼能積極參與，提供起步的建議，使國民教育品質提升的行動反省更為明確，使教學創新的績效更具永續力。

國立台南大學測驗統計所教授

洪碧霞 2010 年 1 月於紅樓

目錄 *Contents*

chapter 1

學生學習能力的培育與評量

洪碧霞

陳　沅

林宜樺

一、學生學習能力的培育

　　台灣教育目標的轉化，與世界多數已開發國家對當前公民重要能力的新定義呈現合理共鳴的基調。OECD（Organisation for Economic Co-operation and Development）針對現代公民所需能力進行跨國調查研究 DeSeCo（Definition and Selection of Competencies: Theoretical and Conceptual Foundations, Rychen & Salganik, 2001），該計畫假設學生或公民的能力（competency）可藉由優質學習經驗進行有效培育，而這些重要能力也能透過適切的評量設計予以量化和分級，該核心能力分析概念架構如圖 1-1。圖中以個體成功的生命和社會健全的運作為目標，同時兼顧個體和社會的需求。核心能力發展的必要機制為反思，因為反思活動能綜合生命正式與非正式的知識經驗，統整發展個體思考和行為的能力（Perrenoud, 2001）。這項分析的能力包含三大類，每一類能力的運作，除了認知成分外，同時包含情意層面像態度、動機、價值取向和

情緒等。Rychen（2003）對圖 1-1 各類能力內涵的說明摘述如下：

1. 在異質群體中互動（interacting in heterogeneous groups）的能力，包含與他人建立關係、合作及解決衝突的能力。

2. 自主行動力（acting autonomously）的能力，包含全觀的行動力、形成並執行個人生命規劃的能力、明確掌握個人權利、興趣、限制和需求的能力。

3. 互動中運用工具（using tools interactively）的能力，包含互動中運用語文、符號、書本、知識、訊息和科技的能力。

統整認知與情意的思維架構（如圖 1-2）在認知與社會心理學漸趨普遍（如 Bandura, 2001; Fogarty & McTighe, 1993; Snow & Jackson, 1997）。但目前多數教育績效檢核的大型測驗仍集中在知識或工具運用的範圍，雖然部分國際性測驗開始企圖評量個體的自主行動力，像是 PISA（Programme for International Students Assessment）嘗試針對學生解題歷程中的投入、動機、學習

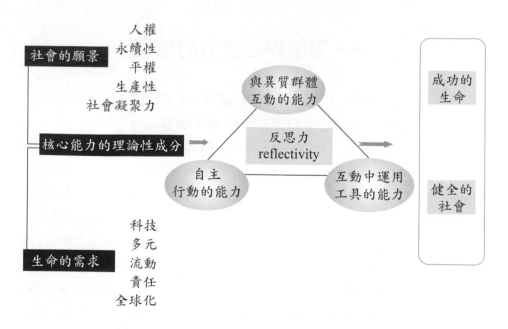

圖 1-1　DeSeCo 核心能力的概念架構示意圖

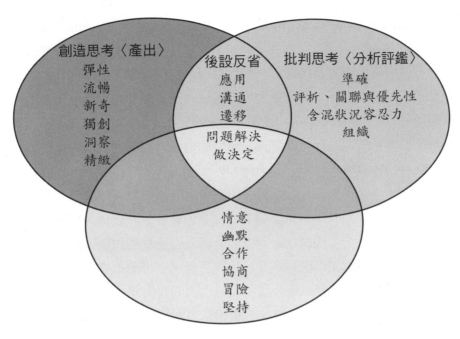

圖 1-2　Fogarty 和 McTighe（1993）的「認知與情意關聯架構」

策略、自我組織學習和後設認知等成分進行評量，但基於該測驗認知作業的本質，這些努力都還只能算是不錯的起步。因應時代的進展，教育目標轉化的理念漸趨明確，如圖 1-2 同時正視個體創意、批判和後設等認知與情意特徵交互運作的全人能力培育，已經是各國教育系統重要的努力方向，但是教學和評量實務的執行奮戰卻才剛要啟動。

二、呼應教育目標的教學與評量設計

圖 1-1 的重要能力架構，可以作為世界各國最近二十年來推展教育改革主要願景或藍圖的典型表徵。在所有改革行動中，第一波通常是教育目標的轉化重構，緊隨而來的第二波即是績效檢核測驗的實施。教育目標的陳述與其所植基的教育價值、學習理論和未來教育成果檢核的視野有著密切的關聯。國家層次反省教育成效可參酌國際評量的結果，像 TIMSS（Trends in International Mathematics and Science Study）、PIRLS（Progress in International Reading Literacy Study）、PISA 等結果資訊的提供，即希望帶動各國教育政策的反省，提升各國教育實施的績效。地球村裡學生所具備知能的內涵和水準，或是他們思考、學習、溝通的能力，已經成為個體生涯和國家整體競爭力的重要指標。除了跨國測驗結果的比較，部分國家更重視依據自己的教育目標，實施國內教育績效的長期追蹤評量，典型的例子就是美國的國家教育進展評量（National Assessment of Educational Progress, NAEP）。NAEP 系統性的針對四、八和十二年級學生進行學習表現評量，評量結果可以驅動教育法案的訂定（如 No Child Left Behind, NCLB），深切影響教育資源分配的決策。像這類大型教育評量，可提供教育目標的全觀視野及具體的樣本試題，明確溝通教育系統中重要認知表現的廣度及其評量標準。大型教育評量所公告的不只是有品質的試題，更是試題及其結構所代表的教與學的基本理論和價值。

　　教育目標、學習理論和社會文化價值息息相關，評量設計理應植基於主流的教育哲學和學習理論。而呼應教育目標並不只是大型教育測驗的任務，課室內的教學評量焦點雖小，但歷程性點滴的共鳴，對學習的引導與支持，影響更是深遠。比如 Gardner（1992）曾針對教學評量提出發人深省的批判，他認為學校教育應全面地養成一個豐富而高生產力的個體，而任何能力的發展都仰賴適切的學習經驗。因此，教育經驗旨在協助學生藉由學習的歷程覺察自己的特長、性向和興趣，以進行最有利而積極的生命經營。基於這樣的教育理念，Gardner 認為好的教學評量應充分反映學生重要能力發展的全貌，因此，他提出多元智力的理念，希望能協助師生對具教學意義的個別差異有更靈敏的覺察和有效的經營。他也批判學校評量系統常忽略許多成功個體重要的特質，如效率、彈性、毅力或冒險性等。Gardner 之所以提出這個角度的批判，是因為他相信這些知能或傾向是個體非常重要而且可藉由學習經驗的介入和回饋予以提升的發展目標。這一波的教育改革，教師紛紛投入新的教學嘗試，以呼應新的教育目標或教學理念。流程中教學評量自然也應隨之調整，以有效檢視這些重要改革的成果。所以說教育的目標、學習的理念和評量設計環環相扣，是學校學習文化建構的重要因素。

三、教育改革與教師專業省思能力

新一波教育改革中，學生學習的主動角色受到普遍的重視，教師身為學生學習的主要示範者，自然也不能只是教改方案的接受者，而應是教學改革歷程的積極合夥人。Elmore（1996）提到教育改革將很難帶動學生習得更優質的內容和方法，除非第一線的教學實施產生核心的改變。換言之，教育系統應能支持教師對知識和學習有新的認知，並能將他們的新知行動化，否則教育改革很難奏效。目前世界經濟強國對教育品質的提升有志一同，在諸多教育改革的努力中，又以支持教師行動研究能力的發展最受各國教育系統普遍的重視。

Noffke 和 Stevenson（1995）認為教育行動研究的假設是知與行在持續循環中的相生相息、相互為用，探究式歷程的視野，旨在強調教育工作者經常只能處於部分有知的狀態，所以，需要在思考和行動的同時持續進行省思修正。為了提升教學效能，現場教師要能敏於覺察實務中的重要資料和脈絡。因為教師雖例行置身行動研究情境，很多時候卻因為缺乏系統性的資料蒐集與分析，教學改革的進展很難彰顯。只有具備探討氣質的教師方能有效改進教學實務、提升教學效能。Schmuck（1997）認為透過系統的資料蒐集和批判分析，教育決策的民主式參與是可落實的理念，因為當行動研究的歷程提高教師改進實務的可能性時，教師專業的自由度就可隨之擴展。

Haycock（1998）提到高效能教師補救教學效益遠高於一般教師，五年級學生表現與三年級教師教學的品質依然有關。一般而言，高成就學校提供教師更多專業成長合作的機會、更注意學生和班級的教學、學校領導階層提供較多支持，也對合力解決學生學習問題有更高認同（Council for School Performance, 1998）。教師新的知識和行動，實質關係著課程改革的成效，教師對教改的認知和行動力無疑成為教改成敗的核心成分之一，最近文獻多顯示教師專業是學生成就重要的決定因素之一（Australian Council for Educational Research, 2003; Darling-Hammond, 2003）。因此，教改策略中兼顧教學效能提升和教師專業成長的行動研究倍受青睞。

四、教學省思的起步──以數學領域為例

　　Newmann 和 Wehlage（1995）提到大部分的教師容易注意一些像是秩序管理或家長參與等不一定和學生學習有直間關聯的議題。尤其令人憂心的是一般教師對於教與學通常已經發展出相當完備而穩定的信念，然這些信念對於課程變革往往會產生抗拒，所以學校改革多聚焦在透過更直間關聯的專業發展行動來提升教學的品質（Hirsch, Koppich, & Knapp, 1998）。而所謂教師專業發展通常指的是教師知能的轉化，也就是深層信念、知識和實務習慣的改變（Thompson & Zeuli, 1999）。像 Cohen 和 Ball（1999）提到教師學習的焦點可以放在將教學轉化為互動，而 Lieberman 和 Miller（2000）也認為專業教師應能有效呈現探討者、意義建構者和發明者等終身學習理念的示範。這些新世代專業教師的角色期待，是很高標的挑戰，面對急速變遷社會的需求，多數在職教師無不戰戰兢兢，戮力以赴。值此時節，教育系統合作式的支持，尤其顯得迫切重要。

　　教師在專業行動省思的起步，常缺乏切題的覺察，表 1-1 提供部分省思要素，作為教師教學行動改進省思的參酌，表中內容以數學為例是企圖讓省思內涵更為明確。大部分的問題是教師教學哲學或信念的自我檢視，少部分問題則藉由教師與同事的參照比較，提升自我專業覺察的能力。教師行動研究歷程中，教學手札的檔案式記錄廣受採用，對於手札的敘寫內涵或風格，表 1-2 提供基本的建議，教學現場的重點記錄與批判省思，非常適用於改變的形塑和後續專業成長軌跡的追蹤，有關教師行動研究計畫和報告的架構內涵，請同時參閱附錄一至附錄三行動研究計畫內涵綱要、報告撰寫建議和報告檢核項目。這些起步的參考資料，旨在協助研究的生手教師掌握基本規範，降低摸索的顛簸，集中心力在最具生產性的焦點，以利教學效能的提升。

表 1-1　數學教師行動省思層面示例

我是怎麼樣的數學老師？
有關數學的教與學，我有哪些核心的信念？這些信念是怎麼來的？
我的數學教學風格如何？
我是否認同新近的數學教學理念？我也這樣教嗎？為什麼？
我如何處理數學教育中的不公平或偏見？
我對數學教育中的什麼問題感覺最為強烈？
我能推測數學教學小組同事的信念嗎？我可以問什麼問題來檢核自己的推測？
我的同事認為數學教學專業是什麼？我有什麼補充？

表 1-2　教師行動研究手札撰寫建議

忠實描述（describing）——我在教學中做了什麼？
說明意義（informing）——我的教學行動意圖或意涵為何？
對照省思（confronting）——我是怎麼變成目前的狀態？
重構改變（reconstructing）——我可以如何改變？

五、行動研究與評量回饋

　　所謂有品質的行動研究乃是藉由教學實務議題的洞察與了解，進一步協助適切教育方案或政策的擬定（Meyers & Rust, 2003），而評量資訊是教師洞察和了解教學實務績效的重要依據。Hattie（2003）提到教師如果能提供學生挑戰、知識的深層表徵和有效的監控與回饋，學生學習成果將更為優異。換言之，優質教師通常具備如下特徵：

　　1. 關注學生及其學習。
　　2. 了解所任教領域的內容。

3.有效管理和監控學生的學習進展。

4.自主省思教學實務系統並從經驗中成長。

5.積極參與學習社群。

這些特徵在在顯示優質教師具備高度行動研究的傾向,而教師行動研究的素養又與績效檢視的能力密切關聯。

目標、教學與評量三位一體的倡導,正此起彼落地展開中。Tirozzi 和 Uro（1997）提到世界各國新一波的教育改革主要包含下列四項:

1. 提升學術標準。

2.依據目標評量學生和學校的表現。

3.提供學校和教師必要的工具、知能和資源以協助學生達到標準。

4.期許學校對學生學習成果負責。

如果教師專業成長系統能支持教師認識課程架構,並且重視課程、評量與教學實務的連結,目標本位（standard-based）的改革是可以有效提升學生的學習成就（Cohen & Hill, 1998）。Fuhrman（2001）認為目標本位是企圖統整學生能力培育政策中有關測驗評量、教師養成和專業發展等層面的改革。由於教學效能的探討充分顯示教學評量的重要性,教師評量素養的提升成為專業發展的重點項目。比如 Marzano（2000）統整相關研究發現如果教師能提供及時、明確的回饋,學生成就將呈現明顯提升。在目標本位的改革中最常討論的議題為評量與目標的一致性（alignment）,換言之,教師須能清晰溝通學習成就的內涵和期待標準。就執行面而言,Webb（2002）提到大部分測驗常未能掌握課程目標的知識深度（depth-of-knowledge）,因此,在提升學校教師評量素養的計畫中,經常將評量素養界定為標準本位學生知能的評量方法以及評量結果解釋與應用的知識。

教學評量基本上是專業判斷的歷程,包含假設、價值、解釋與決定,涉及測驗證據的統整與評鑑。其中評量目的與評量內涵或形式的適配尤其密切關聯,當然也實質影響學生的作答動機與學習。評量結果雖無可避免地包含誤差,像是測驗標準誤或級分一致性等的問題,但是有品質的評量設計可以

提供有效的學習回饋。所謂有效通常指的是評量內容的代表性、等級評定的區辨力和對學習的正向引導功能。好的評量同時也是公平而合乎教育倫理的，因為有品質的評量兼顧學習機會均等、測驗形式的適切性、試題的熟悉度、應試智慧等相關因素的控制。配合教學內容性質，評量規劃宜包含多元的評量取向，平衡效能與經濟。換句話說，教育改革浪朝下的教學評量革新規劃宜準確有效、務實可行，並適切運用科技。

　　教師在行動研究歷程中，有時需要考慮新編測驗，比如說作者企圖依據課程綱領強化國小高年級學生的數學專題探討能力，那麼這項行動研究，要如何檢核行動方案所造成的正向改變？由於現有習作或段考常未能充分反應創新教學的焦點，所以教師新編評量工具的需求，在教改的浪潮下日趨迫切。當然並不是任意自編個新測驗，即能貼切地偵察改革行動的成效。表 1-3 呈現評量工具發展的全觀規劃要素，希望能協助教師釐清工具發展的需求，掌握工具發展的重要程序和步驟，作為行動研究中工具編製的參考。

　　由於部分重要學習成果，適合以實作方式進行評量，而目前有品質的實作評量參考資源比較缺乏，表 1-4 提供實作評量發展的檢核規範，作為教師編擬實作評量的參考。在實作評量發展之前，教師宜先釐清實作評量的特殊需求和目的，基於師生教學經營資源有效分配的考量，實作評量最好用來蒐集客觀評量無法蒐集的重要資訊，客觀評量可獲取的學生知識或概念資訊，

表 1-3　**評量工具發展規劃重要步驟**

說明工具發展的需求（該特定評量的重要性和現有工具的不足）
界定評量構念（文獻依據的操作性定義）
說明評量的目的和對象（獨特功能）
提供評量內涵的綱領架構（如雙向細目表）
提供架構中各細目的樣本題目
說明實施和記分的方式
說明資料結果解釋和運用的構想（與目的和架構呼應）
提供初步信、效度資料蒐集和分析構想（研究假設）

盡量不納入實作評量的設計。在評量工具發展需求和目的確定之後，教師應想清楚可概要代表評量內涵的重要行為指標為何。比如何謂學生網路合作數學專題學習的能力？這項能力可藉由哪些行為或作品進行觀察？評量標的操作性定義完成之後，接著可進一步界定這些行為或作品呈現的場景或條件，比如學生網路合作專題學習的能力是指能在網路有效溝通數學想法的能力及利用科技工具呈現數學想法的能力。在觀察指標和場景、條件明確之後，教師可著手列出每一個評定項目對應的評定標準，如果對學生表現缺乏掌握，當然可以先採開放式觀察，將樣本行為或作品進行初步的等級區分，再描述等級間的關鍵差異，作為評定依據。完成評分準初稿後須再一次與文獻參照，以免過度的場景和樣本行為特定，窄化或扭曲重要目標的全觀。評量標準定稿（如表1-5）之後應安排時間，以學生能理解的語言，清晰溝通評量的規準的意涵，以利實作評量引導學習的效能發揮。

表1-4　實作評量發展的程序

釐清實作評量的特殊需求和目的—— 如：客觀評量很難達成的等第區分或學習概念診斷
界定所擬評定行為或特質的操作性定義—— 如：合作式數學專題學習能力的定義
界定標準化的實作作業呈現場景或條件—— 如：在網路合作平台進行溝通的能力 　　利用科技工具呈現數學想法的能力
模擬評定的程序和規準—— 如：以開放全觀的方式蒐集典型樣本資料 　　掌握全距與可區變的等級差異，進行試用
統整文獻，對照分析評量的關鍵成分
確定並溝通評定規準

表 1-5 為跨校合作式數學專題學習歷程中小組合作表現的評量規準，評定的內涵分為網路討論能力和小組作品的品質，討論能力評定項目為言談的禮節和重點，作品評定則包含數學概念和表徵創意。針對每一項成分，都可分為優、良、可三個等級。圖 1-3 呈現的是應用表 1-5 小組作品評定中數學概念和表徵創意評定規準評定示例，該小組作品數學概念清晰、創意表徵尚佳，但與生活經驗連結還不夠貼切。實作表現的評定對教學革新效益的討論提供更利於統整的量化資訊，像圖 1-4 就是累積實驗教學中兩組學生五項合作作品中表徵創意表現的成長剖面對照，剖面圖顯示第一組學生的創意進展效能優於第二組。這類資訊對行動研究效益的省思提供更豐富、多元的證據。本

表 1-5　網路專題學習小組合作表現評定內涵與標準

評定項目		評定規準		
		優	良	可
討論	態度尊重	發言態度溫和尊重，能欣賞別人討論的優點做正向回饋。	發言態度溫和尊重，但未能提供他人適切的回饋。	未能以尊重態度進行討論，亦無法提供他人適切的回饋。
	發言切題	討論內涵切題，能以適切、有趣、新鮮的例子清晰表達概念。	討論內涵切題，但未能以適切例子清晰表達概念。	討論內涵經常離題，亦未能以適切例子表達概念。
作品	數學概念	作品中呈現的概念清晰、與主題契合，能以統整豐富的資訊支持推論。	概念表達尚屬清晰，說明合理，但採用單一資訊支持推論。	無法清晰表達概念，且未能提供資訊支持推論。
	表徵創意	呈現多元解題策略，結果說明與生活經驗連結或能提出富參考價值的資訊。	呈現多元解題策略，但無法提出與生活經驗連結的說明或獨特的參考資訊。	解題策略單一，結果說明缺乏生活經驗連結或提出獨特可供參考的資訊。

對稱的世界

作品名稱：魔湖

設計理念：以湖所反射的對稱世界，呈現生活數學的觀察。

科技工具運用：點與對稱點在線段、多邊形區域、弧、圓和半圓的移動。

數學概念——優
表徵創意——良

圖 1-3　國小學生網路數學專題學習小組作品評定示例

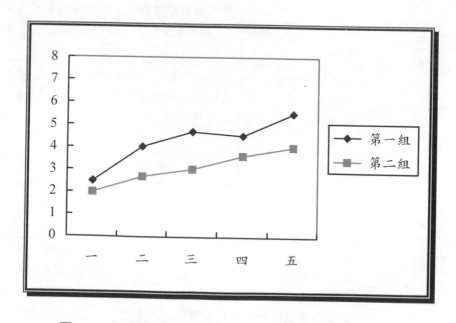

圖 1-4　網路專題合作學習小組作品創意進展剖面對照

文第二和第三作者皆為現職國小教師，在合作執行網路數學專題教學的行動研究中，深刻覺察實作評量的發展和應用，不僅方便量化資料的彙整和累積，對於教師專業的成長也有很明顯的激發功能。

六、本書目的與架構

　　本書為呼應能力指標的教學與評量設計叢書的總論，全書共十四章，在第一章全觀理念介紹後，依序涵括國語文、英語、數學、自然與生活科技、社會、藝術與人文和健康與體育等六個學習領域，希望能在教育改革的落實與精緻化階段裡，作為教師在職進修或師資養成中教學與評量相關課程的參考用書。書中每一個學習領域教學與評量革新理念的介紹，都由能力指標的呼應出發，先簡述該領域教育目標的核心理念與對應的教學革新意涵，再依據新的教學行動方案，提出有效評量設計的規劃與具體示例。本書所提供的教案或評量設計都經過教學現場的洗練修訂，這也是本書作者群的基本信念——教學是融合理論與社群價值、學科內容、教學知能和實務演練的專業。

　　面對教學與評量的改革，本書依據台灣的教育目標，參酌世界各國的教育改革文獻，提出具體可行，而且通過初步效益檢核的教學方案供大家參考。其中教學成效檢核設計尤其是本叢書出版的主要焦點，因為教育品質提升的努力，需要直接呼應教育目標的重點。教育改革努力過程中尤其需要場景特定、對象特定的評量設計，以利革新方案的修訂調整。這樣量身訂製的評量設計，只有教學現場的老師能幫自己所最熟知關懷的學生進行創新或修訂調整。因為充分了解這項專業期待的高度挑戰性，本書作者群共同努力，先提供總論篇的初步參考素材，後續將針對每一學習領域的教學與評量，進行專輯出版，希望能對教育改革的深耕努力，略盡棉薄。總論篇尤其適合作為教學評量的參考用書，領域特定的教學與評量專書預計作為各領域教材教法的參考用書。希望這系列合作的努力，能為教學品質提升的理想提供紮實而具啟發性的激勵與支持效能。

參考書目

Australian Council for Educational Research (2003). *Quality teaching matters most.* Available online at http://www.acer.edu.au/enews/0310_quality_teaching_matters_most.html

Bandura, A. (2001). Social cognitive theory: An agentic perspective. *Annual Review of Psychology, 52,* 1-26.

Cohen, D. K., & Ball, D. L. (1999). *Instruction, capacity, and improvement* (CPRE RR-43). Philadelphia, PA: Consortium for Policy Research in Education, University of Pennsylvania.

Cohen, D. K., & Hill, H. C. (1998). *State policy and classroom performance: Mathematics reform in California* (CPRE Policy Brief No. RB-27). Philadelphia, PA: Consortium for Policy Research in Education, University of Pennsylvania.

Council for School Performance. (1998). *State policy and student achievement: Making the connection in Georgia schools.* Atlanta, GA: Author, School of Policy Studies. Georgia State University. Available online at http://arcweb.gsu.edu/csp/csp_staffdev.htm

Darling-Hammond, L., & Skyes, G. (2003). Wanted: A national teacher supply policy for education: The right way to meet the "Highly Qualified Teacher" challenge. *Education Policy Analysis Archives, 11*(33). Available online at http://eppa.asu.edu

Elmore, R. F. (1996). Getting to scale with good educational practice. *Harvard Educational Review, 66,* 1-26.

Fogarty, R., & McTighe, J. (1993). Educating teachers for higher order thinking: The three-story intellect. *Theory into Practice, 32*(3), 161-169.

Fuhrman, S. (2001). Introduction. In S. H. Furhman (Ed.). From the capital to the classroom: Standards-based reform in the states. *One Hundredth Yearbook of the National Society for the Study of Education (Part II).* Chicago: University of Chicago Press.

Gardner, H. (1992). Assessment in context: The alternative to standardised testing. In B. R. Gifford & M. C. O'Conner. (Eds.), *Changing assessments: Alternative views of aptitude, achievement and instruction* (pp. 77-119). Boston: Kluwer Academic Publishers.

Hattie, J. (2003). *Teachers make a difference: What is the research evidence?* Available online at http://www.acer.edu.au/workshops/documents/Teachers-Make-a-Didference-Hattie

Haycock, K. (1998). *Good teaching matters.* Washington, DC: Education Trust.

Hirsch, E., Koppich, J. E., & Knapp, M. S. (1998). *What states are doing to improve the quality of teaching: A brief review of current patterns and trends.* Seattle, WA: Center for the Study of Teaching and Policy, University of Washington.

Lieberman, A., & Miller, L. (2000). Teaching and teacher development: A new synthesis for a new century. In R. S. Brandt (Ed.), *Education in a new era* (pp. 47-66). Alexandria, VA: ASCD.

Marzano, R. J. (2000). *A new era of school reform: Going where the research takes us.* Aurora, CO: Mid-continent Research for Education and Learning.

Meyers, E., & Rust, F. (2003). *Teaching action with action research.* Portsmouth, NH: Heinemann.

Newmann, F., & Wehlage, G. (1995). *Successful school restructuring: A report to the public and educators by the Center for Restructuring Schools.* Madison, WI: University of Wisconsin.

Noffke, S. E., & Stevenson, R. B. (1995). *Education action research: Becoming practically critical.* New York, NY: Teachers College Press.

Perrenoud, P. (2001). The key to social field: Competencies of an autonomous actor. In D. S. Rychen & L. H. Salganik (Eds.), *Defining and selecting key competencies.* Gotingen, Germany: Hogrefe & Huber.

Rychen, D. S., & Salganik, L. H. (Eds.). (2001). *Defining and selecting key compet-*

encies. Gotingen, Germany: Hogrefe & Huber.

Rychen, D. S. (2003). Key competencies: Meeting important challenges in life. In D. S. Rychen & L. H. Salganik (Eds.), *Key competencies for a successful life and a well-functioning society* (pp. 63-108). Göttingen, Germany: Hogrefe & Huber.

Schmuck, R. A. (1997). *Practical action research for change.* Arilington Heights, ILL: Skylight Publishers.

Snow, R., & Jackson, D. (1997). *Individual differences in conation: Selected constructs and measures* (CRESST CSE Technical Report 447). Palo Alto: Stanford University, Department of Education.

Thompson, C. L., & Zeuli, J. S. (1999). The frame and the tapestry: Standards-based reform and professional development. In L. Darling-Hammond & G. Sykes (Eds.), *Teaching as the learning profession: Handbook of policy and practice* (pp. 341-357). San Francisco: Jossey-Bass.

Tirozzi, G. N., & Uro, G. (1997). Education reform in the United States: National policy in support of local efforts for school improvement. *American Psychologist, 52,* 241-249.

Webb, N. (2002, April). *An analysis of alignment between mathematics standards and assessments for three states.* Paper presented at the annual meeting of the American Educational Research Association, New Orleans, LA.

附錄一　教師行動研究計畫內涵綱要及注意事項

一、標題

以陳述性句型簡明界定可檢驗的構念間關係。

二、探討目的

具體說明探討的目標。

三、理念邏輯

說明該研究的重要性（如對知識、政策和實務的可能貢獻或該研究主題統整性的智慧）。

四、研究問題假設

針對研究目的，以可檢驗的形式陳述問題或假設，該陳述所包含的變項和關係要明確。

五、限制

研究者無法掌控卻會影響研究結果的因素，像場地、樣本大小或倫理的限制。

六、問題的紓解

如時間的調整、排除無關變項或資源關聯的議題。

七、樣本

人數、背景變項特徵（如年級、城鄉、性別）、抽樣原則。

八、文獻探討

文獻探討包含內容本質與方法兩層面，最好包含十二至二十項參考書目。文獻應論及計畫所採用的研究方法和最近（至少五年內）該研究方向上的分析和評述。探討的焦點要放在文獻的不足，以彰顯該計畫的重要性。

九、方法

研究工具包含問卷、觀察設計、測驗等的介紹和採用理由的說明。

資料蒐集的順序與時間規劃。

程序性步驟和資料分析構想。

十、結論

摘述預期的研究結果方向及其實務或政策調整的可能意涵。

十一、參考書目

APA 格式（十二至二十項）。

十二、名詞釋義

關鍵字詞的說明與界定。

十三、相關工具發展與資料分析技能的需求

發展檢核表、晤談設計、編製問卷、雙向圖表製作的能力、次數分配圖、描述統計、相對地位量數、相關、內容分析、個案描述。

十四、研究規劃注意事項

避免孤軍奮戰、注重倫理與協商、盡量以小組分享與技術分工的合作方式進行、可運用正式委員會與多機構合作以爭取協助、可簽定包含出版規範的合作同意書函、積極以合作方式影響決策。

附錄二　教師行動研究報告撰寫建議

一、標題對預定讀者具鮮明的吸引力。

二、文字流暢、結構清晰、內文引述和參考書目符合出版規範。

三、五百字摘要包含研究目的、程序與結果。

四、專業術語具清晰的溝通力。

五、適切區別事實陳述、價值判斷、意見、主張、描述性陳述和分析性陳述。

六、內容陳述言而有據。

七、研究主題能揭開故事。

八、研究目的與實務省思清晰呼應。

九、報告具實務參考價值。

十、報告關鍵內涵具體清晰，可供複製應用或檢核。

十一、方法的說明不能做假、侵權或剽竊。

十二、報告結果與推論確實無誤。

附錄三　教師行動研究報告內涵結構檢核表

緒論（含動機）
清晰陳述研究目的與價值。
提供行動研究者個人專業目標、興趣與背景的相關說明。
引述文獻，鋪陳研究焦點與取向的依據和脈絡。
方法與歷程
說明研究設計與資料蒐集方法。
摘述研究歷程（應用圖表、引述或附錄）。
說明原研究計畫修定調整的理由。
藉由多元的方式檢視解釋與推論的有效性。
結果與應用意涵
描述研究結果。
討論研究結果在實務和理論上的貢獻或意涵。
提供研究限制或歷程評鑑的討論。
結論（個人省思）
下一階行動的方向。
心得與建議。
個人成長。
教學或學生額外受惠的地方。
附錄。

Chapter 2

國語文能力指標的解讀與教學設計

黃秀霜

鄒慧英

蔡玲婉

一、課程改革對本國語文教育的意義

㈠課程改革之時代意義

　　二十世紀末葉，課程改革的浪潮在世界各地風起雲湧，遠從英國的國家課程的擬定，美國課程改革的熱浪，到台灣課程板塊的大變動都揭櫫了課程改革的全球效應。在此波的課程改革中，各國皆企圖提升國民整體的素質及國家競爭力。

　　台灣的九年一貫課程改革歷經了「解凍—變革—復凍」三階段的演變（廖春文，2005）。從 2000 年教育部（2000）公布國民中小學九年一貫課程暫行綱要，到 2001 年開始正式從小學一年級實施，並於 2003 年正式公布國民中小學九年一貫課程綱要（教育部，2003），迄今國中小學已全面實施九年一貫課程，期間歷經諸多波折，在一波波的擺盪下，新世紀的國中小課程綱要

已然成形。

　　九年一貫課程突顯出「在地化」與「活動化」的課程架構形式（許誌庭，2008）。在此波的課程改革修訂中，特別重視中小學課程的一貫性與統整性，以學習領域與統整教學為原則，以基本能力為核心架構，規劃國小階段提前實施英語教學，縮短學生上課時數與建構學校本位課程，彰顯出呼應社會脈動之時代意義。

㈡對國語文教育之衝擊

　　在九年一貫課程綱要中提及語文學習領域包括本國語（國語、閩南語、客家語、原住民語）及英語。由於本章僅聚焦於國語部分，英語另有專章闡釋，則不再論及英語。

　　國語是學習知識的基礎工具，亦是溝通情意、傳遞思想的重要途徑。在此波課程改革中對本國語文的衝擊相當大，其衝擊層面可析分為五大項：

1.語文學習面向的重構

　　將原先語文學習面向的聽、說、讀、寫、作轉換成六大能力指標面向：注音符號應用能力、聆聽能力、說話能力、識字與寫字能力、閱讀能力、寫作能力。以往將識字能力歸於閱讀層面，在此波之改革中將識字與寫字合為一項，且將注音符號單獨一項列出，重構了語文學習之面向。

2.語文類別的多元並重

　　呼應國際村的到來，社會的多元化及政治的意識型態，改變原本獨尊國語的現象，加入英語的提前學習及鄉土語言的獲得重視。使得語文學習領域比以前更加多元，也比其他學科更加困難。

3.教學節數的減少

　　在語文學習領域占學習節數的20%至30%，其中尚包括鄉土語言及英語的學習節數，在學習總節數已經減少之情況下，每週之國語節數較之以往大幅減少。

4.教學階段別的調整

以往教學的階段別在國小期間採低、中、高三個年段及國中階段，在九年一貫課程綱要中則明確將本國語文領域的階段別分為三階段，第一階段為一至三年級、第二階段為四至六年級、第三階段為七至九年級。

二、國語文能力指標概述

㈠語文學習領域之基本理念

本國語文能力指標又區分為國語文、閩南語、客家語及原住民語，顧及其中以國語占最多教學節數，在本章的說明中以國語文為主軸。在九年一貫課程綱要中述及國語文之基本理念如下（教育部，2003）：

1. 旨在培養學生正確理解和靈活應用本國語言文字的能力。
2. 期使學生具備良好的聽、說、讀、寫、作等基本能力，並能使用語文，充分表情達意，陶冶性情，啟發心智，解決問題。
3. 培養學生有效應用中國語文，從事思考、理解、推理、協調、討論、欣賞、創作，以擴充生活經驗，拓展多元視野，面對國際思潮。
4. 激發學生廣泛閱讀的興趣，提升欣賞文學作品的能力，以體認中華文化精髓。
5. 引導學生學習利用工具書，結合資訊網路，藉以增進語文學習的廣度和深度，培養學生自學的能力。

㈡國語文能力指標之內涵

在國民中小學九年一貫課程綱要（教育部，2003）中針對語文學習領域中提及本國語文之分段能力指標有六項，並依不同階段訂有詳細之指標內涵，若將各細項之能力指標加以彙整如表 2-1，可發現總計涵括一百零三項，其中又以閱讀與寫作占最多。

表 2-1　國語分段能力指標項目統計

能力指標項目	第一階段	第二階段	第三階段	合計
A.注音符號應用能力	7	3	2	12
B.聆聽能力	3	3	3	9
C.說話能力	4	4	4	12
D.識字與寫字能力	6	7	5	18
E.閱讀能力	7	10	8	25
F. 寫作能力	8	10	9	27
總計	35	37	31	103

　　若將此六大能力指標面向與學習階段加以整合如表 2-2 所示之組織結構，可發現從一年級至九年級皆涵蓋此六大能力指標面向。

表 2-2　國語文能力指標組織結構

能力\年級	注音符號應用能力	聆聽能力	說話能力	識字與寫字能力	閱讀能力	寫作能力
九八七	↑	↑	↑	↑	↑	↑
六五四						
三二一						

三、國語文能力指標與教學的關聯及影響

九年一貫課程綱要（教育部，2003）中明列「實施要點」，提出教材選編原則與教學原則，分別說明如下：

㈠國語文能力指標對教材選編之影響

在九年一貫課程綱要（教育部，2003）中針對本國語文三個階段別之教材選編原則加以明確界定，認為教材編輯應配合各階段能力指標，以發展學生口語及書面表達之基本能力。第一階段以發展口語表達為主，第二階段由口語表達過渡到書面表達，第三階段則口語、書面表達並重。教材設計應就發展學生六大語文能力面向做規劃，並加以統整連貫。

針對六大語文能力面向之教材選編原則說明如下（教育部，2003）：

1. 注音符號教材（首冊）之編輯

係以培養學生正確注音，熟悉拼讀為重點。教材編寫時以完全注音為主，得輔以常見簡易之國字。以兒童日常生活經驗為中心，配合語言情境，提供完整情境之插圖，引導學生由說話進入符號學習。採取由易入難，循序漸進，由完整語句入手，進而分析、辨認符號的音、形，並練習拼音。

2. 聆聽教材之編輯

採取以閱讀單元及相關語料為基礎，配合聆聽要點（語音、語氣、語調、立場、主題等）、聆聽方法（把握要點、記憶、記錄、歸納、組織、分析、推斷、思辨、評價、計畫、反應等）、聆聽媒材等，由淺入深，通盤規劃，分派於各冊各單元之中。

3. 說話教材之編輯

以閱讀單元及相關教材為基礎，配合說話要點（語音、語調、速度、語彙、句型、立場、主旨題材、時間控制等）、思維方法（演繹、歸納、類比等）、組織結構、說話方式（提問、報告、故事講述、會話、問答、討論、

演說、辯論、表演等），由淺入深，通盤規劃，分派於各冊各單元之中。隨機教學的說話教材，採「先說再寫」之原則，註明配合閱讀活動（如：講述大意、說明要點、口頭句型練習、課堂問答、課堂討論等）進行。

4.識字與寫字教材之編輯

⑴識字教材

識字教材之編輯，宜掌握基本識字量3,500至4,500字（各階段識字量可彈性調整），並參酌部頒常用國字標準字體表，依學習難易，做循序漸進的安排。第一階段識字教學宜採部首歸類，協助識字，第二、三階段則配合簡易六書常識，以輔助識字。且識字教學應配合寫字教學，相輔相成，以確實認識字體，把握字音，理解字義，擴充詞彙。

⑵寫字教材

應配合單元教材習寫字之生字為基礎，硬筆與毛筆並重，循序安排基本筆畫、筆形、筆順、筆畫變化、間架結構等練習，由淺入深，由簡而繁，全程規劃，並引導正確寫字姿勢及執筆方法。第一階段以習寫硬筆字為主，第三學年起，除硬筆字書寫練習外，兼習毛筆字。教材除寫字姿勢、執筆、運筆方法、臨摹要領等之基本要項外，並以基本筆畫與筆形、筆順、筆畫變化、偏旁寫法、間架結構與搭配要領為基礎訓練。並應配合閱讀教材，就已學過的生字，由簡而繁，由淺入深，選擇適當的字例，通盤規劃單元。

5.閱讀教材

採取涵括古今中外，及鄉土文學中具代表性的作品，以增進學生對多元文化的認識、了解及尊重。各課之生字和課文字數應就難易程度，適當分配，力求合理，並有充分的複習機會。並明確提及應配合教材內容、學習需求，提供合適之插圖或圖表。插圖主題要正確，畫面要生動有趣。第一階段圖文篇幅比例，各占一半為宜。第二、三階段，可視課程實際需要，酌情增減。

6.寫作教材

作文教材採取配合單元教材及相關教材，並以學生生活經驗為中心，引發學生習寫作文之興趣。聯繫作文基本練習（造詞、造短語、造句、句子變

化），敘寫技巧（擴寫、縮寫、續寫、仿寫）及寫作步驟（審題、立意、選材、組織、修改、修辭等）配合習作、寫作練習等，由淺入深，做通盤的規劃安排，分派於各冊各單元之中。並配合學生需要、季節時令、生活環境，以啟發學生之創意，並設計不同題型，以供學生練習。

㈡國語文能力指標與教學原則的關聯

在本國語文中能力指標共計一百零三項，要轉換成教學的實務，其難度相當高，因此在綱要中分別針對六大能力指標面向列出教學原則。

1. 注音符號能力指標與注音符號教學原則之關聯

從十二項注音符號能力指標轉換出五點注音符號教學原則，可發現強調在注音符號前十週教學時，採綜合教學法，針對注音符號之拼讀，採直接拼讀法，並強調聯絡教學與統整教學，以擴大學習領域。

2. 聆聽能力指標與聆聽教學原則之關聯

從九項聆聽能力指標轉換出八點聆聽教學原則，強調採隨機聯絡教學方式，並重視聽與說相結合，採先聽後說方式。

3. 說話能力指標與說話能力教學原則之關聯

從十二項說話能力指標轉換出六點說話能力教學原則，重視隨機指導練習說話，讓學生得以掌握不同溝通表達方式的特質，適切表達。

4. 識字與寫字能力指標和識字與寫字教學原則之關聯

從十八項識字與寫字能力指標轉換出五點識字與寫字能力教學原則，在識字教學中呼應識字與寫字能力指標中「D-1-1-3-2 能利用部首或簡單造字原理，輔助識字」，強調應配合部首、簡易六書原則，教導學生理解形、音、義等以輔助識字。在寫字教學中，重視硬筆、毛筆寫字教學，並就描紅、臨摹、自運與應用等進階，做適切的安排。

5. 閱讀能力指標與閱讀能力教學原則之關聯

從二十五項閱讀能力指標轉換出十點閱讀能力教學原則，重視以學生為主體，依文章的性質類別，指導學生運用不同閱讀理解策略，培養學生獨立

閱讀能力。並提出課文教學之模式，先概覽全文，然後逐節分析，先深究內容，再探求文章的形式，進而欣賞修辭技巧、篇章結構，乃至其內涵特色、作品風格。針對文法及朗讀教學，乃至工具書之應用與電腦網路之使用，都是閱讀教學之面向。

6.寫作能力指標與寫作能力教學原則之關聯

從二十七項寫作能力指標轉換出八點寫作能力教學原則，著重激發學生寫作興趣，並明確提出寫作步驟：蒐集材料、審題、立意、選材、安排段落、組織成篇、修改等。

在綜觀此本國語文能力指標與教學的關聯，可發現兩者之關聯，能力指標係以學生達成之標的為軸線，而教學則以教師如何讓學生達成能力指標為敘述核心。

四、國語文能力指標的具體轉化與教學示例

(一)國語文能力指標轉化的原則與策略

能力指標是教材編選的依據、課程規劃的準則、教學活動設計的依傍，更是學生在各階段學習後，所應獲得的基本能力與評量的標準。教育部（2003）提到，在九年一貫課程中，能力指標是學校在各領域課程發展的重要依據，教師必須在教學歷程中不斷地檢視、修正與評估。在轉化能力指標為教學目標時，應注意下列的原則：(1)分段能力指標的用意在於提醒教師該階段學生所要達成的能力，並非學習的順序；(2)教學目標應依據分段能力指標加以分析、歸納或綜合，避免一直重複同一個概念的學習，而忽略了其他能力的統整學習。因此，實踐在國語文教學時，首先要考量能力指標內涵的深淺，建構語文教學整體序列，依學生能力的高低配合教材的實際內容，妥善安排其順序與數量。其次，在進行課程設計時，要對能力指標加以詮釋、分析與統整，轉化為具體的教學目標，並設計教學活動，提供給學生適切的學習。

能力指標轉化為教學目標或教學活動，葉連祺（2002）指出，其轉化的

策略有替代、拆解、組合、聚焦、聯結、複合六種。茲就國語文教學實例說明如下：

1. 替代

「替代」（replace），「係利用一對一轉化關係，以某主題物替換原有能力指標內的關鍵詞，形成較為具體的教學目標。」例如林怡君老師在「〈雅量〉之教學活動示例」中，「E-3-7-10-4 能將閱讀內容，思考轉化為日常生活中解決問題的能力。」轉化後的具體教學目標「培養容忍和尊重他人的雅量，以適當的文字或言語溝通以避免衝突、增進和諧。」並且設計「重返過去」與「身歷其境」兩個情境設計的教學活動，以經由討論和戲劇表演，反思自己並改進自己處理衝突的態度，並學習化解衝突、解決問題的方法，達成教學目標。

2. 拆解

「拆解」（decompose），「係使用一對多的對應化關係，將能力指標拆解成互有關聯的細項能力指標，以作為教學目標。」如「E-2-5-3-1 能利用不同的閱讀策略，增進閱讀的能力。」閱讀策略種類繁多，如預測、畫線、摘要、推論等，可拆解成「能利用畫關鍵詞法，提挈大意，增進閱讀的能力」的具體目標。

3. 組合

「組合」（group），「係利用多對一轉化關係，以一個主題結合多個能力指標，形成一個課程內容。」例如潘麗珠教授（2004）「〈聲音鐘〉的教學活動設計」，以「發展系統思考」的能力主軸為主題，將「E-3-2-7-5 在閱讀過程中，利用語文理解，發展系統思考。」運用組合策略，轉化為「能經由朗讀，體會〈聲音鐘〉一文所述的聲音趣味」、「能依據〈聲音鐘〉的內容，歸納作者所懂得的不同語言」、「能以文中例句具體陳述個人對作者在〈聲音鐘〉裡所顯現的愛鄉情感」等三項具系統性思考的教學目標。

4. 聚焦

「聚焦」（focus），「由多個具關鍵性一對一對應轉化關係所構成，係

選取某能力指標的某部分或全部為主軸，以其為教學焦點，逐步擴展其他活動，可運用認知層次如觀察、記錄、敘述、比較、分析等，作為擴展的參考。」例如九年一貫課程強調單元統整，康軒版三下第二單元「小鎮風光」第四課〈恆春日記〉、第五課〈淡水小鎮〉、第六課〈埔里的來信〉，都是以描寫景物為主的篇章。能力指標「E-1-7 能掌握閱讀的基本技巧。」「E-1-7-5-2 能理解在閱讀過程中所觀察到的訊息。」在這個單元則可運用聚焦策略，將具體目標訂定為「能理解『描寫景物』篇章的取材重點及敘寫技巧的相關知識，並能進一步閱讀欣賞寫景的文章及詩歌」。「能統整運用本單元『描寫景物』篇章的取材重點及敘寫的技巧，介紹自己熟悉喜愛的地方」。

5. 聯結

「聯結」（relate），係聯結多組一對一的對應轉化關係，先以某個能力指標和主題成為發展活動的起點，再不斷聯結其他不同學習領域或思考層面（如人、事、時、地、物）構成一個課程內容。」例如「F-2-4-7-4 能將閱讀材料與實際生活情境相聯結。」在翰林版第十冊〈再美麗一次〉，可透過課文內容了解葉拓的製作方式，體會化腐朽為神奇、大自然生生不息的意涵。可再欣賞艾拉・瑪莉《樹木之歌》繪本，並聯結藝術與人文領域，展開葉拓的活動，構築〈再美麗一次〉的創意表現。

6. 複合

「複合」（mix），係適度選取上述五項策略的某幾種或全部，形成複雜的轉化關係，進而發展出一個或多個教學活動。在策略運用及具體轉化能力指標的過程中，或多或少皆運用到複合策略。

(二)國語文教學聯結能力指標的教學示例——以閱讀教學為例

閱讀能力是一切學習的基礎（Caccamise & Snyder, 2005）。世界各國無不重視學童閱讀能力的培養，如美國教育統計中心（National Center for Education Statistics, 2004）所出版的 *The Nation's Report Card: Reading Highlights 2003* 中即呈現出大約有一半的學生其閱讀能力未達精熟水準（proficient level）（p. 452）。

閱讀教學是小學語文教學的基礎，閱讀教學主要任務是培養學生的閱讀能力和良好的閱讀習慣。若將每課的教學活動分為「概覽課文」、「講述大意」、「認識生字語詞」、「課文賞析——內容深究、形式深究」、「綜合活動」等五項部分。無疑地，內容深究、形式深究是整課教學的核心，亦即以閱讀教學為主軸。本章以閱讀教學聯結能力指標進行教學示例。

教學科目	國語		教學單元	第一單元觀察和體會 第二課春天的小雨滴滴滴
教材來源	翰林版國語課本（第十冊）		教學年級	五年級
設計者、教學者	郭怡棻	指導教授	蔡玲婉	教學時間	120 分鐘（共三節）

<table>
<tr><td rowspan="1">教學
研究</td><td colspan="4">

一、教材分析

　1. 文體：描寫文。

　2. 大意：本課描寫下雨的景象，以及在林中賞雨、在陽台上看雨的情形，最後有了「我喜歡春雨」的感想。

　3. 主旨：藉由對春雨情狀與聲音的摹寫，讓學生發現周遭的事物，只要從不同角度去觀察，就有不一樣的感受，進而懂得欣賞生活中平凡的樂趣。

　4. 課文綱要：

　　⑴雨下在屋外的聲音與情景。

　　⑵雨在林間小路旁發出的聲音。

　　⑶陽台上看雨的情景。

　　⑷春雨帶來春天，帶來希望，「我」喜歡春雨。

　5. 新詞生字：「滴」、「梧」桐、「叮叮噹噹」、羊「蹄」甲、「麵」包樹、「淅瀝」、葉「脈」、「跌」下來、「撒」在、「播」種。

　6. 本課的寫作特色：

　　⑴體裁：這是一篇以描寫景物的描寫文，藉由散文的方式呈現雨的種種姿態。

　　⑵結構：課文採總分總結構。

　　　　　　　　　┌─ 總說：下雨的聲音與水流。（第一、二段）
　　　　　春雨 ──┤─ 分說：在林中聆賞雨聲。（第三、四段）
　　　　　　　　　│　　　　　在陽台上看雨。（第五段）
　　　　　　　　　└─ 總說：感想「喜歡春雨」。（第六、七段）

　　⑶開頭、結尾特色：開頭以「雨，已經下了很久了」破題；結尾用「我喜歡春雨」總結，前後呼應。

</td></tr>
</table>

（續）

教學研究	二、教學重點 　1. 閱讀教學： 　　⑴指導學生以自我學習的方式做課前預習。 　　⑵指導美讀課文的方法。 　　⑶在內容深究部分，將課文內容與學生的生活經驗結合，並且使學生了解，只要用心體會，生活周遭處處是學問，處處有美感。 　　⑷用欣賞、比較、討論等方式，研討寫景篇章的寫作技巧，並加強摹寫聲音的練習。 　2. 識字與寫字教學： 　　⑴生字新詞教學分別以討論、舉例、說明、比較、習作等方式，輔導學生學習。 　　⑵指導學生書寫時，字形力求美觀、端正。 三、學生經驗分析 　1. 能畫出關鍵詞（句），了解自然段與意義段的區別。 　2. 已學過寫景篇章。 四、參考資料 　1. Karen Hesse 作，Jon J. Muth 繪，姚文倩譯，《雨，快下吧！》，台北：台灣麥克，2001 年。 　2. 彼得・史比爾，《下雨天》，台北：台灣英文雜誌，1999 年。 　3. 《新編光復科學圖鑑 13：天氣・氣象》，台北：光復書局，1993 年。

教學目標		
能力指標	單元目標	行為目標
D-2-2-3-1 會查字辭典，並能利用字辭典，分辨字義。	1. 預習本單元，並利用工具書自我學習。	1-1 利用字典查閱本課生字新詞的注音、部首、意義。
E-2-6-3-2 能熟練利用工具書，養成自我解決問題的能力。 E-2-9-8-1 能利用電腦和其他科技產品，提升語文認知和應用能力。	2. 運用資訊以及書報雜誌蒐集資料的能力。	2-1 運用網路或書報雜誌查閱本課出現的植物資料、圖片。
E-2-5-3-1 能利用不同的閱讀策略，增進閱讀能力。	3. 研讀本課課文並摘取大意。	3-1 能運用「劃線策略」概覽課文。 3-2 能將課文「關鍵詞（句）」加以拼合或刪減，提挈大意。

（續）

能力指標	單元目標	行為目標
D-2-3-2-1 能流暢寫出美觀的基本筆畫。	4. 認識本課生字新詞。	4-1 能說出新字生詞的正確字音、字（詞）義。 4-2 能寫出生字新詞的正確筆順與字體。
E-2-3-2-1 能了解文章的主旨及取材結構。	5. 能了解課文主旨。	5-1 能感受作者描寫春雨中的喜愛春雨之情。 5-2 能欣賞大自然的聲音與景色，體會生活中的美感。 5-3 能說出本課主旨。
E-2-3-2-2 能概略理解文法及修辭的技巧。	6. 能欣賞本課寫作特色。	6-1 能體會景物描寫篇章的情感色彩。 6-2 認識本課總分總結構。 6-3 能欣賞本課首尾呼應的特色。 6-4 聯繫課文內容，體會「擬聲詞」、「比喻」和「擬人」等修辭的作用。
E-2-1-7-2 能掌握要點，並熟習字詞句型。	7. 能應用本課的字詞、句子。	7-1 能正確應用本課字詞。 7-2 能正確做本課句子練習。

教學活動					
行為目標標號	活動過程	教學資源	時間分配	學習效果評量	
				方式	標準
	壹、準備活動 一、教師 　㈠蒐集有關「雨」的圖片、新詩、課外讀物將之張貼與陳列在教室裡，供學生閱讀。 　㈡準備生字詞卡、課文大意、綱要與內容形式深究句詞牌或投影片。 　㈢利用 power point 製作課文內提及的植物介紹。	剪貼作品 長短牌 投影片 電腦			

（續）

行為目標標號	活動過程	教學資源	時間分配	學習效果評量	
				方式	標準
1-1	二、學生 （一）利用辭典查詢本課生字新詞的注音、部首、意義。 （二）預習本課的課文與大意。	辭典		蒐集	能找出至少一份資料或一張圖片。
2-1	（三）蒐集課文內提及的植物資料與圖片。 （四）閱讀有關「雨」的科學性、文學性的課外讀物。 貳、發展活動 一、引起動機	圖片、資料			
	（一）教師利用實物投影機輔助，講述繪本《雨，快下吧！》的內容。 （二）以繪本內容引導學生對「為什麼故事的主角如此期盼下雨？」、「如果不下雨，世界會變成什麼模樣？」的問題進行發表。 （三）邀請學生以「我喜歡／討厭下雨，因為……」的句型模式，來發表自身對雨的觀感。 （四）背誦孟浩然〈春曉〉，並引出本課的主題為「春雨」。	繪本、實物投影機	10'		
	二、大意教學 （一）概覽課文：全班默讀。	課本	10'		
3-1	【閱讀理解策略——劃線策略】 請學生用鉛筆劃出各段關鍵詞和重點句。 （二）提挈大意：師生共同討論			發表	能劃出關鍵詞和重點句。
3-2	【閱讀理解策略——摘要策略】 1.分析所劃的重點句或關鍵詞，並將內容相近的數段自然段合併組成意義段。 2.綜合歸納大意：請學生整合各段關鍵詞或重點句，並用自己的話完整地說出文章大意。 3.將課文大意公布在黑板上。	黑板		發表	90%能口述大意。

（續）

行為目標標號	活動過程	教學資源	時間分配	學習效果評量	
				方式	標準
	三、生字新詞教學	長牌			
	（一）生字新詞：「滴」、「梧」桐、「叮叮噹噹」、羊「蹄」甲、「麵」包樹、「淅瀝」、葉「脈」、「跌」下來、「撒」在、「播」種。				
4-1	（二）學生分組研討與發表：	黑板	15'	發表	能辨認生字、新詞。
	1.分組代表上台，將其查詢到的字音、字義、部首書寫上去，並加以說明。				
	2.其他學生提出問題或補充意見。				
	（三）教師字詞教學：				
	1.教師先針對先前學生的發表進行勘誤補正。		5'		
	2.教師示範讀音，並對困難的字指導筆畫與筆順。				
	3.運用簡報檔（power point）介紹課文中出現的植物名稱、型態（用圖畫示意）。	電腦投影機		書寫	能正確寫出。
4-2	4.輔導學生書寫習作中的第一大項，教師在旁指導訂正。				
	（四）作業：請學生回家利用網路或書報、雜誌完成習作的第五大項。	習作簿			
	～第一節課結束～				
	四、內容深究				
	（一）朗讀課文（使用「接讀法」）。	課本	5'	朗讀	能有感情地朗讀課文。
5-1	（二）深究課文涵義：分組討論，輔導學生回答下列問題，探索課文內涵。	長牌	25'		
	1.雨下在屋外會發出什麼聲音？你能模仿嗎？			討論問答	80%學生能踴躍回答問題。
	2.下大雨和下小雨所發出的聲音有什麼不同？為什麼？				
	3.下雨的時候，水溝或小溪、河川的水漲起來，不停的奔流，你有看過嗎？你可以描述那種情景嗎？				

（續）

行為目標標號	活動過程	教學資源	時間分配	學習效果評量	
				方式	標準
	4. 你有過在下雨的時候，撐著雨傘出門的經驗嗎？那時候，雨滴打在雨傘和周遭事物上會發出什麼聲音，請你說說看。				
	5. 你曾經參加過演奏會或是在電視上看過演奏會的實際情形嗎？為什麼作者會說許多不同的雨聲（強的、弱的、急的、慢的）聽起來像在舉辦演奏會。				
	6. 為什麼作者說「下了春雨，春天就來了」？如果春天不下雨，會有什麼情形出現？				
	7. 為什麼雨絲輕輕飄落，就好像「輕輕地把希望的種子撒在大地上」？你知道「希望的種子」指的是什麼嗎？			發表	能說出對生活美的感受。
5-2	8. 為什麼作者將大地形容成「生命的母親」？你覺得大地像什麼？為什麼？				
	9. 作者為什麼喜歡春雨？讀過這一課，你喜歡春雨嗎？說說你的感受。				
	10. 生活中還有哪些景象值得細細體會?如何才能發現生活中的美？				
5-3	(三)歸納主旨（如教材分析）。		2'	發表	能說出主旨。
	五、課文形式深究 以問答和討論的方式進行。				
	(一)辨認體裁：描寫文。		8'	共同討論	
	(二)歸納本課段落大意。				
	1. 聽雨打在梧桐葉、屋頂的浪板上，雖不大，但下個不停。屋前的小水溝已開始流動起來。【第一、二段】				
	2. 在林中聆賞雨滴打在各種樹上的聲音，好像在舉辦演奏會。【第三、四段】				
	3. 回家在陽台上觀雨，看雨絲飄落大地，好似把希望的種子撒在大地上。【第五段】				

（續）

行為目標標號	活動過程	教學資源	時間分配	學習效果評量 方式	學習效果評量 標準
	4. 春雨滋潤大地，大地孕育萬物，多麼富有生機啊！我愛春雨。【第六、七段】 (三)歸納課文綱要（如教材分析）。 〜第二節課結束〜 六、課文特色欣賞 　師生共同討論，並歸納課文特色。	課本	2'	問答發表	能說出體裁特色。
6-1	(一)體裁特色：寫景的描寫文中，富含作者的情感。				
6-2	(二)結構特色： 文章結構：本課採總分總結構，先總說下雨的情景，再分說林中、屋中觀雨，最後以作者個人感想做結。	結構表		發表	能說出結構特色。
	春雨┬總說：下雨的聲音與水流。（第一、二段） 　　├分說：在林中聆賞雨聲。（第三、四段） 　　│　　　在陽台上看雨。（第五段） 　　└總說：感想「喜歡春雨」。（第六、七段）				
6-3	(三)段落照應： 1. 首尾呼應法：開頭以「雨已經下了很久了」起始，結尾闡述「我愛春雨」的感想，彼此相關，前後呼應。 2. 在三、四段以及五、六段分別寫出雨「在森林演奏」、「在大地上播種」，所以在末段作者寫下「我喜歡春雨」。前為因，後為果。		5'	發表	能說出首尾呼應的特色。
6-4	(四)修辭特色： 1. 擬聲詞： 滴滴答答、嘩啦嘩啦、淅瀝淅瀝、啪啦啪啦、通通通、咚—咚咚咚—。 2. 比喻與擬人化的句子： (1)嘩啦嘩啦的水聲，像一股泉水，從地底下湧出來，高興得嘩啦嘩啦，你推我擠似的。	課本		討論發表	能說擬聲詞、比喻和擬人等修辭對春雨描寫的作用。

（續）

行為目標標號	活動過程	教學資源	時間分配	學習效果評量	
				方式	標準
	(2)小雨滴在樹葉上集合起來，滾成了大水珠，順著葉脈溜下來，打小鼓似的！				
	(3)所有的希望的種子都回到大地，讓這生命的母親抱他、親他、教他發芽。				
	(五)特色歸納：				
	1.寫作特色：本課是描寫景色的描寫文，藉由散文的方式，用擬聲詞，以及譬喻、擬人的手法，來摹寫雨滴發出的聲音，呈現春雨的種種姿態。		5'		
	2.內容特點：綿綿的春雨最是惱人，小孩子都被困在家中，哪裡都不能去。可是，本文以另一種角度來欣賞春雨，在作者優美、細膩的文字描寫之下，我們彷彿聽見春雨在林中開起一場盛大的演奏會，也見著春雨過後，大地一片生機盎然的模樣。於是，春雨不再惹人厭，而是展現一種獨特的美感與姿態。		5'		
	七、學生發表心得與感想			發表	能自由發表。
	八、詞、句練習（尤其加強摹寫聲音的練習）				
7-1	(一)選詞練習：				
	1.（擁擠、你推我擠、擠壓、擠眉弄眼）「換季打折的時候，百貨公司裡到處人人山人海。大家（　）的，為的是搶得便宜。」【你推我擠】	學習單	2'	書寫	90%學生能正確選詞。
	2.（滴滴答答、叮叮噹噹、淅瀝淅瀝、嘰哩咕嚕）「風一吹，窗邊的風鈴（　）的響了起來，真是好聽。」【叮叮噹噹】				
	3.（丟下來、趴下來、踢下來、跌下來）「一群螞蟻沿著一段細柔的絲線爬行，突然風一吹，螞蟻紛紛（　）。【跌下來】				

（續）

行為目標標號	活動過程	教學資源	時間分配	學習效果評量	
				方式	標準
7-2	（二）造句練習： 　1. 依式造句： 　（1）「雨，已經下了很久了」→「風，已經吹了很久了」。 　（2）「撐著一朵紅色花傘，走在林間的小路上」→「提著一袋黃色甜梨，跑在樹旁的小徑上」。 　（3）「樹葉上的水珠通通跌下來了」→「樹枝上的小鳥通通飛出去了」。 　2. 句子改寫： 　（1）「雨，不大，卻滴滴答答下個不停。」→「雨下得細細小小的，卻一直滴滴答答下個不停。」 　（2）「屋前的小水溝流動起來，嘩啦嘩啦的水聲，像一股泉水，從地底下湧出來，高興得嘩啦嘩啦，你推我擠似的。」→「屋前靜止的小水溝開始流動起來，發出嘩啦嘩啦的聲音，好像是一股從地底下湧出來的泉水，高興得嘩啦嘩啦叫，彼此你推我擠的模樣。」 　3. 習作：輔導學生書寫習作中的第二與第三大項。 　　　　～第三節課結束～	學習單 習作簿	8'	書寫	90%學生能模仿例句書寫。

五、結語

　　國語文能力指標是根據公民十大生活基本能力，統籌國語文領域六大能力（注音符號、識字與寫字、聆聽、說話、閱讀和寫作），以國民中小學階段的語文教學為一整體，規劃一個完整序列。能力指標的內容即是學生在各階段學習之後所應獲得的基本能力與評鑑標準。

　　教師要熟悉能力指標，在教學歷程中不斷地檢視、修正與評估；慎重考量能力指標的內涵深淺，依其層次高低與學生能力，配合教材的實際內容，妥善安排均衡的順序與數量。九年一貫課程強調教師的自主性，教師也要能依學校條件、社區特色、學生需要自行規劃編寫教材，具體轉化為實際教學。在國語文教學中，要能兼顧學生基礎語文知識的建立和基本語文能力（聽、說、讀、寫）的培養，也要加強學生思維能力；並且要帶領學生尋求獲得知識的方法，培養學生的自學能力和自學習慣，提高學習效果。

　　在學生學習歷程中，只有建立穩固的語文基礎，方能蓋起知識的大樓。語文學習是個體知識學習的重要磐石，而國中小階段正是建基的重要關鍵時期，落實語文教學，提升語文的能力與素養，正是國語文教師「任重而道遠」的使命。

參考書目

教育部（2000）。**國民中小學九年一貫課程（第一學習階段）暫行綱要**。台北：教育部。

教育部（2003）。**國民中小學九年一貫課程綱要**。台北：教育部。

許誌庭（2008）。課程改革中的權力展佈與知識新生。**教育研究學報，42**（1），17-31。

葉連祺（2002）。九年一貫課程與基本能力轉化。**教育研究月刊，96**，49-63。

廖春文（2005）。九年一貫課程改革三部曲：解凍→變革→復凍——兼論其對教師專業與學生學習之影響。**台中師院學報，19**（1），73-88。

潘麗珠（2004）。**創意國語文教學活動設計**。台北：幼獅文化。

Caccamise, D., & Snyder, L. S. (2005). *Topics in Language Disorders, 25*(1), 5-20.

National Center for Education Statistics (2004). National assessment of educational progress. *The nation's report card: Reading highlights 2003.* Washington, DC: US Department of Education.

Chapter **3**

規準分析模式的寫作教學
與評量設計

鄒慧英

一、教育改革中寫作的重要性

(一)從九年一貫課程綱要看寫作的重要性

　　國語科教材教法與數學科教材教法幾乎是師資培育課程必修的二門課，原因無他，在小學包班制的教育型態下，國語與數學二科幾乎是任何一位帶班導師必教的二門課。事實上許多級任教師若無教導自己班級這二門課，反而覺得自己不像是級任導師，而在教學時間的安排上相對地也顯得捉襟見肘。可是依據九年一貫課程綱要的規定觀之，語文學習領域占領域學習節數的20%~30%，遠超過數學學習領域的10%~15%，顯然國語科的教學比數學科來得重要。

　　依據九年一貫課程綱要（教育部，2003），本國語文的學習內容包含注音符號的應用、聆聽、說話、識字與寫字、閱讀與寫作等六大項目，就教材

的編輯而言，以發展學生口語及書面表達之基本能力為主，教材設計方面，第一、二階段以閱讀教材為核心，兼顧聆聽、說話、作文、識字與寫字等教材的聯絡教學。雖說如此，綱要仍為第一、二階段的寫作分別列舉出 8、10 項分段能力指標，亦即教材設計雖以閱讀為核心，實際教學卻採混合教學方式，同時兼顧學生聽、說、寫、作能力的養成。在寫作教材方面，課程綱要強調以學生生活經驗為中心，俾便引發學生寫作之興趣，從造詞、造短語、造句、句子變化的基本練習，到擴寫、縮寫、續寫、仿寫的各式敘寫技巧，再到審題、立意、選材、組織、修改、修辭等寫作步驟的練習。

很顯然地，九年一貫課程在本國語文的學習上，寫作仍是主要的學習活動之一。就中小學的寫作教學而言，寫作就是學習寫文章，學生依不同目的練習撰寫各種文體的文章，包括記敘文、抒情文、論說文、應用文等，並在寫作歷程中變身為作者與潛在讀者溝通，換言之，寫作是一種結合作者和讀者，並以作者為主的行為過程。語文的學習包括語言與文字兩部分，前者係以口語方式表達個人的意思情感，後者則是將個人內在深層、抽象的想法與情意，幻化為具體的書面文字，二者皆是一種與人互動、溝通、學習的工具或方式，從長遠的角度觀之，個人寫作所反映的文字使用能力，更幾乎是學習各種領域的必備條件。簡言之，寫作本身不僅是目的，更像是一種學習工具，幫助學習者以文字方式建構出對不同領域的了解與詮釋，不論是哪一個學門的學習都必須具備這項能力，無怪乎寫作能力的培養在國小語文科教育中占有重要的比例與份量。

㈡閱讀與寫作的整合

就認知的成分而言，閱讀與寫作其實有許多相同之處，例如為了要能讀與會寫，需要對許多字的意義先有所了解，譬如知道某件事物的讀音與符號表徵，方能了解該件事物在文章中所代表的概念與意涵，甚至以寫作方式提出個人對該件事物的看法與見解，基於此，經由「寫作」教導如何「閱讀」，或經由「閱讀」學習如何「寫作」，是實際教學時相當可行的一種統整或整合教學模式。

由於寫作與閱讀實在有許多相似之處，故在教學上可以提供許多交叉學

習（cross-learning）的機會。儘管閱讀與寫作之間有非常密切的關聯，教育工作者並未因此僅就其中一種活動（閱讀或寫作）進行教學，因為單是閱讀的學習不可能滿足或達成寫作之教學目標，反之亦然。閱讀與寫作在本質上可視為一體兩面的訊息處理方式或溝通方式，前者聚焦於讀者對文本作者所欲表達訊息、意念、情感的覺察，包括那些隱含在字裡行間的深層構念，然後讀者再以自己的先備知識或經驗對文本內容或文本形式加以理解、詮釋、思考或批判，進而與作者產生互動；寫作則是以一種內在的角度，在考量（顯性或潛在）讀者的前提下，將自己的意念、想法、情感／感受，或由閱讀而來的知識與理解以文字方式呈現出來，過程中，寫作者持續與讀者有所互動。換言之，閱讀與寫作皆是展現個人對某件事物理解與詮釋的溝通方式。因為如此，將閱讀與寫作予以統合，是目前語文科教學上的一種自然趨勢，雖然將寫作加入閱讀課程中，不一定會改善學生的閱讀水平（Shanahan, 1988），正如在寫作課程中加入閱讀也不保證寫作水平的提升，然而以適當的方式將二者相結合，卻有可能提升或改善學生的學習狀態（Shanahan, 1997）。

㈡閱讀寫作教學（literacy instruction）的理論基礎

　　目前在閱讀與寫作的發展和教學上，最有影響力同時也是應用最為廣泛的派典莫過於維高斯基（Vygotsky）的主張，因為維高斯基特別強調語言在發展與學習上的角色，他的論點已融入目前西方閱讀寫作教育的三個主要運動之中，這三個重要的運動分別為建構主義（constructivism）、學前讀寫素養（emergent literacy）及全語言（whole language）（Dixon-Krauss, 1996）。

　　就建構主義者的學習模式而言，讀者乃是自閱讀的文章內容中選擇訊息，再結合先前的知識給予推論與主動地建構意義，此派認為教師在閱讀教學所扮演的角色在於構築學生的背景知識，並教導學習者如何使用文章的內容訊息以獲致推論的策略。這種建構式的教學焦點重心在於學習者的主動參與建構意義，而非被動地獲得閱讀和寫作技巧及知識。而維高斯基近側發展區（zone of proximal development, ZPD）的論點與建構主義相結合之後，教師的角色變成經由社會互動、合作分享知識和意義等方式將學習活動傳達予孩子們。

在這樣的理論背景下，閱讀寫作教學的評量從早期偏重總結性評量（summative assessment），轉而強調形成性評量（formative assessment）與總結性評量並重的局勢，亦即希望在學習過程中能透過形成性評量的方式，適時機動性地提供回饋予學生，藉此改善學童的學習效果，整個教學過程也就發展成一種動態的評量模式。又為進一步使學校所學能為學生充分應用於日常生活中，讀寫教學的評量轉而注重真實且有目的的閱讀與寫作活動，閱讀與寫作因而成為一種實用技能的學習，而非僅是學術殿堂或教育機構內的一種教學安排。另一方面，為因應不同學生的個別需求，教師必須隨時對教學活動做適當的組織、計畫或評鑑，因而當學生專注於評量過程之際，亦可因此提高其學習效果（Murphy, 1997）。

本章主要目的在協助教師設計一種寫作的教學與評量方式，可以連結課程、教學與評量於一身，使學童能完成他們的寫作，教師又可由中評估其表現。本章採用三規準寫作分析模式，以此模式評量與教學國小學童的記敘文寫作，並以此三規準定義一份優質記敘文作品所該具有的特徵。

二、規準分析模式對寫作教學的衝擊

依據九年一貫國語文之課程綱要，作文能力之教學原則指出，第一階段的寫作學習著重於學生興趣的培養，而由口述作文開始引導學生的興趣，第二階段則是引導學生能主動寫作，並與他人分享彼此的寫作作品，故已由口述作文改為筆述作文，第三階段則是養成學生樂於發表的寫作習慣，此時學生應能熟練筆述作文的模式。至於寫作能力之評量原則，課程綱要建議依階段能力指標，可分就創意、字句、取材、內容、結構、文法、修辭、標點等向度，由教師自訂量表進行評量。基於上述的教學與評量原則，本章將就第二階段的筆述作文，發展出寫作的規準分析模式，從特定的向度進行寫作的教學與評量。

寫作的規準分析模式，最佳代表為美國西北地區教育實驗室（Northwest Regional Educational Laboratory, NWREL）研究、評鑑與評量中心（Center for Research, Evaluation, and Assessment）所提出的 6 ＋ 1 特點寫作與評分規範（6

＋ 1 Traits Writing & Scoring）（http://www.nwrel.org/assessment/）。此 6 ＋ 1 特點的分析模式可用於寫作的教學與評量，模式由 6 ＋ 1 個關鍵品質所組成，並以這 6 ＋ 1 個品質來定義優質作品。其寫作流程如圖 3-1 所示，從構思（prewriting）、草稿（drafting）、回應（responding）、修改（revising）、編輯（editing）到出版（publishing），各步驟間看似線性連續的過程，實為一再遞迴（recursive）的過程，並於各步驟間融入 6 ＋ 1 特點，這些特點也正是其評量寫作品質優劣的規準，分別為構想（ideas）、組織（organization）、語態（voice）、措辭（word choice）、句子流暢性（sentence fluency）、慣用法（conventions）及發表（presentation），其中發表非必要的特點，可由教學者決定是否適用。每個特點又依據作品的表現給予 1~5 分，每個分數等級除提供一個整體描述外，並針對各個特點的每一個等級給予 5~6 項明確、清楚的文字描述。例如，在「構想」得分為 5 的整體描述為：「文章清晰且聚焦，能抓住讀者的注意力，相關的趣聞軼事和細節使核心主題增色許多」，之後又就 5 分的作品在「構想」的表現舉出 6 項具體描述。為了便於評分者能有效掌握各特點的核心概念，NWREL 並就各特點提出一個關鍵問題供評分者思考，各特點的關鍵問題如下：

　　構想：作者是否能就主題保持聚焦，並分享創新的訊息或觀點？

　　組織：組織架構是否能提升其構想，並使其更易於了解？

　　語態：如果文章比較長，你是否會持續閱讀該作品？

　　措辭：文章所用字彙與語詞是否能形成生動的圖像並駐留在你心中？

　　句子流暢性：當你大聲朗讀該文章時，你能否「覺得」其字彙和語詞匯流在一起？

　　慣用法：還需要多少編輯修訂方能與外界分享該作品？

(一)規準之定義

　　規準（criterion）或稱表現規準（performance criterion），意指評鑑學生表現好壞的面向，提倡實作評量的學者Stiggins（1987）曾說過：「如果你不清楚合理表現的重要面向——不良和傑出表現的看法——你既不能教導學生完成其表現，也不能評鑑他們的表現。」換言之，一個公平、可信、有效的

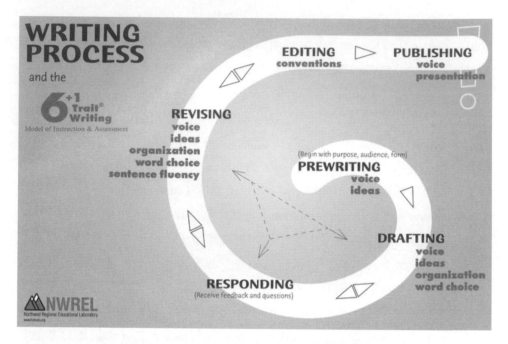

圖 3-1　NWREL 的 6 ＋ 1 特點寫作流程

評量，在發展和選擇作業時就該考慮評量學生表現的規準為何，且教師和學生對評量表現的規準應有認知上的共識。規準不僅有助於向學生釐清作業期望，並能溝通學習目標和標準（standards），規準同時能引導判斷過程，藉以提高信度、公平對待每個表現，及提升每位學生成就結論的效度（Linn & Gronlund, 2000）。

　　規準的建構必須符合理論與實徵的要求，前者根據寫作理論界定寫作的重要構念，進而編製寫作的規準，可能包括內容、結構、文法、修辭、標點符號等，後者透過學生的實際作品，找出能有效辨別作品優劣的重要特質（Lane, Liu, Ankenmann, & Stone, 1996; Stiggins, 1994）。以美國 NAEP（National Assessment of Educational Progress）的寫作評量為例，NAEP 的評分規準包括了主要特質（如組織、連貫性、修辭結構）、整體性及技術性元素（如拼字、大寫、縮寫等），並融入與完成作業有關的特徵，如整體的流暢性、與標準書寫英語的慣例（National Assessment Governing Board, 2007），據以

將學生的寫作表現分為六個等級（Excellent, Skillful, Sufficient, Uneven, Insuf-
ficient, and Unsatisfactory）（Salahu-Din, Persky, & Miller, 2008）。又如肯塔基
州的寫作評量（檔案），亦是採用整體式評分，但同時明列目的／對象、構
想發展／支持、組織、句子、語文及正確性（purpose/audience, idea develop-
ment/support, organization, sentences, language, & correctness）等六項規準。奧
瑞岡州的寫作評量則是採用分析式評分（analytic scoring），包括構想、組
織、語態、措辭、句子流暢性、慣用法及內容（ideas, organization, voice, word
choice, sentence fluency, conventions, & content）等七項規準。佛蒙特州（Ver-
mont）寫作評量亦採用分析式評分，包括目的（Purpose）、組織（Organiz-
ation）、細節（Details）、語態（Voice）及文法（Grammer）等五項規準。
學者 Wolf 與 Gearhart（1997）與其同儕亦曾就記敘文發展出一套包含五項規
準的分析式評分規範，分別為主題、角色、場景、情節及溝通。

　　本章提出的規準寫作分析模式係指主題／焦點、文法修辭、組織／發展
等三項寫作規準，此套模式的重點在於教學時針對寫作的重要元素進行分析，
幫助學生了解優、劣作品在這三項規準上的差異表現，必要時得就各個規準
進行逐項教學；評量時亦是依據此三項規準作為評鑑作品優劣的重要面向，
換言之，此模式可同時運用於寫作的評量與教學。⑴主題／焦點，文章是否
能清楚地呈現或持續一個主要的想法、主題和要旨；⑵文法修辭，包括遣詞
造句、句型變化、標點符號、文法流暢性、錯別字等；⑶組織／發展，組織
結構，包括重要元素（人物、背景、問題、事件、解決方法）、發展邏輯性、
段落銜接、細節的支撐等。此三個規準不僅可用於記敘文，亦可用於說明文
和論說文，教師僅須就各不同文體修正各規準的內涵即可，本章將以「記敘
文」為例，說明如何將此模式運用於寫作教學與評量。

　　記敘文是一種以記敘為主要表達方式，記載敘述人物和事件的過程變化
與發展的文章，常見者有故事、遊記、參觀訪問記、小說、傳記等，其內容
的呈現同時包括靜態與動態兩部分，靜態部分是指文章中描述的人、事、時、
地、物；動態部分是指描述前述人、事、時、地、物的變化和發展，故記敘
文往往會呈現出靜、動組合的線性發展方式（劉忠惠，1996）。根據謝錫金
的說法，記敘文的表達大致可分為四種序列模式：以事件情節發展為主；以

時間先後為主；以地點的轉移、人物的活動為主；及以事件之間的關係為主
（http://www.cmi.hku.hk/Ref/Article/article09/index.html#02）。一般而言，記敘
文的寫作教學通常會包括以下提示：

- 有趣的起始和合理的結尾；
- 圍繞著情境、衝突或問題建立故事情節；
- 運用像對白、敘述或懸疑等策略以保持讀者的興趣；
- 顯示你的人物角色在想什麼及其感覺；
- 利用感官知覺的細節和活靈活現的語言；
- 忽略不適合的細微枝節；
- 說明為何你所記憶和你所寫的是重要的。

　　教師藉由這些提示激發出學生寫作的靈感或想法。當然，也有不少教師
會就特定主題直接提供寫作綱要，大部分學生便依綱要進行寫作，長久下來，
此種教學方式易養成學生的依賴習性，一旦教師不再提供綱要，學生便表示
毫無概念或想法，良久無法下筆，或下筆無法成書。

　　至於寫作的評量要點，不外乎包括下列數項，各項內涵再依文體不同略
做調整或合併：

- 文法修辭：評量重點為斷句、標點符號與文意的連貫性；
- 組織架構：評量重點為分段、架構的完整性與結尾的手法；
- 內容豐富與正確性：評量重點為內容切合題意、說理正確及內容的多樣化；
- 文章風格：評量重點則是文體的適用性、取材的適當性、敘述手法的生動性及創造性。

　　雖然並無一個正確或唯一方法可以結合寫作的教學與評量，但本文試圖
將上述寫作評量的要點整合成三個規準──主題／焦點、文法修辭、組織／
發展，重新定義寫作教學的重點，並以此發展出寫作評量的評分規範，進而
發展出一種以規準結合寫作教學與評量的模式。換言之，此模式的焦點在於
教師所欲使用之寫作規準（criteria）為何，它不僅有助於向學生釐清教師對

作業（寫作）的期望，並能與相關人士溝通寫作的學習目標和標準（standards）。

(二)評分規範（scoring rubrics）

　　當學生完成一份寫作作品，其內容可能是閱讀摘要或大意、日誌、寫作大綱、草稿、修正稿、完稿作品等各形各色或各階段的成品或半成品，教師如何決定某位學生的作品傑出，另一位學生的作品良好，或作品能否被正確地評量，甚至在學習過程中，如何得知學生是否有所進步與成長，要回答這些問題須有明確、清楚定義的評分規範。評分規範是一種評分指南，也是規準的落實，一方面可用於組織和解釋學生的表現資料，另一方面也可作為區分學生表現的發展水準。評分規範就是以書面呈現各個規準的不同表現水準，每個水準皆以文字清楚描述明確、可測量的表現特徵。因此，透過評分規範可以具體描繪出學生作品在各規準的優劣表現，諸如專家作品能在「組織發展／重要元素」這項規準表現出「包含情節（事件）、場景（時間、地點、情境）、角色（人或物）等構成文章主體的重要元素」，但生手作品在同一規準的表現卻可能是「情節（事件）、場景（時間、地點、情境）、角色（人或物）等重要元素未做適當交代處理」。依據Martin-Kniep（1998）的論點，透過評分規準和規範，教師能與學生溝通精熟（proficiency）或成就（achievement）的意義，它不僅有助於學生了解教師的期望，並可供學生督導自己的作業表現。相較於傳統評量方式，評分規範可以檢驗學生真正的學習過程，並清楚地向學生展示如何評鑑其表現，換言之，評分規範可以協助教師澄清學生在內容和表現標準上所欲達成的內涵與目標。

　　評分規範是應用表現規準於學生反應和表現的一組指引。評分規範通常包含學生反應表現或情況的文字敘述，常見者有分析式與整體式兩種。分析式評分規範需要確認表現的不同向度或特徵，以便能分開評分；整體式評分規範則是從全觀角度為整體表現提供不同水準的描述。例如，一份文學批評可能就組織、想法的品質、表達的清晰度和文法細節評定之，也可能是就整體品質的印象予以評分。整體式評分規範有效率且直接符合傳統等第分派所需的整體判斷，但他們不能就學生表現的優、缺點提供明確回饋，分析式評

分規範則能提供此種回饋。

　　一般而言，教師在進行寫作前須先與學生針對評分規範進行溝通，以取得學生的認同與了解，並建立師生間對評分規範的共識，俾便能為評分等第提供一個客觀的基礎。但在另一方面，由於學生已事先得知評分規範即為評分的依據，故評分規範成為學生自動自發學習、努力求進步以得好等第、對表現做自我檢視等一個強而有力的激發學習動機的工具，尤其是當學生有機會對評分規範表達意見，或參與評分規範的制定與修正時，評分規範對學生的激發動力更為明顯。換言之，一個清楚而明確的評分規範可以是一種學習工具，用以協助學習者做自我評量，也可以是學習者在學習過程所欲達成的一個目標，更重要的是它可以提供學習者具體的努力方向。就某種層面而言，評分規範是規準寫作分析模式能否成功的關鍵之一。

㈢三規準分析模式的教學

　　以下就此模式的寫作教學，提出若干具體建議。

1.尋找並收藏好書

　　隨時注意能說明寫作規準品質的文本材料，例如在生活中尋找可用素材，看看超級市場的告示版，以全新的眼光觀看你的垃圾郵件、翻閱食譜、朋友來信、問候卡片，或是看看技術性寫作作品，如手冊、年度報告、地圖和廣告小冊子，其寫作方式如何？如此便可尋得極佳的範例供某項規準使用，只要你有心，寫作規準的範例俯拾皆是。

　　當你發現某項素材時，不妨問問自己，「它如何顯示出寫作的一項規準，是正向的或是負向的素材？」盡可能蒐集許多範例，並將這些範例依不同的寫作規準歸類存檔備用。以下是一些可能的簡單列舉：

　　⑴書籍或文本的開始、結尾或重要關鍵時刻。

　　⑵其他作家如何進行寫作想法的構思（蒐集許多能捉住作者對其自行寫作過程想法、寫作建議及給學生的至理名言的書籍，以作為激勵學生的絕佳來源）。

　　⑶找出你從作家、勞工、設計師、藝術家、企劃人員等處發現的反省思

考，用這些省思向學生示範修正是一個思考過程，且每個人都會以不同的形式進行之。

(4)找到對標點符號、大寫、拼字、分段、文法具創造性用法的作品，向學生呈現作者能操弄作品的慣用法以提升其想法、設定語氣且通常會引起讀者的興趣。

如果你從報章雜誌發現某個事件引起你的注意，但無法立即用到，不妨先將它剪下或影印下來，置入你認為適合之規準檔案中。當你後來無法記得曾在何處見過該範例，但卻希望現在能擁有它時，你會很高興曾將該範例保留下來。蒐集範例是三規準寫作分析模式一個好的開始，譬如你可以建立「優與劣的遣詞造句」告示板，或任何你認為寫作教學可能用到的特性。

2.以朗讀啟發寫作的靈感（依任教年級而異）

(1)練習能流暢朗讀某一個故事段落，然後，將該故事朗讀給學生聽，當這些故事文字因為你的聲音而活躍起來時，學生會陡然發現作品竟然可以因聲音而有了生命。

(2)朗讀時可在適當處稍做停頓，讓學童將注意力集中在某個你欲教學的特性。例如，你可以在朗讀「長滿青苔的怪石頭」時略做停頓，詢問學生是否能聽出該故事的「流暢性」；你也可以在一個特殊的用字或描述語後稍做停頓，詢問學生該字或描述語是否在其心中形成特定的心像（遣詞造句）。當學生請求你繼續朗讀下一段時，提醒他們注意本故事所用的「語態」。無論是屬何者，自始至終你都須將問題與特性緊扣，以強化寫作的重要概念。

(3)讓學生有機會聆聽其他作者的作品（錄音帶、光碟等），許多有聲圖畫書也是不錯的選擇，播放這些有聲圖書會讓書本活了起來，此種教學方式會影響學生對書或故事內容、想法的理解。

做好「朗讀」準備是寫作教學可進行的重要事情之一，學生需要感受到你的愉悅、興奮、期盼、被打斷時的痛苦和一本好書真能捉住你想像力時所產生的情感觸動，許多孩子不曾經驗過那種神奇的感覺，他們在家不朗讀，他們也不將自己視為「讀者」，他們只是不知道如何選擇一本好書，如果我們能夠向學生呈現出在書的世界裡有多麼美好，我們可以創造一個「讀者」

的世代，但要從自己開始。

3.瀏覽學生作品

從多年的教學生涯累積許多值得分享學習的學生作品。建立這個資料庫時，無須逐字逐句閱讀學生作品，而是看看是否能找到一個足以說明某個特定規準的範例。一旦看到某篇作品的用字選擇甚佳，或作品的起始頗不尋常，不妨以便利貼在該作品做個標示，並註明它們選入資料庫的原因，以防日後遺忘為何選擇該作品，以及該作品所欲呈現的特定規準，複印之後再塗掉作者姓名。別忘了瀏覽評分較差的作品，因為孩子也會想要看到最好到最差的作品表現範圍。當我們呈現給學生的範例愈接近寫作教學的目標（某個特定規準），學生達成目標的機會就愈大。

(1)為每個你所要教學的規準尋找一份優良和一份待改進的作品範例。

(2)想想每篇作品可提出的特定問題：你想要用這篇範例傳達的重點為何？

(3)形成同僚社群的網絡，彼此保留作品，所以你的蒐集品會愈來愈多。

(4)規劃一個社群會議時間，你可用來交換作品、評分作品和分享你在學生寫作表現所看到的事物。

4.檢視一些舊有喜歡的課程和活動

每人均有一些自己特別喜歡的教學活動，也許它是你和一位同事共同研發，供做跨課程使用之活動；也許它是你為特殊教材研發的一個單元。當你檢視這些舊有的喜歡活動時，心中同時瀏覽過寫作的三項規準，並問自己該課程活動是否有助於學生尋得有趣的事物供寫作之用？（寫作的想法或點子）它是否能向學生呈現出一個有效的材料排放方式或將想法組合在一起？（組織架構）它是否能激起學生對寫作主題產生獨特的見解？（個人風格特色）它是否能使學生發展出對「字的張力」的感覺或字彙發展？（遣詞造句）它是否能提供學生機會練習句子結構、組型、不同起始或押韻？（流暢性）

總而言之，檢視舊有的喜歡活動，主要焦點有二：(1)這些課程可以增強哪些寫作規準？(2)製作新檔案並加入一些課程或想法，儲存供後續使用。一旦我們能從寫作的規準來檢視喜愛的單元和活動，我們便有機會發現他們與一個或多個規準的直接連結，這些活動會進一步強化我們寫作課程的素材。

5.利用電腦創造編輯課程

電腦融入教學活動已是目前的教學趨勢，教師透過電腦可設計一些編輯課程，供學生作為寫作練習之用，諸如：(1)分段的課程；(2)標點符號的課程；或(3)其他課程。此種方式或許會鼓勵學生運用日常口語語言，但善用口語語言並不保證良好的寫作表現。

上述課程來源可以是一篇你創作的作品，經由電腦編輯後，提供學生一份影本，讓學生就一項寫作特性編輯該文本。每個文本僅聚焦在一個特性，每個特性包含一系列 4~5 篇作品，可逐步提高作品的困難度，並加入適度的新變化供學生練習。

6.選擇學生作品做對照比較

另一種教導學生寫作特性的方法是讓學生成為評量者。這可能是激勵學生去考慮品質、發展出寫作者的字彙和與你一同寫作建立起夥伴關係最有力的方法之一。由於這三項規準可為寫作提供一個架構和明確的核心要點，因此，教學時可以強調這些規準特性作為學習工具。先選定一個特性，然後以投影片方式呈現出在該特性優良與拙劣的學生作品，讓學生經由對照了解該特性可能的表現範圍；接著讓學生利用寫作規準所衍生的評分規範，開始進行同儕作品的評論或量化評量，評量時學生須能具體指出該作品優良、拙劣之原因，並鼓勵學生盡可能的使用規準語言來定位評量的結果。學生學習如何評量之目標在於，透過規準的內化進而不斷改善其寫作技巧，所以，學生愈能了解作品情境脈絡中的意義愈好。教師可利用此方式建立起成對的學生作品供日後評分練習之用，每個規準備有 4~5 份的學生作品，經由優劣範例作品的對照，讓學生能確實掌握該規準的意涵。

7.作品的修改

除利用電腦編輯練習課程外，教師亦可選擇一些需要修改的作品，或來自於教師所寫的範例，或來自於過去學生完成的作品，若屬後者，請確定不會因為用了該作品而使學生難堪。進行方式可採二人一組或小組方式進行修改，修改工作包括：

(1)選擇一項規準評估該作品（保持聚焦）；

(2)腦力激盪思考所能修改的事項，提出修改好的版本需要包括哪些問題（藉此保持聚焦）；

(3)與夥伴一同合作完成修改版本（保持簡短）；

(4)全班討論或小組討論，朗讀分享修改的版本（保持正向）；

(5)討論各組所做的修改（保持聚焦在選定的規準）；

(6)後續工作：學生以相同的規準修改自己的作品（保持可行）。

8.學生建立寫作檔案

從學生寫作的第一天開始，提供學生文件夾、盒子、磁片、檔案、任何東西，讓他們可以儲存他們的作品。鼓勵學生將所有作品蒐集在一個地方，這樣他們可以看見草稿的範例，不同階段修改的作品，疾速創作的作品，以及歷經時日完成的作品。學年將盡時，讓學生就其所蒐集的作品進行篩選與淘汰，但學生務必保留不同類型的作品以呈現這學年的寫作範疇。

為了儲存作品以累積更豐富的經驗，可讓學生在學年開始時撰寫一份自我評鑑（反省），並設定當年的寫作目標。若是學生不清楚如何進行自我評鑑，不妨分享過去學生一些好的省思作品範例，或教師自己寫的範例。學年中應定期讓學生檢視其寫作目標，並看看他們是否想要修正其年初定下的目標。若欲建立良好、豐富的學生寫作檔案，應提供學生充分的寫作時間，且經常寫作。

三、規準分析模式寫作教學教案設計

由於記敘文寫作練習的關鍵在於時間的延續和空間的擴展，二者間的結合，一般而言，其重點仍偏重於時間的縱向發展，藉著時間的演變來敘寫人、事、時、地、物的變化，有時為使情節的發展多元化，作者有可能鋪陳出多層次或多面向的發展。然就小學的記敘文寫作而言，往往僅能呈現出單線性的發展。以下教案設計從閱讀一篇「長滿青苔的怪石頭」故事開始（見表3-1），配合故事圖（story map）的使用，讓學生能注意組織／發展的規準，

並了解故事寫作的五大元素（主角、情境、主要問題、事件、解決方法），再經由改變其中一個元素，讓學生進行創作。本教案預計二節課時間可完成。

　　教師在採用本教案前，須先備妥閱讀故事的投影片，關於這點透過電腦的 power point 已可省卻教師不少教材準備時間，同時亦可搭配圖片使故事內容產生部分視覺化效果；其次，教師應於教學前先練習朗讀講述該故事，務求口語的流暢性與聲音的豐富性，換言之，當學生在聆聽故事時能有身歷其境的感受；第三，製作投影片與準備講述故事時，應先行決定於何處暫停，暫停處最好設於投影片換頁處，如此方能適當地吸引學生對故事的注意力，進而提高學生的閱讀興趣，並帶動學生探究作者的下一步想法。

　　實際教學時，教師應針對各項活動適時向學生強調組織／發展的次規準，以本教案為例，說故事約費時 12 分鐘，之後利用故事圖協助學生了解整個故事的架構綱要，認識故事寫作發展的五大元素，約時 8 分鐘（強調重要元素），接著進行分組教學，告知學生改變故事中的「事件」元素，但各小組須自行決定新事件為何，費時約 6 分鐘（強調發展邏輯性），然後依據新事件想出解決方法，進而以小組為單位擬定新的故事圖，費時約 13 分鐘（強調細節的支撐）。第二節課各組以自行擬定的故事圖，撰寫完成一個不同結局的新故事（強調段落的銜接）。教學結束後，教師可將批閱後的小組作品，或掃描或重新打字公布在班級網頁供全班瀏覽，此舉一則可讓優良作品享有發表的榮耀，一則可讓各組學生互相觀摩彼此的優劣，以作為下次寫作的改進依據。

　　本教案經過實際試用後發現，學生對於教師以投影片引導閱讀一篇故事的教學方式頗感興趣，尤其是遇到情節轉折處，當教師故意停頓讓學生對後續情節進行臆測時，學生普遍會催促教師趕緊進入下一張投影片，顯示教師導讀確實會引發學生的閱讀興趣。教師藉由閱讀後的討論，引導學生認識記敘文的五大重要元素，並以視覺化的故事圖呈現重要元素（重要元素），之後，教師以小組方式進行腦力激盪，鼓勵學生改變其中一項元素（主要問題），想像此項改變對故事的影響（發展邏輯性），並讓學生思考改變後的解決策略和畫出新的故事圖（細節的支撐），進而各組開始利用小組結果進行實地寫作練習，最後各組各完成一篇不同結局的故事作品（段落銜接）。

表 3-1　規準分析模式寫作教案示例

教學單元	閱讀寫作	教學班級	五年○○班
教材來源	長滿青苔的怪石頭（見附錄）	教學節數	2 節
教學時間	80 分鐘	教學日期	94 年 03 月 10 日
指導教授	鄒慧英教授	班級導師	劉美吟老師
教 學 者	劉美吟老師		
教學目標	1. 能了解一篇記敘文／故事體所該掌握的重要元素，包括人物主角、情境背景、主要問題、事件、解決方法。 2. 能了解撰寫記敘文／故事體時的一項重要規準——組織／發展。 3. 能改變故事的某項元素，改寫該故事的發展與結局。 4. 能聆聽他人意見。 5. 能合作完成作品。		

教學活動	教學資源	教學時間	強調的規準
準備活動 (1)利用投影片第一頁「長滿青苔的怪石頭」故事名稱引起學生興趣。	長滿青苔的怪石頭	1'	
發展活動 (2)開始放置投影片，開始說故事。 　＊講述故事時透過投影片的字幕引導閱讀，遇到情節轉折處讓學生猜測其內容，然後顯示真正的文字內容，師生配合字幕利用對話方式輪流閱讀。	投影機 投影片 （電腦）	12'	組織／發展
(3)完成整個故事的閱讀後，討論書中的重要元素，包含故事的人物、情境、事件、主要問題和解決方式，完成故事圖。		8'	重要元素（人物、背景、問題、事件、解決方法）

（續）

教學活動	教學資源	教學時間	強調的規準
(4)以小組腦力激盪方式，列出學生所能想出的不同問題去改變故事中的一項元素（主要問題）。		6'	發展邏輯性
(5)要孩子寫下改變後的不同解決策略並完成小組的故事圖。 ～～～～第一節課結束～～～		13'	細節的支撐
讓學生利用小組所完成的故事圖，重新膳寫故事在作文紙上，小組完成一份擁有一個不同的結局的故事。 ～～～～第二節課結束～～～		40'	段落的銜接
將各組作品打字完成，展示在班級網頁學生作品中。			

四、規準分析模式寫作評量與示例

　　由上述可知，規準分析寫作模式係從三個規準進行寫作教學，每次教學重點可置於其中一項規準，待學生精熟該規準後，可改變教學重點至另一項規準，以上述教案為例，其教學重點置於「組織／發展」規準。同樣地，規

準分析模式的評量亦以此三項規準為依據評量寫作品質的優劣,實際評量時,「主題／焦點」規準又細分為三項次規準,分別是主題焦點的清晰明確性、內容連貫性與主題符合性及開端與結尾;「文法修辭」規準細分為文法流暢性、句型變化、遣詞造句與標點符號等四項次規準;「組織／發展」則細分為重要元素、發展邏輯性、細節支撐及段落銜接等四項次規準。確立各項規準的評鑑內容與項目後,教師可以這些規準發展出寫作的評分規範與評定量表,或採整體式、或採分析式評分規範,前者提供整體表現不同水準的描述,但他們不能就學生表現的優、缺點提供明確回饋,分析式評分規範則能提供此種回饋。因此,教師可依據目的與需要自行決定採用何種評分規範,再搭配適當的評定量表,對應量尺上每一點清楚描述學生作品品質的表現。筆者建議採用 3~7 點的量表進行評量,因為人們通常無法做出比七點量表更精細的品質區別和判斷。

　　本教案強調的寫作規準為「組織／發展」,又可細分為重要元素、發展邏輯性、細節支撐及段落銜接等四項次規準,各規準採用四點量尺進行評分。以記敘文而言,重要元素包括情節(事件)、場景(時、地、情境)及角色(人、物)等三項;發展邏輯性則是指內容情節發展順序的合理性,能否呈現出顯明的故事架構;細節支撐關心的是能否有相關、重要、適當的細節或例證支撐故事情節的發展;至於段落的銜接則是指整篇文章各個段落間的轉折流暢性。各組學生作品將以這四項次規準評估其表現品質,各項次規準依學生作品品質良莠分為四個等級,各等級的表現描述如表 3-2 所示。除此之外,教師亦可依據寫作規準發展寫作自評表(表 3-3),供學生自我檢核作品之用,一則加深學生對寫作規準的認識與內化,二則協助學生養成省思的習慣與態度,三則提供學生同儕觀摩的機會。

表 3-2 「組織／發展」規準之表現敘述

評分向度	等級		評量項目
組織／發展（組織結構，包括重要元素、發展邏輯性、細節支撐、段落銜接等）	重要元素	4	包含情節（事件）、場景（時間、地點、情境）、角色（人或物）等構成文章主體的重要元素
		3	情節（事件）、場景（時間、地點、情境）、角色（人或物）等重要元素有一項沒有交代或交代不清
		2	有二項重要元素沒有交代或交代不清
		1	情節（事件）、場景（時間、地點、情境）、角色（人或物）等重要元素未做適當交代處理
	發展邏輯性	4	能清楚、合理地描述事件發展的順序，呈現出條理分明的組織架構
		3	事件發展的順序大致上是合理的，組織架構明確，偶有突兀情節出現，但不影響整體的架構
		2	所描述的事件發展的順序顛倒或是不合理，組織架構模糊不清
		1	未能清楚描述事件發展的經過與順序，幾乎毫無組織架構可言
	細節支撐	4	使用相關、重要、特殊的細節與例證作為主要事件發展的支撐
		3	能使用相關、重要、特殊的細節與例證作為主要事件發展的支撐，但可能有一項或二項細節缺乏直接關聯性或與全文不太平衡
		2	使用較一般性、關聯性不強，或不適當、模糊的細節或例證作為支撐
		1	幾乎沒有使用任何支持性的細節或例證輔助說明文章的主要情節
	段落銜接	4	段落分明、銜接流暢而緊密
		3	段落分明、銜接與轉折大致流暢
		2	分段不恰當，或段落間的銜接與轉折不夠順暢或突兀
		1	全篇沒有分段或一再重述相同的事件

表 3-3　記敘文寫作自評表

國小記敘文寫作自評表

班級：___年___班　　座號：____姓名：_____　　日期：___年___月___日

※使用說明：請依據下列數字代表意義，於適當處打「✔」

1 ＝還要再努力　　2 ＝還可以啦　　3 ＝不錯哦　　4 ＝很好ㄋㄟ　　5 ＝太棒了

本次寫作題目：_____

評量向度	1	2	3	4	5	自己的期許
主題與焦點						
1. 文章的主題和重點清楚明確						
2. 內容前後連貫，都符合題目						
3. 開頭與結尾都很完整						
文法修辭						
1. 句子唸起來很通順，表達意思完整						
2. 使用豐富的寫作技巧						
3. 標點符號使用正確						
4. 出現錯別字（0 個＝ 5，1〜2 個＝ 4，3〜5 個＝ 3，6 個以上＝ 1）						
組織架構發展						
1. 文章內有提到角色、情節，和事件發生的時間、地點等重要關鍵						
2. 文章情節清楚合理，讓讀者容易明白						
3. 情節都能恰當地使用相關例子或是說明，讓文章更豐富						
4. 段落分明，而且段落的銜接緊湊流暢						
與上次檢核結果比較						
1. 主題焦點方面						
2. 文法修辭方面						
3. 組織發展方面						
交流天地（請找三位同學寫下讚美和建議）						

圖3-2是上述教案實施後，一組學生繪製的新故事圖，由故事圖可看出，本組學生將「主要問題」從「捉弄動物偷走食物的狐狸」改變成「森林裡出現了一個小偷，專偷動物們的食物」，乍看之下似無多大差別，但重點在於新故事圖的小偷並非狐狸，這可從「解決方式」窺出端倪，「狐狸利用哪顆石頭去幫助被小偷偷走許多東西的動物們，把動物們的東西討回來」，以下是由此新故事圖發展出來的故事：

　　　　有一天，狐狸在森林裡散步，發現了一顆「怪石頭」，牠看了看說：「真有趣，這兒有一顆長滿青苔的怪石頭！」

　　　　「咕咚」，狐狸一不小心摔了一跤，便昏了過去。一個小時之後，牠醒了過來，覺得很奇怪，發生了什麼事？牠看了看地上的怪石頭，狐狸自言自語地說：「我沿著這條小路走，看到了怪石頭，就說了一句：『這是一顆長滿青苔的怪石頭。』⋯⋯。」

　　　　「咕咚」，狐狸一下子又摔了一跤，又昏了過去。等牠醒來，牠就知道是怎麼一回事了。

　　　　牠走了走，聽到隔壁鄰居「大象爺爺」在喊著：「有小偷啊！快幫我抓住牠啊！」原來又是小花鹿小偷在偷別人的食物了。這已經是第21戶人家的食物被偷了。

　　　　一想到那個可惡的小花鹿小偷，我恨不得將那個小偷家裡的食物偷光光。最後狐狸終於想到了今天發現的怪石頭。

　　　　狐狸利用那顆「長滿青苔的怪石頭」，將小偷從人家家裡所偷的食物一一的給歸還回去了。

　　這篇作品在組織／發展的四個次規準均得到4分的評價，首先，本篇作品清晰點出構成本故事主體的重要元素，包括事件（狐狸發現一個長滿青苔的怪石頭）、場景（有一天、森林）、角色（狐狸、小花鹿、大象、全部動物）；接著，作者能以合理的順序交代故事的發生始末，先是狐狸發現怪石頭，到聽見大象爺爺家遭小偷，狐狸義憤填膺想到如何整治小偷，最後歸還所有被偷的食物，呈現出條理分明的故事架構；第三，作者為點出問題，先

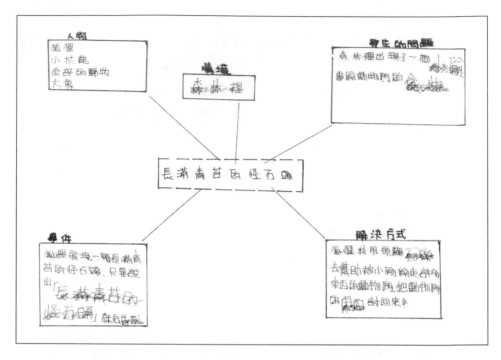

圖 3-2 「長滿青苔的怪石頭」新故事圖 1

以大象爺爺家遭小偷告知讀者問題所在，接著以「這已經是第 21 戶人家的食物被偷了」來突顯問題之嚴重性，顯現出作者擅用相關細節與例證作為主要事件發展的支撐；最後，作者的段落分明，並能在適當處分段，且段落間的轉折銜接亦屬流暢，故本作品能在組織／發展的四個次規準獲得最高評價。

然而讀者卻可以明顯地察覺到本作品的結局有些草率（主題／焦點），作者交代狐狸想到了怪石頭，之後狐狸利用怪石頭歸還所有被偷的食物，卻未交代狐狸如何利用怪石頭，所以在自評表的交流天地部分，有位同學針對此點回饋道：「沒說出狐狸是用什麼辦法騙小花鹿」。其次，在人物的安排上，作者突破一般的刻板印象，將小花鹿轉變為小偷，狐狸竟是小偷問題的解決者，所以另一位同學的回饋寫到：「小花鹿竟然是壞人真有趣，狐狸竟是好人！」充分顯現出作者撰寫新故事的巧思。

圖 3-3 是另一組學生繪製的新故事圖，本圖顯示新問題為狐狸將怪石頭

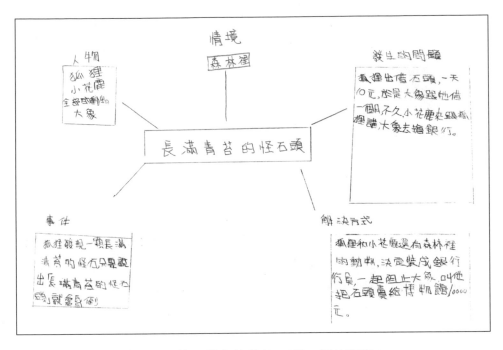

圖 3-3　「長滿青苔的怪石頭」新故事圖 2

出借，每次 10 元，結果大象借去搶銀行，解決方式為狐狸結合森林裡的動物，假扮成銀行行員，共同阻止大象，並將石頭轉賣給博物館。以下是依據本故事圖發展而成的故事：

　　人物：狐狸、小花鹿、全部動物、大象。

　　情境：森林裡。

　　故事內容：

　　有一天狐狸在森林裡玩，突然！碰！狐狸滑倒了，牠站起來往下一看，原來是一顆長滿青苔的大石頭，碰！牠又滑倒在地上，昏了過去，半小時後，牠醒了，想了想之後，不知道是怎麼一回是。

　　牠把石頭搬回家，寫了一塊牌子貼在門上：神奇石頭出借，一天 10 元，（勿說「長滿青苔的怪石頭」，不然會暈半小時。）不久，大象來跟他借了一個月，幾個禮拜後，小花鹿來跟狐狸說：「大

象用石頭去搶銀行了。於是和所有動物一起想出裝銀行的人員，
　　抓大象的辦法：
　　　　大家到了銀行，正巧，遇見了大象，大家一起上去抓住他，把
　　錢還給銀行，並把石頭賣給故宮博物館一萬元。

　　此篇作品在組織／發展的四項次規準分別獲得2、2、1、2分，首先是重要元素，作者雖然交代狐狸發現一顆長滿青苔的怪石頭，但卻未說明狐狸是如何發現怪石頭的神奇力量（事件），又大象利用石頭搶銀行一節（事件），作者亦未有所說明，因此，有二項重要元素沒有交代或交代不清。其次，作者在首段末尾表示狐狸不知道是怎麼一回是（註：「是」應為「事」的錯別字），卻在第二段出現狐狸張貼神奇石頭出借公告，這是不合理處一，石頭神奇處即在說出「長滿青苔的怪石頭」後會昏倒，但公告卻又警告不說出這句話，這是不合理處二，除非大象能同時令所有銀行行員說出「長滿青苔的怪石頭」，否則大象無法利用石頭搶劫銀行，這是不合理處三，動物們決議佯裝成銀行行員，但故事到了末段卻是大家一同制伏大象，似乎與佯裝成銀行行員無關，這是不合理處四，由此看出作者對於事件發展的邏輯性有待加強。第三，通篇幾乎看不到任何相關或重要的細節與例證，可用以支撐其主要事件（大象利用石頭搶銀行）的發展。最後，作者呈現故事的方式有點類似劇本的寫法，先註明人物、情境後，然後是故事內容，最後是抓大象的辦法，故事主體可視為三個段落，先是狐狸發現怪石頭，其次是狐狸出借石頭引起禍端，最後是全部動物制伏大象，喜劇收場；然而段落間的銜接頗為突兀、不順暢，例如第一段與第二段的轉折，若非有原始故事的先備經驗，讀者一定無法了解狐狸如何獲悉怪石頭的神奇力量，更遑論出借石頭引起禍端，其次是新故事的主要問題是大象利用石頭搶銀行，但作者對此問題卻是藉由小花鹿之口轉述，不但無法突顯主要問題的嚴重性，反而顯得無關緊要，第二段與第三段的銜接也略顯勉強，從計畫佯裝成銀行行員，卻變成大夥一起制服大象，在在顯示出作者對於段落的銜接仍有待努力。

　　本教案雖將教學重點置於「組織／發展」規準，但同儕間的回饋卻不一定是針對此項規準，以此篇作品而言，同儕間的回饋多聚焦在「文法修辭」，

回饋一提到：「寫得不錯，不過有錯字，寫完記得檢查。」回饋二則說：「句子有點兒不通順喔！」回饋三表示：「句子不通順，且有字寫錯了，整篇文章唸起來怪怪的。」雖說如此，教師仍能從其中嗅出學生對「組織／發展」的覺知。

五、結語

　　從早期的「說、讀、寫、作」四大教學重點，到今日「注音符號、聽、說、讀、寫、作」六大學習重點，寫作教學一直是國語文教學的核心課程，然而長久以來，國語文教學始終是重「讀」、「寫」而輕「聽」、「說」、「作」，實施九年一貫課程之前，小學隔週會有一次作文課，每學期平均完成 7~8 篇作文，然而實施九年一貫課程後，由於課程的多樣化，彼此互相擠壓授課時數的狀況下，目前小學每學期平均能完成 3~4 篇作文就算不錯了，換言之，寫作時間減少了，因此，要如何利用有限的時間讓學生習會寫作，實是今日現場教師的一大難題。

　　本文試圖從評鑑寫作品質優劣的規準出發，發展出一套規準分析模式，作為教師寫作教學的參考。本模式的特徵在於先確立評鑑作品品質的規準，再以這些規準作為教學的重點，隨著學生對規準的精熟與認識，教師可以將教學重點移往下一個規準，其最終目標在於讓學生能習得各項規準的要點，進而善用這些寫作規準，成就各項文體的寫作技能。此模式最大的特色在於教學與評量的合一，亦即教師教學固以規準為重點，實際評量學生作品時，亦以相同規準衡鑑之，如此學生方能內化規準的意涵，進而改善其寫作品質。

參考書目

教育部（2003）。**國民中小學九年一貫課程綱要——語文學習領域**。台北：教育部。

劉忠惠（1996）。**寫作指導（下）——文體實論**。高雄：麗文。

Dixon-Krauss, L. (1996). Vygotsky's sociohistorical perspective on learning and its application to western literacy instruction. In L. Dixon-Krauss (Ed.), *Vygotsky in the classroom: Mediated literacy instruction and assessment* (pp. 7-24). New York: Longman Publishers.

Lane, S., Liu, M., Ankenmann, R. D., & Stone, C. A. (1996). Generalizability and validity of a mathematics performance assessment. *Journal of Educational Measurement, 33*(1), 71-92.

Linn, R. L., & Gronlund, N. E. (2000). *Measurement and assessment in teaching* (8th ed.). Upper Saddle River, NJ: Merrill/Prentice-Hall.

Martin-Kniep, G. O. (1998). *Why am I doing this? Purposeful teaching through portfolio assessment.* Portsmouth, NH: Heineman.

Murphy, S. M. (1997). Designing portfolio assessment programs to enhance learning. *Clearing House, 71*(2), 81-84.

National Assessment Governing Board (2007). *Writing framework and specifications for the 2007 National Assessment of Educational Progress.* Washington DC: National Assessment Governing Board.

Salahu-Din, D., Persky, H., & Miller, J. (2008). *The Nation's Report Card: Writing 2007* (NCES 2008-468). National Center for Education Statistics, Institute of Education Sciences, U.S. Department of Education, Washington, D.C.

Shanahan, T. (1988). Reading-writing relationships: Seven instructional principles. *The Reading Teacher, 41,* 880-886.

Shanahan, T. (1997). Reading-writing relationships, thematic units, inquiry learning— In pursuit of effective integrated literacy instruction. *The Reading Teacher, 51* (1), 12-19.

Stiggins, R. J. (1987). Design and development of performance assessments. *Educational Measurement: Issues and Practice, 6*(3), 33-42.

Stiggins, R. J. (1994). *Student-centered classroom assessment.* New York: Merrill/Macmillan.

Wolf, S. A., & Gearhart, M. (1997). New writing assessments: The challenge of changing teachers' beliefs about students as writers. *Theory into Practice, 36,* 220-230. (Also available as CSE Technical Report 400. Los Angeles, CA: University of California, Center for Research on Evaluation, Standards, and Student Testing.)

附錄

長滿青苔的怪石頭

森林裡有一隻狐狸，有一天牠在散步的時候發現一塊長滿青苔的怪石頭。

「真有趣！」狐狸說：「這是一塊長滿青苔的怪石頭！」

「咕咚」，狐狸一頭栽倒在泥地上，昏了過去。一個小時之後，牠醒了過來，覺得莫名其妙，到底是怎麼回事？看看地上的怪石頭，狐狸自言自語地說：「我沿著這條小路散步，看到這塊大石頭，說了一句：『這是一塊長滿青苔的怪石頭。』……。」

「咕咚」，狐狸又栽倒在地上，等牠醒過來，牠知道是怎麼一回事了。

「啊！哈！這是一塊魔石，不管是誰，只要說出……唔，就會昏倒，太棒了！」狐狸繼續散步，心理卻不停地想著：「該怎麼好好利用這個秘密呢？」

狐狸來到大象的家，大象正坐在門口吃著香蕉。狐狸也想吃，於是對大象說：「大象，天氣真熱，要不要到涼快的地方走走？」

「好哇！」

大象和狐狸一起散步，走著走著，狐狸把大象帶到怪石頭的地方。

「你看，那是什麼？」狐狸說。

「哦，那是一塊長滿青苔的怪石頭。」「咕咚」，大象倒在地上昏了過去，狐狸立刻跑到大象家，把香蕉全搬回自己家裡。一個小時之後大象醒了，牠回到家，發現香蕉全不見了，心裡很難過。

狐狸高興極了，牠等不及想再捉弄別的動物。幾天以後，森林裡的動物差不多都被牠騙過了，家裡好吃的東西，也都被狐狸搬走了。

但是，有一隻動物例外，當狐狸在騙人的時候，小花鹿躲在一旁看得清清楚楚，牠決定給狐狸一點教訓。

小花鹿採了一大籃野草莓，放在家裡等狐狸。沒多久狐狸果然來了。

「嗨！小花鹿，天氣真熱，要不要到涼快的地方走走？」

「當然要！走哇！」

小花鹿和狐狸一起散步，走著走著，狐狸把小花鹿帶到怪石頭的地方。

「小花鹿，你看，那是什麼？」狐狸指著地上的石頭說。

「什麼？我沒看見。」

「你認真看，一定會看得到。」

「沒有哇！我沒看見什麼啊！」

「你一定看見了，快說，你看見了什麼？」狐狸有點生氣了。

「你要我說什麼？我什麼也沒看見哪！」

狐狸氣極了，大聲地說：「明明就有，你看，那裡有一塊長滿青苔的怪石頭。」「咕咚」，狐狸栽倒在地上，一個小時以後，狐狸醒了過來。牠走回家，卻發現家裡空空的，什麼東西都不見了。

Chapter **4**

英語聽、讀能力教學設計

鍾榮富

林娟如

一、引言

　　九年一貫課程之實施帶來了能力指標的觀念，尤其是開放課程編輯之後，是否每家出版社都能秉持能力指標，共同把各地的學生都能帶往同一個目標，變成很多家長及教育工作者的關心及期待。就實務面而言，由於九年一貫課程下的學生，2005 年剛剛接受高中入學測驗的洗禮，大多數的家長及老師與其說心中多了些感動，不如說他們心中更多了沉重的壓力及負擔。

　　各個出版社分別從不同的起點及教學步驟和理念出發，個別請了不同背景及視野的學者專家，推出了外表精美，內容及編排推陳出新的產品，表面上都各有一份創意，也都能顯出他們對於教學的關懷及期許。不過，家長及老師和學生關心的焦點卻是：這些繽紛的教科書能不能把莘莘學子帶入理想的高中？這個問題當然絕非三言兩語能回答的，而且也不是我們的重點。我們的理想是從學理及實務的層面，探究目前教育部公布的英語能力指標之下，

比較可行的英語聽及閱讀的教學模式及教學活動的設計。不過限於篇幅，本章只有以聽力教學的活動設計之實例，來檢視教學指標及其可行性。

本章先談課程改革對英語教育的意義與影響，繼而介紹現階段英語能力指標，並做簡短的概述及評論，之後再以聽力之指標，設計一份聽力教學之活動，最後做結語。

二、課程改革對英語教育的意義與影響

邁入二十一世紀的第一年，台灣的英語教育有了新的一頁，那就是九年一貫教育課程的實施及教科書的開放編輯，從此之後，國立編譯館單本獨製的課程編撰走入了歷史，而市場也啟動了互動與競爭的機制。最重要的是國小開始實施英語教學，往下扎根的理想終於真實地在國小課程之中發芽。八年之後的現在，回頭檢視這波課程及教學的改革，發現對於國內的英語教學特別有意義，我們將從後面四個層面來討論此項課程改革的意義：學習起始點的提早，多元編輯風貌的展現，特性與單一指標的協調，以及能力指標的明確化。

2000 年進行的九年一貫課程改革，對於英語教育而言，最大的意義是學習起始點的提早。從國民政府播遷來台之後，初中（1968 年之前）或國中（1968 年之後）一直是國內英語學習的開始點。[1] 雖然語言習得的研究文獻多半認為第二語言或外語（second language acquisition）的習得或學習愈早愈好，原因是由於語言習得機制（language acquisition device）是生物性的組織結構，而早期能內化（internalize）語言的認知比較強，對於語言的習得更有幫助，然而由於過度的僵化制度使國內的官方一直無法把英語的學習時間提早。現在九年一貫的改革明訂英語的學習時間提早到國小五、六年級，後來更有許多縣市提早到國小二、三年級，不論起始點訂在哪個年級，最能預見的是：國內英語的學習時間提早了。至於提早學習英語是否是「好事」，由

---

[1] 對於台灣英語教學的回顧及討論，請參見鍾榮富（2002）。

於觀察和切入點因人而異，無法在此做進一步的評估。[2]

　　其次，九年一貫的課程改革堅持「一綱多本」的原則，也為國內的英語教育帶來了多元編輯風貌的展現。回顧國內的初級英語教育，約略可分為四個階段：完全沒有教科書的時期（1950 之前），一綱多本的繽紛時期（1950-1968），單一教本時期（1968-2000），回復到一綱多本的時期（2000迄今）（鍾榮富，2005）。在沒有教科書的時期，英語的啟蒙直接由英語的古典著作入門，一邊教單字，一邊教文法，採用的教學法多為翻譯教學法（grammar-translation teaching approach），如此土法煉鋼式的英語教學也培育了不少外語人才。[3] 後來，一綱多本為台灣的英語教學帶來了多種不同的版本，例如海國、復興、遠東、環球、世界等書局都出版了初中英語教本，而且每個版本都極具特色，各領風騷。當時的初中時代，父母親都忙於奔波，為餬口而無法顧及孩子的學業，也沒有多少家長會為了不同的版本而意見紛起，進而積極介入課堂內的教學活動。那時雖然也有零零星星的補習，不過大多數的莘莘學子都很守本分地唸好自己學校所選用的版本，無暇抱怨。後來，九年國教的實施，終於把繽紛的初級英語教科書編輯權收歸國立編譯館，於是有了統一的版本。最初幾年，情況和現在一樣，當時的老師還是習慣使用從前的教本，國編本不過聊備一格而已，只是許多本來無法入學的學生，突然只要盡義務即可到國中就讀，因此也沒有幾個人會抱怨課本的內容。國編本隨著教學法的演變，從早期的翻譯教學法到聽講教學法（audio-lingual approach），也出了兩個不同的版本。及 1995 年，第三代的國編本英語教科書才有嘗試性的引入溝通式教學法（communicative approach），但是大體而言，該版教科書還是兼具了聽講教學法的精神及內容。一直到了 1999 年，完全依據溝通式教學法的英語初級教材才贏得掌聲，卻已經到了教育鬆綁的年代，因為從 2001 年起，國立編譯館的教材編輯權轉移到了自由的市場，開放由各

---

[2]　依據洪朝鎰（2003）之研究，提早學習英語對於學習者在國中及高中的整體表現及自信或動機，都沒有太大的助益。尤其是提早三年以上者，其成就都和提早一年者相近。反而是和家長的教育背景、期許及協助更有關係。

[3]　有關早期的英語教學模式及方法，請參見吳魯芹（2007），寫作者與陳通伯先生學英文的情形。或董橋（2002，頁 32-33）寫葉公超教英文的情形。

出版社競爭，依據同一個編輯大綱，編出不同風貌的初級英語教科書，是為一綱多本精神的體現。

經過仔細的比較，各家版本雖然切入的立足點不同，起始點也互異，但都還有很深的國編本第四代版本的影子，不同的只是把以前國中的起始點向國小五、六年級延伸，因此各個版本內容的起點遠比國編本還稀疏、還不密集。不過，教育部能力指標上有規定「國小著重聽說為主」，許多學生、家長、老師都還存有以前「到了國中，英語會從頭教起」的觀念，因此沒有幾個國小學生真正去注意學校的英語課程。到了 2001 年，一綱多本的國中英語課本面世之後，才發現國中的英語教材並非從頭教起，而是大約從以前的國中第二冊末端編起。[4]

「一綱多本」顧名思義即表示「特性」與「共同準則」彼此競爭及協調的意義。在國編本時代，只有單一的編輯大綱及單一的教本，結果所編來的教本無法比較，也無從比較。[5]但是在「一綱多本」的時代裡，各家出版社無不想建立特色，以贏取更多市場更多使用者。另方面，教育部所頒訂的編輯大綱卻是各家出版社必須遵行的準則，因此不論各家出版社如何絞盡腦汁，如何出奇制勝，都不能違背這個大綱。[6]於是在「特色」和「共同準則」之間，要如何取得平衡，成為各家出版社努力的焦點。基本上，教材的生動活潑及編輯的創意實用是為營造特色的重要指標，因為在溝通的前提之下，能

---

[4] 在很鄉下的地方，學校無法找到良好的英語師資，而家長和學生也不知道英語的重要。等他們到了國中，第一堂課，英語老師問「Where do you come from?教過了沒有？」許多早就補習的學生大聲地喊說：「教過了。」於是老師只好跳過去。因此，李家同（2007）認為現代的英語老師不盡職，沒有從頭教起，這是目前台灣英語教學的城鄉問題。至於教材內容的編序方式及理想，請參照汪若蘭（2003）的研究。

[5] 但這並不表示品質不好，因為那時國編本大都會經過師大或師院附中的試教，再依據教師或學生的反應做潤飾或修訂，而且在講求品質的原則下，編輯人員密集討論，充分溝通，編輯時間也不受上市的壓力，不像開放編輯之後，各個版本都出現成本考量而有了許多人力及時間的壓力。

[6] 例如受限於「審查機制」，每個版本都打著「溝通式教學法」的招牌。其實，英語在台灣是「外語」（foreign language），外語教學是否一定要採用溝通式教學，很難做比較。以美國大學內的外語系（如法語、日語、華語等）而言，還是要求很多聽講訓練的課程。換言之，聽講教學法還是沒有完全被放棄。

以活潑的版面及內容為主軸，以實用的用語及例句為架構，才能建立異於過去呆板教科書的風格，才能有效地激起學習者的動機及喜愛。

　　過去的教育以菁英教育為鵠的，要成為人上人的社會菁英，必須付出十年寒窗的代價及寂寞艱苦的煎熬，一次次的考試，一次次的篩檢，最後勝出的即所謂的菁英份子。然而，隨著時代的變化，我們對菁英的界定已經有所轉變，會背書會記誦的考試勝利者並不一定是產業的舵手，也不一定是決策的智者，反而許多從基層一路崛起的考場失意者竟會是商場最具敏銳嗅覺者。於是菁英教育逐漸轉為全民教育，從前咬牙苦讀的耐性及為功成名就而願意付出一切代價的動機都逐漸淡薄，因此教科書必須要負起提升學習動機、強化學習成效的責任。也基於這個背景，各家出版社無不卯足精力，在編輯及插圖上展現各自的風格，雖然往深處看各家的內容不是橫的移植就是縱的傳承國編本，但是編排及順序都很有獨特的風格。

　　在這波的教材改革聲中，最有實質意義的應該是指標能力的明確化。過去的國編本，由於是獨家寡占，一直沒有明確的指標能力。當時莘莘學子完全依據聯考試題為學習指標，如果聯考考音標，學生就猛背音標；如果聯考考會話，學生就唯會話是問。所謂能力指標，並不需要形諸文字，也不必具體的說明，只要看聯考試題，老師、家長、補習界、參考書等等齊力用模擬考試題來為學生定指標。現在想想，那時的學子及老師似乎也沒有多大的怨言。

　　目前各冊各階段的能力指標很具體地呈現在「編輯大綱」之中：國小八十至一百個單詞，國中 1000 個單詞。聽、說、讀、寫等等能力都有了很具體的規範，應對詞、道歉詞、讚美詞等等也都有了詳盡的範例，然而家長、學生及老師卻還是恐懼聯考或學測的範圍，因為他們並不知道聯考要考什麼，也無法斷定教法或選用的教材是否足以掌握「能力指標」，也不知道他們所學的是否真的達到「指標」所訂定的能力。唯一樂觀和信心滿懷的只有補習界及參考書的編者，他們對甲版本的學生教乙版本，對乙版本的學生教甲版本，主要是基於家長及學生的恐懼，恐懼考題從另一個版本出來。能力指標到底有什麼實質功能呢？應該要如何落實呢？這些都是我們應該正視的問題。

　　再者，課程改革也對台灣的英語教學帶來至少四個層面的影響：(1)溝通

式教學法的不同解讀；(2)教材及教學的活潑化；(3)活動設計的多元走向；及
(4)評量方式的多元化等為討論的主題。

　　溝通式教學法和過去流行的聽講教學法最大的不同在於：溝通式教學法
著重語言的溝通功能，重視的是內容而非形式上的語言結構，並且以學習者
為中心，迥異於過去以教師為中心的教學方式。但是依據汪若蘭（2003）的
研究，目前教科書的編輯還是具有強烈的結構色彩（structure-oriented），無
法完全以溝通為唯一的考量。最有趣的發現是：各家出版社雖然都宣稱以溝
通式教學法為基礎，但是所設計出來的教材及內容，卻大不相同，顯然各家
對於「溝通式教學法」有不同的解讀。[7]有些出版社以為只要採用對話的方式
來呈現，即足以表現「溝通」的意涵，而內容及編排其實和以前所謂的結構
式安排並沒有太大的區別，主要是側重語言結構，例如某課要教「現在進行
式」，則該課的對話多以現在進行式的方式來著墨，除了人物及插圖改用彩
色以及行數間隔增大之外，和早期楊景邁為復興書局編著的《初中英語讀本》
或梁實秋為遠東書局編的《遠東英文讀本》的對話部分沒有兩樣。有些對話
的情境不真實（authentic），而真實情境卻是溝通式教學法的主要理念之一。
之所以會有不真實的情境，和現代台灣強調「本土化」大有關係，對話中的
人物要和本土連接，則情境必然移到台灣，而語言卻是英語，兩者在文化語
言表達上於是有了很大的落差。[8]

---

[7] 「溝通式教學法」始自 Widdowson（1978），起初無非是建議採用「角色扮演」（role-
　play）、語言遊戲等等方式，促進語言結構與語言訊息之間的教學活動。後來，分出兩
　種看法：溫和派（weak version）主張盡量提供環境讓學習者能以所學習的語言來進行溝
　通，建議把活動納入教材或課程之中。強勢派（strong version）認為語言習得勢必經由
　溝通管道，因此不僅要把已經具有的語言能力在環境中使用，還必須內化語言規律。在
　教學界，前者比較為大眾所接受，Howatt（1984: 279）經過討論之後，斷定溫和派的目
　標在「學會如何使用英語」，但是強勢派則「使用英語來學會英語」。台灣的「溝通式
　教學法」也眾說紛紜，但基本上也傾向於溫和派的理論，但以英語來直接上課兼具直接
　教學法的理念也很受國內學齡前補習界歡迎。

[8] 國內的英語教學在文化與語言的問題方面，曾經在七〇年代末八〇年代初，顏元叔教授
　活躍於英語教學界時，曾為正中書局編寫一套 to Taiwanize English（把英語台灣化）的
　教材，大量地介紹筷子、碗盤與台灣食品如水餃、粽子等，可惜並沒有很獲認同。

三、現階段英語能力指標概述

(一)引言

　　九年一貫課程語文領域內的英語課程所頒布的能力指標，共有五十一條，鉅細靡遺地詳述了教材編撰的要點及教法的步驟。從某個角度而言，這個能力指標很清楚地指引了國小及國中英語課程的方向及範圍，但是又由於這些條例過於繁瑣而且語義含糊，以致引起不同的解讀，結果在理想及實務上有了不小的落差，甚至於後來還因為各種版本所取用的單字不同引起極大的爭論，最後迫於輿論壓力，還在 2002 年頒布千字表，作為各版本取用單詞的指引。[9]

(二)聽說讀寫的兼顧及其困難

　　現階段的英語能力指標，洋洋灑灑五十一條，但無非是從聽說讀寫等四個層次來逐一規範國小及國中英語教材的編輯方向，也成為多種版本之間唯一可能的交集。尤其是國小階段的「聽說為主，讀寫為輔」的綱要，更為國小的英語教學帶來銜接上的困擾。

　　目前多數的國小英語教學都以「聽說為主」。基於多聽多說的信念，老師多直接用英語上課，並採取遊戲活動以創造近於真實的語言環境，從創造環境中讓學生掌握講英語的機會。然而，這種教學方式的主要癥結問題在於老師的英語程度。目前國小的英語師資，除了 1999 年教育部招考的一批之外，大多數是由原來的教師去參加英語研習而取得英語教師資格，或者是經由縣市政府之招考而來的師資，再給予三十六小時的密集訓練，而終於取得英語教師的證照。因此整體英語教師的口語程度並不整齊，大部分的教學現象是：老師每節都在重複幾個簡單的英語句子、幾個簡單的動作，或玩或唱，

---

[9] 這個短短時間內倉促完成的千字表，迄今也沒有人去研究是否在使用頻率方面足以達到教學目標。

或跳或舞，動作多於教學，究其實際，學生所學並不多，往往課後學生還記得的只是活動的過程或遊戲的玩法以及哪一隊得到多少次勝利。這種熱熱鬧鬧的教學方式，肯定無法為學生帶來多大的學習效益，然而這些來自幼稚園即長期浸潤在唱唱跳跳的教學法的小學生，大都直接排斥其他教學方法。於是家長只好在課後幫孩子找老師，找好的補習班，以補足進度。無法付學費或另尋教師者，逐漸喪失了競爭機會，終於擴大了貧富或城鄉差距的距離，使國小學生英語的口語及聽力均呈現兩極化的結果。[10]

讀寫方面，部定大綱的要求很簡單：會八十個單詞及片語（phrases），能讀懂一百個單詞及片語。這麼少的單詞及片語，很難組合成流暢的短文，因此閱讀僅以簡短的對話為主，強調日常用語的熟悉及應用。至於寫作幾乎完全付諸闕如，原因是：日常用語屬於對話，多為不很正式的句型或短語，如「Good morning.」「I'm sorry.」「Forget it.」之類，而寫作則多為正式的用語，於是在寫作教學上面臨了兩難：既然要符合溝通式的教學，則不能太強調正式的寫作用語。如果要加強寫作，則很難把教學做溝通式的應用。為了避免寫作教學上的兩難困境，多數國小英語教師都以部定的「國小以聽說為主」作為寫作教學的擋箭牌。

(三)理想與實際的落差

我們對英語的理想是：把英語看成第二語言（second language），但顯然英語在台灣並非第二語言。雖然我們很想把英語的環境創造成：小孩生活在英語的環境之中，老師、小朋友都講英語，而且教室內外都有英語的標語、用詞以至於各類的圖畫。然而這樣的環境並未改善國小的英語教學，畢竟每週一節（四十分鐘）或兩節，彷如《孟子》所說的楚大夫之子想要學習齊語，「一齊人傅之，眾楚人咻之」[11]，完全於事無補。再者，國小英語「以聽說

---

[10] 有關國小英語的城鄉差距，請參研 Nie（聶澎齡）（2004）或黎瓊麗（2005）。

[11] 在楚國教齊語，則只有老師教「齊」語時，跟學生講齊語，其他的同學、親友、鄰居、家人則還是用楚語跟他溝通，怎可能把齊語學會呢？這裡我們只要把「齊語」換成「英語」，「眾楚人咻之」改成「眾台人咻之」，情況完全一樣。可見孟子已經注意語言學習的環境很重要。

為主」，聽的英語正如風中的任何語言，過耳即逝，想要複習都已經不可能。不像從前國中生初學英語的時候，每週六節，日日都有複習的機會，且從讀入門，回家對著書本喃喃自語，「雖不中亦不遠矣」。由此可見，國小英語的教學理念和政策都充滿了理想色彩，和實際的落差非常的大。

㈣指標的模糊與曲解

教育部的九年一貫課程大綱，雖有數十條的大綱及能力指標，但是在實際的教材編輯及教學之中，卻明確地落入「一綱多解」的泥淖之中，因為同一個綱要往往因個人立場或能力之不同而有不同的解讀。以高雄市國小英語教學輔導團 2003 年所做的研究結果顯示：市面上的各種國小教材都宣稱符合英語教材編輯綱要，但是無論就句型、內容、用詞及構句都南轅北轍，然而這些教材都經過教育部的審查。換言之，台灣整個國小英語界充滿了「一綱多解」，結果是：整個教學失去了指標，太多指標和沒有指標的結果是完全相同的。

四、國小階段聽力指標教學設計

㈠指標的釐清

現行九年一貫英語科的教學大綱，對於聽力的教學能力指標，並沒有很清楚的釐清。然而，為了討論的方便，我們且從內容、語言結構與語用（pragmatics）及心理認知等三個層面來概括能力指標的含意。

以教學內容而言，國小的聽力教學應該是能讓小孩聽懂平常生活用語，因此除了一百個單詞及片語之外，還包括簡單的對話，因為聽力的理解，不只侷限於單詞的語音吸收，還要能在心理辭典中找出該語音所指涉的語義，所以單詞及慣用的片語如應對語句（greeting sentences）「How are you?」或「That's OK.」等都必要納入教學範圍。就語言結構及語用而言，句型都是簡單句，時式都是現在式，語用則涵蓋應對、詢問、道歉、感謝及簡易的敘述及說明，充分反映溝通式教學法上的學理及應用。在認知上，國小階段也涉

及文化與習俗的差別，超音段（suprasegments）如語調、重音及多音節連併及講話速度等等都直接或間接地出現在能力指標之上。從前面三個層面的分析及概括，我們應該會對國小英語的能力指標有個具體的輪廓。

　　然則在溝通式教學法的主架構之下，語用和超音段的習得是為國小英語教學及學習的焦點。語用特別指教學的內容。早期的聽講教學法最為人詬病之處，就在於語言形式的重視勝過內容的要求[12]，時下溝通式教學法被奉為最高指導原則，於是國小的英語課本內容希望包括：問候、回應，身體部位，教室用語，家庭及學校活動，同學及朋友之間情感的表達，寵物的介紹或愛惜方式，顏色的用語及內涵，形狀、大小及數字表達，衛生習慣，服裝的美感及感受，運動的方式及類別，休閒的方式及品質，交通工具的使用，食物及餐飲的看法或味道的描述，父母親職業的用語，平日文具的名稱，對於學校的人及老師的情感表達，天氣和氣候的應對及應用，季節和月份的用詞及陳述，時間的名詞及日常生活的作息，常見的動植物的敘述及描述，卡通電動情節及人物的看法，引介個人興趣貨品的用語，中外的民俗節慶，本土及周遭大自然的介紹，某個特殊或難忘的經驗，電腦在生活中的角色，個別生活和社區之間的互動，日常上街購物的經驗，以及自己或和父母親所擁有的旅行經驗等等，主題包羅萬象，頗有「恨不得立刻把台灣的小孩都能在最簡短的時間內脫胎換骨，馬上可以講一口道道地地的英語」的期盼。然則，從聽力教學的立場而言，這些內容各有不同的語用方式，特別是在語調和重音方面最具關鍵性，因為這都是訊息表達的基礎。以最簡單的yes的回應而言，至少包括了後面幾種不同的態度：[13]

---

[12] 這種論調普遍見於英語教學的教科書或相關論文之中，如Celce-Murcia, Briton和Goodwin（1996）、Brown（1994）之中。國內在教學理論上，一直對美國的主流亦步亦趨，跟得很緊，因此相關的討論也很多，其中以施玉惠等（2002）為最具代表性，因為該書的編著群都直接或間接地影響了國內英語教學的方向。可惜，該書我取得的版本沒有標註年代，是為師範大學英語系呈給教育部的結案報告影印本。

[13] 某個單獨語詞會因各種不同語調而表現不同語義者，可參閱Ladefoged（1982）。

前面（a）是升起而拉長的揚升語調，表明了講話者的不耐煩。有看過迪斯奈Cinderllera（灰姑娘）故事的人，都會記得Cinderllera做完一整天的工作之後，拿著皇室傳來的訊息，回報給後母。當時後母正在房間內與兩位寶貝女兒練歌。後母一聽到 Cindellea 的敲門聲，用的就是（a）的語調，充滿著不耐與不高興。（b）是短促的下降調，表一般之同意。（c）的短揚升調，表示「知道了，我還在等你講更多的訊息呢！」（d）的拉長降調，也是一種表示沉悶的寓意。可見，語調足以表示講話者的態度，也因此溝通式的教學法都要求老師先教語調（Celce-Murcia, Brinton & Goodwin, 1996; Avery and Ehrlich, 1995）。至少，在英語的任何教學階段，都不應該忽略語調的教學。

㈡活動設計的理念及理想

什麼叫做「聽」呢？從語言心理的角度而言，「聽」是輸入[14]和語言能力之間的互動，而不是純粹聽的動作而已。例如，台灣的學生聽到英語的ear [ir] 和 year [jir] 時，大都並無法分辨其中的差異。明明 year 比 ear 多一個摩擦輔音 [j]，而且 [j] 不在 [i] 之前時，大多數台灣的學生也都能聽出 [j] 音，如 yellow [jɛlo]、you [ju]、yard [jard]、York [jork] 等等，這表示：台灣的學生不但有辦法聽懂英語的 [j] 而且還能唸得很好。然而為什麼 [j] 出現在 [i] 之前台灣學生就無法區辨了呢？顯然，這和聽覺能力無關，而是因為心理或頭腦裡存在的音韻能力（phonological competence）的緣故。[15] 由於在聽力上無法區分 ear 及 year，所以大多數台灣學生都會把 year 唸成和 ear 完全一樣的 [ir]。

---

[14] 在語言溝通上，「輸入」（input）特別指聽和讀而言，聽是語音的輸入，閱讀則為字形及字義的輸入，兩者都會在頭腦內部形成互動（processing）。

[15] 依據鍾榮富（2005），台灣閩南語的零聲母音節和客家話或國語不同。因此客家學生還可能區分 ear 和 year 之別，但是閩南人和以國語為母語的學生則大都無法。

基於這個理解，聽力的課程設計不只要涵蓋口語及語義，更要注意英語語音和國語語音之對比及差異。不過，這種「最小配對」語音練習一般都被認為是聽講教學法的基本教條，在本質上和溝通式教學法的理念相互違背，因而市面上通用的教材都很少使用。[16] 但是在特殊教育及第二語言習得的研究或應用之上，其實辨音（sound identification）還是很受重視的一環。

為了對初級聽力教學有個清晰的輪廓，後面是一個教學的教案實例：

聽力教學之教案實例示範

'Leave' or 'live'?

適合年級：五至六年級（中等程度）

時間：三十至四十分鐘

設計者：林惠文老師

訂正及審閱：賴怡秀教授 [17]

◆ 教學目標：

　1. 能區分緊母音 [i] 與鬆母音 [I] 的音值。

　2. 能指出句子裡面最重的音節。

　3. 能區辨疑問句與直述句的語調差異。

　4. 能了解英語句子的意義。

　5. 能交換父母親的工作情況。

◆ 教材：二張圖片，幾幅閃示卡（flash cards）、錄音帶、黑板、錄音機、粉筆、作業紙。

◆ 教學步驟：

---

[16] 市面上有關英語發音入門的教材多以「自然發音法」（phonics）為主流，幾乎很少有從「辨音」開始者。自然發音法的根本問題在於拼字與讀音的對應並不完全規律，幾個常用詞如 love、have 等等都屬於例外，導致許多學生的拼字能力降低，尤其是在大學學測中，把 night 拼成 nite 之類的錯誤良多。

[17] 林惠文為資深國中教師，賴怡秀在高中任教近十年，現任國立高雄大學西洋語文學系助理教授。

I. 暖身活動： 　1. 老師一面讓學生看圖片，一面問學生。 　　例如：（T＝老師，Ss＝學生） 　　T:　Look at Picture One. Who is the boy? 　　Ss: He is Pete. 　　T:　Where is Pete? Is he in the living room? (Intro- 　　　　duce the phrase 'living room' with a flash card.) 　　Ss: Yes, he is. 　　T:　Look at Picture Two. Where is Peter now? Is he in 　　　　the living room? 　　Ss: No, he is not. 　　T:　Is he in the peach garden? (Introduce the phrase 　　　　'peach garden' with a flash card.) 　　Ss: Yes, he is. 　　T:　What are in the peach garden? 　　Ss: The peaches. 　　T:　That's right. We can see a lot of peaches in the gar- 　　　　den. (Introduce the word 'peak' with a flash 　　　　card.) And, what does Pete do? Does he pick the 　　　　peaches? (Introduce the word 'pick' with a flash 　　　　card.) 　　Ss: Yes. He does. 　2. The teacher reviews the new words with flash cards 　　and asks students to repeat after him/her.	（10分鐘）
II. While-listening activities: 　3. The teacher tells students that they are going to listen 　　to the tape about the pictures and asks them to focus 　　on the questions. 　　For example:	（10分鐘）

Q1: Who is the boy? Q2: Where does he live? Q3: What does he do every morning? Q4: Does he have a nice day? 4. After listening to the tape (see the Script) for the first time, the teacher checks the answers with the whole class and writes down the answers on the blackboard. Then, the teacher plays the tape again to have students review the story.	
III. Post-listening activities: 5. Prominence: Students are taught each sentence containing at least one prominent element and are asked to listen to the dialogue and circle the prominent word in each sentence (Worksheet One). 6. Intonation: Questions vs. Statements Based on the dialogue in Worksheet One, the students are encouraged to feel the changes in intonation between questions and statements and to draw the possible intonation contour in the dialogue. 7. Vowel discrimination: (1)The students are required to decide if two words spoken by the teacher are the same or different (Worksheet Two). This exercise provides the students with chances to discriminate vowels (tense vs. lax in particular) at the word level.	（10分鐘）

(2) The students listen to minimal pairs embedded in a sentence and circle the word they hear (Worksheet Three). This exercise provides the students with chances to discriminate vowels at the sentence level.

(3) The students are encouraged to work in pairs to read aloud the sentences with minimal pairs to check if their pronunciation is intelligible for each other (Worksheet Three). Also, the teacher may invite several groups to read aloud in class and have the other students check their listening comprehension.

8. A Bingo Game:

The teacher reads aloud a list of words containing the targeted minimal pair contrast on the Bingo card (Worksheet Four). This exercise involves students in listening activities in a joyful way.

IV. Homework:	（5 分鐘）

9. Interview:

The teacher asks the students to interview their partners about their fathers' jobs and finish the worksheet (Worksheet Five). In the next meeting, the teacher will invite several groups to present their interviews in class.

Script & New Words

Script:	New Words:
Pete is a peach picker.	1. peach
He lives near a peach garden.	2. picker
Every morning, he leaves his living room and picks peaches all day.	3. leave
Pete picks the peaches at their peak.	4. living room
Peach picking leaves Pete with a good living.	5. peak

Worksheets

WORKSHEET ONE   Choosing Prominent Elements
Directions: Listen carefully to the follow dialogue. Circle at least one prominent word in each sentence.
Ex: A: Who is the boy ?
    B: He is Pete .

    A: Where does he live?
    B: He lives near a peach garden.
    A: What does he do every morning?
    B: He picks peaches every morning.
    A: Does he have a good living?
    B: Yes, he has a good living.

WORKSHEET TWO   Vowel Discrimination at Word Level
Directions: Listen carefully to each pair of words. Are they the same or different? Circle your answer.
Ex: You will hear (a) live--- live, and you should circle 'same.'
    You will hear (b) leave---live, and you should circle 'different.'
    1. same   different
    2. same   different
    3. same   different
    4. same   different
    5. same   different

WORKSHEET THREE　Vowel Discrimination at Sentence Level
Directions: Which underlined word does the teacher pronounce? Circle the word you hear.

1. John and Sue <u>lives</u> / <u>leaves</u> happily.
2. Peaches taste best at their <u>peak</u> / <u>pick</u>.
3. Are you <u>leaving</u> / <u>living</u> now?
4. Don't <u>sleep</u> / <u>slip</u> on the floor.
5. May takes the <u>bins</u> / <u>beans</u> to the house.

WORKSHEET FOUR　Bingo Game
Pronunciation Bingo card for practicing /i/ vs /ɪ/.

leave	slip	peak
bean	**BINGO**	bin
live	pick	sleep

WORKSHEET FIVE　Interview
Directions: Interview your partner about the following questions and fill in the blanks.

Q1: Where does your father live?
A1: He _____.
Q2: What does he do every morning?
A2: He _____.
Q3: Does he have a good living?
A3: _____.

(三)對於本教案之評述及補充

依據Anderson和Lynch（1988）及Rost（1990），英語初級聽力之訓練首重在真實情境（authentic context）及目標語（target language）的明確，這也是本活動設計的初衷。從理論及背景而言，本活動之設計結合了溝通式教學法的理念及聽講教學法的聽力教學。[18]溝通式的理念旨在創造自然而真實的情境供學習者運用英語，我們的對話及活動以桃子園為背景，讓學生以圖畫中的情境，自然地活用所學過的口語。另方面，我們跳脫了真正真實的語言環境，而把口語及單詞限定在簡單、易學且音節不多的語詞之上，考量的因素不外乎是教學上的實際需求。

目前在第二語言習得上，頗具影響力的輸入假設（Krashen, 1985），主張學習者在接受第二語言時，[19]其輸入應為學習者能了解的語言為主，否則會在學習上打折扣。[20]基於這個看法，我個人主張：在英語教學上，我並不反對以溝通為考量，但在內容及語言方面，還是應該採取漸進式（也即為結構式）的語言內容，讓孩子有個起點 i，然後天天地學習才能以「i + 1」的速度或程度進展。

不過，在實際的教學上，這樣的教案設計能否成功，還與許多因素有關，例如老師的英語口語能力及個人特質就是最具關鍵的因素。老師的口語如夠清楚、夠標準，口音又有磁性，能把本設計之語言對話或內容直接化為生活口語，而且又能用英語侃侃而談，講故事、講笑話，把家裡的寵物帶到話題之中，逗孩子參與學習，當然會事半功倍。但是，這種要求太過於理想化，

---

[18] 如最小配對的練習，精神還是以 Lado 和 Fries（1954）為基礎。

[19] 在這裡，第二語言指英語。其實，台灣的英語應該是第三語言（通常閩南語、客家語或原住民語為第一語言，國語為第二語言），或者是「外語」。不過，在台灣，把英語看做第二語言是很普遍的事。

[20] 前一陣子，台灣流行小留學生（小學階段由家長帶出國，在外面租屋或委託朋友照顧者），但是結果並不如預期，主因就是這些小留學生沒有家長在旁邊照顧或協助孩子的語言學習。這些小留學生一到美國或加拿大，立刻被安排在高年級（如在台灣唸過二年級的學生立即要求直接到三年級上課）。於是形成老師在教室所講的話孩子都聽不懂，終於沒有辦法累積語言能力，最後還是無法學會英語。

畢竟大多數的國內英語教師，在他們的英語養成教育過程之中，鮮少有機會能習得一口漂亮口語的機會和機運。

此外，老師的個人特質也扮演了重要的角色。有些老師除了能唱能跳外，還非常開朗、樂觀，會很快地把活動氣氛帶起來，並能配合遊戲和臨場之需要，隨機應變。這些看似有點理想化，但比起教育部委託台北師範大學英語系所做的建議及設計（施玉惠等，2002），我們的簡單設計還是有比較高的可行性，因為他們所做的教學示例及示範都只是文獻的整合，殊不知每個人的切入點和角度都不相同，見解也因而分歧，比如說劉賢軒（1984）認為聽力必須和訊息處理的理論結合，而石素錦（1995）則側重語言使用和認知發展的重要性，顏藹珠（1991）主張先把課程內容做整合，然後才能從事成功的聽力教學。其實，落實初級的聽力課程，最重要的還是老師的耐心及按部就班的聽力訓練，不過如此一來則可能違反了溝通是教學法的原則。因此，從整個語言學習的效益而言，我們還是寧願著重實質效益，而不欲太過於拘泥理論的格框或架構。

國內的英語教學，並非是 ESL（English as a second language）而是 EFL（English as a foreign language），這樣的差別在教學本質上應該也要有所差異，不宜全面地著重溝通式教學，因為老師的口語能力及學生的背景不同，這就是為何學術研究的報告認為：學生的英語成就及動機、興趣和學習時間沒有太大的相關[21]，而是和家長的教育背景及是否會陪小孩做功課，複習所學才是重心，因為大多數的學生離開了英語教室之後，很難得有機會磨練他的英語聽及講的能力。

五、結語

能力指標是課程及教學設計的燈塔。傳統的課程編輯並沒有能力指標的

---

[21] 國內有關英語學習及動機或態度相關之研究，都以問卷為主。在台灣，學生的大部分學習動機都與學測有關。從學生時期即有「動機」觀念者，很少。以老師發問卷的研究為例，大多數的學生也知道老師所要的答案，因此在這種環境之下用問卷方式所得到的取樣，其準確性很令人懷疑。

腹案，但是這個傳統也帶著許多年輕人走過他們的學習歲月。九年一貫課程綱要中，最具有時代意義的應該就是能力指標，然而我當我們從學習起始點的提早，多元編輯風貌的展現，特性與單一指標的協調，以及能力指標的明確化來檢視九年一貫之綱要之後，卻發現現有的能力指標過於空泛，似乎什麼都想抓，但又沒有具體的方案。

　　理想的英語聽力教學，當然是期望學習者能具有全方位的本領，不但能辨音（sound discrimination）、能聽出全句以至於全文的語句，更能掌握內容，舉凡應對、習俗、應酬及建言談判等等一應俱全，不過這都只是理想，要真正落實，則必須要有先後順序，有步驟及切面（焦點）。因此，雖然師習綱要的溝通是教學法，我們還是認為聽力或其他面的英語教學活動，聽講式的重複練習（drill practice）及應用還是不可或缺的要素。因此，我們的活動設計取材於真實情境的背景（context），但是師法聽講教學法的重複練習，配合激發興趣的遊戲活動，目標是能把學理和實務做整合。

參考書目

石素錦（1995）。聽力理解與英語教學。**北師語文教學通訊**，**3**，68-82。

吳魯芹（2007）。**師友，文章**。台北：九歌。

李家同（2007）。**跟李伯伯學英文：Page 21**。台北：九歌。

汪若蘭（2003）。**高雄市國民中學英語科審定版教材選用現況及教師滿意度之研究**。高雄：國立高雄師範大學英語研究所碩士論文。

施玉惠、周中天、陳淑嬌、朱惠美、陳純音、葉錫南（2002）。**國民中小學英語教學及評量模式研究**。台北：國立台灣師範大學英語系。

洪朝鎰（2003）。**家長教育程度與提前學習期限對國中生英語聽力的影響**。高雄：國立高雄師範大學英語研究所碩士論文。

董橋（2002）。**倫敦的夏天等你來**。台北：未來書城。

劉賢軒（1984）。如何協助我國學生培養英語聽力。**英語教學**，**9**（2），15-26。

黎瓊麗（2005）。**國小學童英語成就與城鄉差距的關係**。屏東：國立屏東教育大學博士論文。

鍾榮富（2002）。台灣英語教學：回顧與前瞻。**基礎教育外語教學研究，11，**23-28。（大陸國家基礎教育實驗中心外語教育研究中心主辦）

鍾榮富（2005）。**第二語言習得：通用語法及對比分析的觀點**。第二屆國際英語文教學學術研討會。高雄：國立高雄師範大學英語系。

顏藹珠（1991）。英語聽力教學芻議。**英語教學，15**（4），26-32。

Anderson, Anne and Lynch, Tony. (1988). *Listening.* Oxford: Oxford University Press.

Avery, Peter and Ehrlich, Susan. (1995). *Teaching American English pronunciation.* Oxford: Oxford University Press.

Brown, H. D. (1994). *Teaching by principles: An interactive approach to language pedagogy.* London: Prentice Hall Regents.

Celce-Murcia, Marianne, Brinton, Donna M., & Goodwin, Janet M. (1996). *Teaching pronunciation: A reference for teachers of English to speakers of other languages.* Cambridge: Cambridge University Press.

Howatt, A. P. R. (1984). *A history of English language teaching.* Oxford: Oxford University Press.

Krashen, S. D. (1985). *The input hypothesis: Issues and implications.* Longman Group United Kingdom.

Ladefoged, Peter (1982). *A course in phonetics.* New York: Blackwell.

Lado, Robert & Fries, Charles C. (1954). *English pronunciation: Exercises in sound segments, intonation, and rhythm.* Ann Arobr: University of Michigan Press. (ASIN: B000U6GC2Y)

Nie, Peng-ling. (2004). *English learning and city urban gap.* Ph. D. dissertation, National Kaohsiung Normal University.

Rost, Michael. (1990). *Listening in language learning.* London: Longman.

Widdowson, H. G. (1978). *Teaching language as communication.* Oxford: Oxford University Press.

Chapter 5

國中英語閱讀能力的評量設計

林娟如

鍾榮富

　　非母語或外國語（foreign language）溝通能力也是美國國家教育進展評量（the national assessment of educational progress, NAEP）蒐集的學習進展指標之一，對美國而言，外國語特別指的是西班牙語。外國語 NAEP 的評量架構是為了測定學生以外國語溝通的能力而發展出來的，在 NAEP 外語評量架構中，聽、說、讀、寫的技能可透過三種溝通形式（three modes of communication）來評量，也就是人際互動的（interpersonal）、解釋的（interpretive）及表現的（presentational）形式，其中人際互動形式牽涉到雙向溝通，例如面對面交談或交換電子郵件；解釋形式指的是有關聽或閱讀的理解，例如能聽懂外語廣播或閱讀外語雜誌；表現形式涉及演說或書寫的溝通，例如演講或撰寫故事。此外，評量的內容必須符應日常生活的情境，並且反應下述四個溝通的目標：(1)獲取其他文化知識；(2)與其他學科領域連結，從中獲得知識；(3)透過比較，發展窺察語言及文化本質的能力；(4)參與多語社群。

　　近年來，為了在這地球村的時代與其他文化的人溝通，並擁有國際競爭

力，台灣的英語教學企圖向下扎根，自九十四學年度起，國小英語教學從三年級開始實施。由此可看出，英語對台灣學生而言不只是外國語，它甚至被期許為第二語言。根據九年一貫課程綱要，國中小英語課程目標為「培養學生基本的英語溝通能力，俾能運用於實際情境中」，而語言能力涵蓋聽、說、讀、寫及語言綜合應用五項，在各個能力下均有其相對應的能力指標。九年一貫課程綱要進一步界定國小英語課程目標著重於聽、讀能力的養成，但讀、寫能力的培養也不容忽視。而國中階段英語課程目標逐漸增加「讀、寫」的比重。

　　有了明確的英語課程目標後，學習成果的檢核才能有所依據。也就是說，設計評量架構之前必須確認教學的目標，清楚知道什麼知能是藉由英語教學所企圖養成的。所以首先必須界定評量的主體或焦點，例如閱讀的能力。為完整並具體說明能力指標下的評量設計，本章將以國中階段的「閱讀」能力為例，首先將依據國中英語閱讀課程的內容與能力指標，設計編擬試題的評量架構，接下來將逐一分節詳述國中英語閱讀評量符應的能力指標、命題特色、命題原則、命題原則與應用說明示例、試題難度來源分析及其示例、試題分析及其示例。

一、英語閱讀評量架構

　　編製評量工具前，必須依評量的目的及教學目標，設計組卷藍圖（test-assemble blueprint）或雙向細目表。此國中英語閱讀評量架構參考了國中基本學力的測驗架構，包含「題型」及「能力層次」兩個面向。測驗內容是以教育部所公布之「國民中小學九年一貫課程暫行綱要」的能力指標為依據，同時參酌各版本的教材編製而成。英語閱讀測驗「題型」分為單句選擇題、整段式填空、附圖或附表題、閱讀理解題四類。「能力層次」面向，分為文意了解、發展解釋及評估檢驗內容和架構三個層次。表 5-1 是國中英語閱讀測驗題型與能力的題數分配架構示例，表中各能力層次所占的題數比例，主要參酌課程綱要（暫綱與正綱）與現行教科書的內容能力層次比重。此測驗包含四十題選擇題，就「題型」而言，「單句選擇題」題數比例最高，共有十

表 5-1　國中英語閱讀測驗架構——題型、能力雙向細目表

能力層次 ／ 題型	文意了解	發展解釋	評估檢驗內容和架構	總題數（％）
單句選擇題	13	3	0	16（40%）
整段式填空	3	2	1	6（15%）
附圖附表題	1	6	1	8（20%）
閱讀理解題	1	7	2	10（25%）
總題數（％）	18（45%）	18（45%）	4（10%）	40（100%）

六題，占 40%；「附圖附表題」及「閱讀理解題」次之，各有八及十題，比例各為 20%及 25%；「整段式填空」最少，共有六題，占 15%。就「能力層次」而言，「文意了解」與「發展解釋」各有 18 題，題數比例較高（各為45%）；而「評估檢驗內容和架構」只有四題，題數比例為 10%。

二、能力層次與現行能力指標的連結

　　此節將針對各個能力層次加以說明，並將其與現行英語能力指標做一連結，提供命題人員熟悉之命題依據。

㈠文意了解

　　此能力層次指的是能辨認語音及單字或片語的意義，辨認語法正確的句子，明瞭因詞彙或句法而構成的文意連結，以及看懂圖、表等。相對應的能力指標如下：

3-2-3 能看懂常用的英文標示和圖表。

3-2-6 能了解對話、短文、書信、故事及短劇等的情節與內容。

3-2-8 能了解並欣賞簡易的詩歌及短劇。

㈡發展解釋

　　此能力層次指的是能理解已明確敘述的內容細節，並進行簡易的推論及能根據前後文意猜測生字、詞的意義。此能力層次並沒有相呼應的能力指標，但在評量結構中，「發展解釋」仍是重要的學習認知層次。

㈢評估檢驗內容及架構

　　此能力層次指的是能辨認言談或文章內容的主旨及能了解作者的觀點及態度。相對應的能力指標如下：

　　3-2-7 能閱讀不同體裁、不同主題之簡易文章。

三、國中英語閱讀命題特色

　　就命題詞彙用字而言，命題者可依照教科書採用頻率，進行詞彙的選用。例如，三種常用的國中教科書為 A、B、C 三種版本，A 版採用頻率高於 B、C 二種版本，依照教科書採用頻率，英語科閱讀測驗中可有 60% 的字彙量來自三個版本交集，20% 的字彙量來自 A 版，10% 的字彙量來自 B 版，其餘 10% 的字彙量來自 C 版，若有超出以上範圍之字彙及艱澀片語均加註中文。

　　再者，在編寫試題內容方面亦須考量語言使用之整體自然情境。而在評量的基本核心，以及重要的語言基礎知識與閱讀能力上，所取材的試題的最佳形式以貼近國中學生的生活經驗為主，如：家庭生活、看電影、同儕互動、崇拜偶像、網路交友等。

　　此外，文章體裁的選擇除一般文章及對話外，亦可考慮以下之格式：

　　1. 書信之格式。
　　2. 便條留言。
　　3. 廣告海報。
　　4. 書籍雜誌目錄。
　　5. 日記及旅遊札記。

上述對於英語科命題特色的建議恰可呼應九年一貫英語科課程暫行綱要中所載明的「英語科課程應符合趣味化、實用化及生活化的原則。教材所涵蓋的主題層面宜多元，以學生日常生活相關之主題……為主要內容」。

四、命題原則

命題原則的說明將分為以下六部分。

㈠一般注意事項

1.試題的表達方式要能切合該題的評量目標。

2.試題要能清楚地表達題意。

3.每個試題只問一個問題，避免同時包含太多概念。

4.試題的文字敘述應簡潔、明白，避免出現跟答案無關的內容。

5.標點符號的使用要準確。

6.試題的文字敘述應加以變化，避免直接抄襲課文。

7.試題宜與學生的生活經驗相結合。

㈡題幹與選項部分

1.題幹與選項的文法要一致，邏輯上要能連貫。

2.題幹或選項中，應避免出現可能暗示正確答案的線索。

3.題幹應盡量用正面的敘述，避免使用否定句。若用否定句時，請在否定字眼下加註雙底線。

4.題幹的敘述應保持完整，避免被選項分割成兩個部分或段落。

5.每個選項應使用相似的表達方式（包括用詞、文法與長度）。

6.選項中只有一個最佳或正確答案。

7.錯誤選項應具有誘答力。

8.錯誤選項要能有充分的理由，足以說明其不正確。

9.應盡量避免「以上皆是」或「以上皆非」的選項。

10.選項應相互獨立，彼此之間沒有邏輯上的關聯（相互依賴、相反）。

11. 選項中應避免出現絕對性的字眼。

(三)題組設計原則

1. 選用的短文、圖表、地圖等資料，必須符合該題的評量目標。

2. 選用的資料須簡短而且有意義。

3. 試題的數目應與所選用資料之長度成恰當的比例。

(四)試題公平性原則

1. 試題中應避免歧視性別或種族的字眼。

2. 試題中的訊息不宜是某些群體（種族、性別、居住地區）所特別熟悉。

3. 考生答對試題的機會，不應受到該題學力指標以外的因素所影響。

(五)試題原創性

1. 試題不應在課本、參考書或補習班講義中出現過。

2. 試題不應在任何考試中出現過（包括聯考、甄試考、學校考試或其他大型考試）。

(六)其他注意事項

1. 題意完整明確、提供足夠解題資訊且切合評量目標。

2. 詞彙用字以國中教科書為準。

3. 取材須為課程中重要觀念且情境自然合理，符合學生的生活經驗。

4. 試題若含圖表，圖表必須是答題重要資訊的來源且須簡潔清楚。

5. 答案明確唯一，不會引起爭議。

6. 正確答案隨機變化位置，且其出現在各選項的機率應大致相等。

7. 每個錯誤選項均具誘答力：同質性、似真性、獨立互斥。

8. 選項宜依某種邏輯次序排列並盡量字數相近。

9. 避免「以上皆是」或「以上皆非」、「不一定」的選項。

10. 各試題之間應互相獨立，避免出連鎖性試題而互相提供解題線索。

11. 試題盡量避免問「何者為非／錯誤」。

五、命題原則與應用說明示例

　　為了使讀者具體了解國中英語閱讀命題原則（或規範）與應用，本節將在每一類題型下，以試題範例對若干命題原則進行說明。

示例一

命題原則：詞彙用字以國中教科書為準。

待修改試題：選項中的「volunteers」一詞，已經超過國中常用字彙
　　　　　　2000 字的內容。

表 5-2　命題原則應用試題對照示例一

符合原則試題	Victoria's little daughter has beautiful big eyes. Every-one says she is just like a pretty _____. (A) ball　(B) doll　(C) pair　(D) poster
待修改試題	There are many _____ in a basketball game. (A) teams　(B) players　(C) fans　(D) volunteers

示例二

命題原則：考生答對試題的機會，不應受到該題學力指標以外的因
　　　　　素所影響。

待修改試題：即使學生知道在這句中的文法概念，但他若對台灣人
　　　　　　口數的多寡不了解，可能會因此而影響作答，應盡量
　　　　　　避免類似的命題。

表 5-3　命題原則應用試題對照示例二

符合原則試題	John and Susan gave _____ a nice jacket as a Christ-mas present. (A) I　(B) me　(C) mine　(D) myself
待修改試題	There are about _____ million people in Taiwan. (A) 2　(B) 18　(C) 22　(D) 220

示例三

命題原則：內容段落應清楚呈現。

待修改試題：此為對話式的單句選擇題，所以兩人所說之「內容段落應清楚呈現」（如基測試題內容所示），避免將兩人對話內容編排在同一段落中。

表 5-4　命題原則應用試題對照示例三

符合原則試題	Susan: Oh, no! The door and the window _____! Victor: Who could have done this? Susan: Go in quickly and see if we've lost anything. (A) are breaking　(B) have broken　(C) were broken (D) will break
待修改試題	Susan: John, is this your notebook? It doesn't have a name on it. John: No, it's not _____. Maybe it's _____. (A) mine; her (B) me; you (C) mine; his (D) my; yours

示例四

命題原則：編擬的試題應避免與課文內容相似。

待修改試題：以課文內容方式呈現試題，雖可使學生更熟悉課文中知識，但他們可能會無法活用所學得的知識，而我們也無法真正獲悉學生是否已懂得掌握上、下文意間關係，所以應盡可能再增加與課文內容敘述不同的克漏字題型。

表 5-5 命題原則應用試題對照示例四

符合原則試題	**Andrew: Good morning, may I help you?** **Gordon: I'd like to buy some milk.** **Andrew: O.K. (23). Which one would you like?** **Gordon: I'm not sure. (24)?** **Andrew: Well, some kinds are for children, some are for women, and some are for old people.** **Gordon: I see. It's for my daughter. She's three years old.** **Andrew: Then these two are popular brands, but (25).** **Gordon: Oh? Is *Angel Face* really better than *Super Star*?** **Andrew: Well, their prices are different because *Angel Face* is a foreign brand, and *Super Star* is made in Taiwan.** 23. (A) I have three daughters 　(B) We have many brands 　(C) We have coffee, tea and coke 　(D) There are two supermarkets near here 24. (A) What's the difference 　(B) Why do people drink milk 　(C) How much money do you have 　(D) Do people buy milk for their family 25. (A) *Super Star* is more popular than *Angel Face* 　(B) *Angel Face* and *Super Star* have the same price 　(C) *Angel Face* is more expensive than *Super Star* 　(D) Both *Angel Face* and *Super Star* are from New Zealand

待修改試題	Mrs. Wu grew up in a poor family. She had eight brothers and sisters, and she was the oldest ____1____. After she finished elementary school, she had ____2____ money to go to junior high school. She began to work at different ____3____. She washed dishes in restaurants, sold flowers on the street and learned to ____4____ in large kitchens. Now, she cooks food for the ____5____ in the factory. Every day she prepares delicious food for them, and they all like her. 1. (A) brother (B) sister (C) child (D) children 2. (A) no (B) not (C) many (D) much 3. (A) places (B) jobs (C) things (D) offices 4. (A) join (B) cook (C) pay (D) make 5. (A) waiters (B) learners (C) everyone (D) workers

示例五

命題原則：試題的表達方式應切合該題的評量目標。

待修改試題：該題所欲評量的是學生是否能根據此圖找出所需的資訊，但即便學生知道線索是 *SAN FRACISCO*，也不見得能夠選出 America 這個答案選項，所以學生答對試題的機會，可能會受到該題學力指標以外的因素所影響，除了所需的英語能力外，他們可能還須具備一般的地理知識概念。

表 5-6　命題原則應用試題對照示例五

符合原則試題	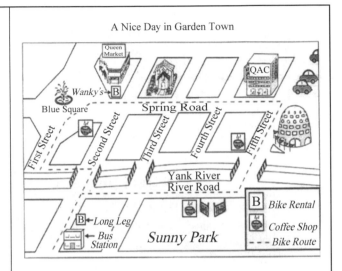A Nice Day in Garden Town There are two bicycle rental shops on Second Street. One is at Blue Square, and the other is next to the Bus Station. The bike routes are beautiful roads. Along the routes, you can find the most famous places of the town. For example, you can see many street artists at Blue Square; you can stop to do some shopping in Queen Market or QAC Department Store; or you can enjoy the fresh air in Sunny Park or by the Yank River. After a nice afternoon tea in Sunny Park, Howard wants to take the bicycle back to Long Leg. What is the shortest route for him? (A) Go along Fifth Street, and turn left at QAC corner. (B) Go along First Street, and turn right at Blue Square. (C) Go along River Road, and turn left on Second Street. (D) Go along Spring Road for three blocks, and turn right on Fifth Street.

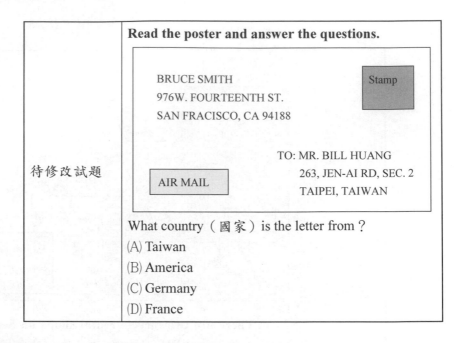

	Read the poster and answer the questions.
待修改試題	BRUCE SMITH 976W. FOURTEENTH ST. SAN FRACISCO, CA 94188 Stamp TO: MR. BILL HUANG 263, JEN-AI RD, SEC. 2 TAIPEI, TAIWAN AIR MAIL What country（國家）is the letter from？ (A) Taiwan (B) America (C) Germany (D) France

示例六

命題原則：題意完整明確、提供足夠解題資訊且切合評量目標。

待修改試題：評量目標是想得知學生是否具備根據上下文辨識單字
意義的能力，但「題意未提供足夠的解題資訊」，學
生若選對答案可能是以刪去法的方式，而非是真正了
解其上下文脈絡之關係。且選項中的「volunteers」一
詞，已經超過國中常用字彙 2000 字的內容。

表 5-7 命題原則應用試題對照示例六

符合原則試題	Amy: Sandy, look! I've got a driver's license. Sandy: You do? That's great! Are you going to buy a car? Amy: Joe has ordered one for me. An AUX. Sandy: Wow! That's a luxurious car! You've got a good husband. I've heard that it's really fashionable now to drive a blue AUX.

符合原則試題	Amy: But mine is *beige*. Sandy: Beige is beautiful too, but it's hard to keep clean, isn't it? Amy: Don't worry. I'll have Joe wash the car every day. Q: What is "*beige*"? (A) A car. (B) A color. (C) A car brand. (D) A driver's license.
待修改試題	More and more people _____ to help the sick in their free time. (A) leave (B) finish (C) volunteer (D) win

示例七

命題原則：試題的數目應與所選用資料之長度成恰當的比例。

待修改試題：試題的數目未與所選用資料之長度成恰當比例，資料不多但卻有五道題目。

表 5-8　命題原則應用試題對照示例七

符合原則試題	October 31 is Halloween. It is the end of summer and the start of the long, cold winter. Two thousand years ago, people believed that the spirits of dead people would come back to the living world on this day. They also believed that these spirits could help the living people see their future.

符合原則試題	The day after Halloween, November 1, was known as "All-hallows." On this day people went to church to remember the great people who died for their religion. The night before "All-hallows" was called "All-hallows' Eve." The name later became "Halloween." Q1: What is the reading mainly about? (A) The history of Halloween. (B) The terrible spirits on Halloween. (C) The different ways to celebrate Halloween. (D) The famous people who died on Halloween. Q2: According to the reading, which is true about Halloween ? (A) It is also called "All-hallow." (B) It is the first day of November. (C) It is celebrated at the end of winter. (D) It is about dead people and their spirits.
待修改試題	Jack never took his wife Sue to the theater and she always complained about that. He always said, "I like staying home and watching the basketball game better than going to the movies with you." Is that all you can think about -basketball game?" Asked Sue."Think about me sometimes." So they went to the theater that night with friends. In the middle of the movie, they suddenly heard a loud noise. Everyone looked around and found that Jack was sleeping. Sue's face became red and said, "How can he do such a terrible thing?" "Don't bother him," said one person who sat near them. "He is the only one who is having a good time."

待修改試題

1. What was Sue not happy about?

(A) Jack enjoyed watching TV.

(B) Jack didn't love her at all.

(C) Jack didn't like to see a movie.

(D) Jack never thought about going to the movies with her.

2. What does "Think about me sometimes" mean?

(A) Watch the basketball game with me at home.

(B) Take me to your favorite basketball game.

(C) Remember that I also have my own interests.

(D) Develop your interests by thinking about me.

3. Jack went to the theater with Sue because ＿＿.

(A) he enjoyed the movie a lot

(B) he never saw a movie before

(C) Sue wanted him to go with her

(D) Sue controlled everything in their house

4. How did Sue feel when she found Jack was sleeping?

(A) She was not only surprised but also angry.

(B) She was either sad or worried.

(C) She was neither satisfied nor excited.

(D) She was both excited and satisfied.

5. What is true about this story?

(A) Everyone in the theater enjoyed the movie.

(B) Maybe the movie was very boring.

(C) Jack was very interested in the movie.

(D) Jack didn't like to be with Sue.

六、試題難度來源分析及其示例

　　試題編擬時除了要遵守命題原則以確保試題品質之外，命題者最想掌握及預測的試題特質就是新編試題的難度，唯有掌握試題難度才能確切符合評量的目的，如編製資優生篩選的評量工具時，命題者必須確定編擬的試題是難度層次較高的試題。掌握試題難度必須知曉試題難度來源，國中英語閱讀試題難度來源大概可分為三類：(1)解題所需訊息量的多寡；(2)試題內容與課本中的內容相符應程度；(3)語法或文法的複雜度。本節將以國中基本能力測驗的公布試題為例，詳加說明各類試題難度來源，提供命題者於命題時對試題難度掌控的參考。

(一)解題所需訊息量（單字、句子、段落或全文）的多寡影響試題的難度

　　解題時是否需要讀完全文或理解全文後才能作答，是影響試題難度的重要因素。一般來說，需要讀完或理解全文才能作答的試題困難度較高。相對之下，若能由上下文、文中其他線索、文法或其他關鍵詞句等就能得知答案的試題，困難度較低。請詳見示例一至示例四及其難度來源解說。

示例一

能力層次：㈡發展解釋

題型：㈠附圖附表題

試題編號：901-30					
難度指標（p）	.71	能力層次	發展解釋	題型	附圖附表題

These are the messages Sandy got yesterday. Read them carefully and find the best answers to the questions.

What is "The Fugitive?"

(A) A book.

(B) A movie.

(C) A song.

(D) A ball game.

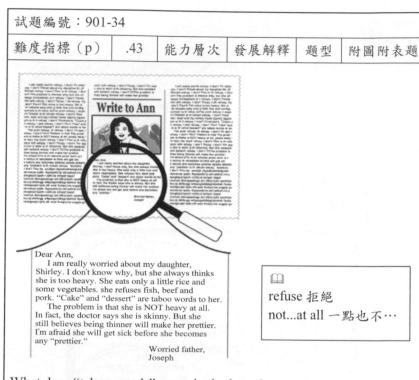

試題編號：901-34

難度指標（p）	.43	能力層次	發展解釋	題型	附圖附表題

Dear Ann,
　I am really worried about my daughter, Shirley. I don't know why, but she always thinks she is too heavy. She eats only a little rice and some vegetables. she refuses fish, beef and pork. "Cake" and "dessert" are taboo words to her.
　The problem is that she is NOT heavy at all. In fact, the doctor says she is skinny. But she still believes being thinner will make her prettier. I'm afraid she will get sick before she becomes any "prettier."

Worried father,
Joseph

refuse 拒絕

not...at all 一點也不…

What does "taboo words" mean in the letter?

(A) Words that make people happy.

(B) Words that should not be said.

(C) Words that are hard to remember.

(D) Words that a father doesn't want to hear.

【難度來源解說】

　　901-30 及 901-34 都是要學生從文字中猜測生詞的意義，但 901-30 文句較短，而且留言條中一關鍵字「theater」學生曾學過，答題時有線索可循。相對下，回答 901-34 時，學生要理解整個段落後才能答題。所以 901-34 的困難度較高。

示例二

能力層次：㈡發展解釋

題型：㈣閱讀理解題

> It is fun and exciting to visit different countries and meet different people. Yon can see beautiful mountains and seas. You can learn different ways of living and doing things. You can try many kinds of foods. You can buy special presents for yourself and your friends.
>
> It is also a good way to learn a foreign language because you can learn the language by using it. You can practice speaking English when visiting America or England. Or you can practice speaking French in France or German in Germany.
>
> Have you ever taken a trip to a foreign country? Think about it for your next vacation!
>
> | 📖 | |
> |---|---|
> | way | 方式 |

試題編號：901-27					
難度指標（p）	.74	能力層次	發展解釋	題型	閱讀理解題

According to the reading, what is a good way to learn a foreign language?

(A) Studying it in school.

(B) Finding a good teacher.

(C) Visiting a foreign country.

(D) Writing e-mails to a foreign friend.

📖	
according to	根據

試題編號：901-28					
難度指標（p）	.58	能力層次	發展解釋	題型	閱讀理解題

According to the reading, what makes a trip fun?

(A) You can take a lot of pictures.

(B) You can see new ways of living.

(C) You can meet your old friends there.

(D) You can buy presents at better prices.

【難度來源解說】

在 901-27 中，學生可以從上下文判斷正確的選項，而 901-28 則須理解整篇的意義，所以難度較高。

示例三

能力層次：㈡發展解釋

題型：㈠閱讀理解題

Every day I go to many places and meet different people. Some of them are nice and polite. They say "Please" and "Thank you" to me. Some tell me about their family and jobs. I have made several friends and learned a lot from these people.

But I am not always so lucky. Some people leave their garbage after they eat and drink in my car. Some people are noisy, so I cannot concentrate. Some people are "back-seat drivers." They never stop telling me "Turn right!" "Turn left!" "Stop!" "Drive faster!" Sometimes more than four people want to get into my car at a time, but it is illegal!

leave	留下
noisy	吵雜

試題編號：902-24					
難度指標（p）	.68	能力層次	發展解釋	題型	閱讀理解題

What is most likely the writer's job?

(A) A businessman.

(B) An office clerk.

(C) A street vendor.

(D) A taxi driver.

📖 most likely　最有可能

試題編號：902-25					
難度指標（p）	.58	能力層次	發展解釋	題型	閱讀理解題

Why does the writer enjoy her/his job?

(A) She/He likes to meet people.

(B) There are a lot of back-seat drivers.

(C) She/He can eat and drink in her/his car.

(D) People help take away garbage.

【難度來源解說】

　　902-24 及 902-25 都是屬於文意判斷的題型，但是在 902-24 中，學生可以從「car」及「Drive faster」等關鍵詞句判斷正確選項，而 902-25 中則要通篇理解文章行文，才能作答，相對難度較高。

示例四

能力層次：㈡發展解釋

題型：㈣閱讀理解題

Reading is an activity people enjoy a lot in their free time. Some like reading newspapers, and others enjoy novels or comic books. I like reading about the lives of great people. This always gives me a lot of ideas on how to make my own life better.

Great people are remembered not because they were handsome or beautiful, but because they did not give up when their lives were difficult. They used every opportunity to change their lives and make the world better.

One good example is Orville and Wilbur Wright, the two brothers who invented the airplane. The plane has made the world into a small village. Hard work, not good luck, is the reason why the Wright Brothers could invent this convenient machine and become remarkable people. Today we still remember them when we see planes in the sky.

When I fell sad, stories of great people always help me feel better. This is why I enjoy reading about great people's lives.

📖	
invent	發明
reason	原因

試題編號：911-40

難度指標（p）	.57	能力層次	發展解釋	題型	閱讀理解題

What does "This" mean in the first paragraph?

(A) Being a great person.

(B) Living in a special way.

(C) Reading about the lives of great people.

(D) Reading newspapers, novels, or comic books.

📖 paragraph 段落

試題編號：911-42					
難度指標（p）	.47	能力層次	發展解釋	題型	閱讀理解題
What does "remarkable" mean in the third paragraph? (A) Nice and polite. (B) Tall and handsome. (C) Special and famous. (D) Lucky and interesting.					

【難度來源解說】

　　在 911-40 中，作答的線索就在題幹的上一句中，且學生可以從文法（代名詞）的角度來判斷。而 911-42 則需要理解整段文意才能做出合理推測，所以難度較高。

㈡試題內容與課本中的內容相符應程度影響試題的難度

　　試題內容與課本中的內容相符應程度愈高，學生對於該題的熟悉度較高，試題困難度就愈低。請詳見示例五及其難度來源解說。

示例五

能力層次：㈠文意了解
題型：㈠單句選擇題

試題編號：901-01					
難度指標（p）	.77	能力層次	文意了解	題型	單句選擇題
My son's birthday is coming. I want to buy him a computer as a birthday _____. (A) place　(B) party　(C) poster　(D) present					

試題編號：901-06					
難度指標（p）	.57	能力層次	文意了解	題型	單句選擇題
John is an active language learner. He always takes a _____ with him. (A) story (B) sentence (C) dictionary (D) conversation					

【難度來源解說】

　　901-01 和 901-06 這兩題的四個選項都是名詞，但是 901-01 這一題的內容與課本中的內容相符應，學生對於該題的熟悉度較高。而 901-06 這一題的選項「sentence」雖與「active language learner」這一詞出現在同一課課文中，但並非本題的答案。答案「dictionary」實為其他課文的字彙。總之，對學生而言，題幹敘述若於課文中相符應，學生因而較熟悉該內容形式，所以試題難度就會降低。

㈢語法或文法的複雜度影響試題的難度

　　語法或文法的複雜度愈高，試題困難度就愈高。請詳見示例六至示例七及其難度來源解說。

示例六

能力層次：㈠文意了解
題型：㈠單句選擇題

試題編號：902-16					
難度指標（p）	.57	能力層次	文意了解	題型	單句選擇題
Betty _____ fake watches when the police came. (A) sells (B) is selling (C) was selling (D) has sold					

試題編號：902-17					
難度指標（p）	.65	能力層次	文意了解	題型	單句選擇題

Christine: Dad, I'm hungry. Do we have anything to eat?

Mr. Chen: You can have some bread I _____ from the supermarket. It's on the table.

(A) am buying

(B) to buy

(C) bought

(D) will buy

【難度來源解說】

　　在 902-17 中，只單純測驗學生時態觀念（動詞過去式），而在 902-16 中，除了時態觀念外，學生還必須理解連接詞（when）的用法。

示例七

能力層次：㊀發展解釋

題型：㊂附圖附表題

Pearl, Joyce, and Steven are students in summer school. Mr. Green, Miss Chen, and Miss White are their teachers. Look at the poster of their summer school and answer the questions.

Sunshine Science Summer School

Welcome! Enjoy the fun of studying science in beautiful sunshine!

Time	Things to do	Place
7:30	Morning call	
8:20~8:50	Breakfast	Room 522
9:00~10:50	Bird watching	Ruby Park
11:00~12:30	Free time A) Sports: basketball, soccer, baseball/softball B) Music: singing and dancing	The gym (The 1st floor) (The 2nd floor)
12:30~13:00	Lunch	Room 522
13:30~15:30	Computer class	Room 101
15:40~16:40	Swimming	The beach
17:00~18:00	Dinner	Room 522
18:30~20:30	TV Time: *We Have Only One Earth*	The theater
21:00~21:30	Bath	The bathroom
22:00	Bedtime	

📖
sunshine　　陽光

試題編號：902-43					
難度指標（p）	.38	能力層次	發展解釋	題型	附圖附表題

Mr. Green: Hi, Pearl. It's time to go to the gym. What do you want to do during the free time?

Pearl: Well, I'm not going to play any ball games. My finger got hurt last time I played softball.

According to the poster, what can Pearl do in the free time?

(A) Go dancing.

(B) Play softball.

(C) Go swimming.

(D) Play computer games.

試題編號：902-44					
難度指標（p）	.68	能力層次	發展解釋	題型	附圖附表題

Miss Chen: Do you want to tell your friends what's happening in summer school?

Joyce: Now? But there's no telephone here.

Miss Chen: You can send them e-mails. Here, I'll show you.

According to the poster, where are Miss Chen and Joyce?

(A) At the beach.

(B) In the gym.

(C) In Room 101.

(D) In the theater.

【難度來源解說】

　　902-44 及 902-43 都在測驗學生文句理解及推論的問題，但 902-43 多了「I'm not going to play any ball games」這樣可以誤導學生的題幹，相對學生要更細心才能正確判斷。

七、試題分析及其示例

　　測驗施測完畢後，學生的作答反應將被登錄於電腦，以便進行試題分析。試題分析的主要目的是以客觀的量化分析方法，找出每一試題的統計特質。透過試題分析所得的試題統計特質通常指的是試題的答對率（如 P 值）、鑑別力（如 D 值）及選項的誘答力。試題分析對試題編製者、教師或學生的主要功用有五，作為：(1)試題品質好壞的評鑑依據；(2)補救教學及課程修改的依據；(3)改善學習的參考；(4)擴充適用題庫的依據；(5)累積測驗編製經驗的實徵依據。本節將再每一試題類型下，以試題範例進行試題分析結果說明。

㈠單句選擇題

【試題】難度Ⅰ－容易

My brother likes to ＿＿＿＿ pictures when he goes mountain climbing.

(A) make　　(B) take　　(C) do　　(D) enjoy

◆試題分析說明：

　　由表 5-9 可看出，本題的答對率為 0.69（表示偏易），鑑別度指數 D 值為 0.52（表示本題品質不錯，具區別高低能力受試者的功能）。每一選項均有人選填，錯誤選項誘答力正常。

表 5-9　試題分析結果及各選項選填人數百分比對照表（例一）

組別 ＼ 選項	A	B*	C	D	答對率 P 值	鑑別度 D 值
高分組	.02	.97	.01	.00	.69	.52
低分組	.27	.45	.18	.10		

【試題】難度 II －中等

Can he ＿＿＿＿ there with me?

(A) go　(B) goes　(C) going　(D) to go

◆試題分析說明：

　　由表 5-10 可看出，本題的答對率為 0.50（表示難易中等），鑑別度指數 D 值為 0.74（表示本題品質良好，具區別高低能力受試者的功能）。每一選項均有人選填，錯誤選項誘答力正常。

表 5-10　試題分析結果及各選項選填人數百分比對照表（例二）

組別 ＼ 選項	A*	B	C	D	答對率 P 值	鑑別度 D 值
高分組	.91	.06	.01	.02	.50	.74
低分組	.17	.31	.33	.17		

【試題】難度 III －高

We usually go ＿＿＿＿ on the weekend.

(A) climb mountain　(B) to climb mountain

(C) mountain climbing　(D) to mountain climbing

◆試題分析說明：

　　由表 5-11 可看出，本題的答對率為 0.27（表示偏難），鑑別度指數 D 值為 0.18，此指數偏低（小於 0.2），從選項的誘答力分析來看，選項 B 不論對高分組或低分組學生而言，具有相同的誘答力，這顯示仍有 1/3 高分組學生不會「go mountain climbing」這個片語，教師宜加強學生片語的練習。其他錯誤選項誘答力正常，此題並不需要修改。

表 5-11　試題分析結果及各選項選填人數百分比對照表（例三）

組別＼選項	A	B	C*	D	答對率 P 值	鑑別度 D 值
高分組	.10	.33	.43	.14	.27	.18
低分組	.10	.33	.25	.32		

㈡整段式填空

Mother's birthday is coming. We are going to give her　1　. My sister buys a birthday card　2　her. I want to make a cake. I buy　3　milk, and eggs. I also buy a　4　of candles, too. Father buys a cell phone. Mother will be very happy.

📖　will　將會

【試題】難度 II－中等

1. (A) a card　(B) a cake　(C) a cell phone　(D) a surprise

◆試題分析說明：

　　由表 5-12 可看出，本題的答對率為 0.57（表示難易中等），鑑別度指數 D 值為 0.79（表示本題品質良好，具區別高低能力受試者的功能）。每一選項均有人選填，錯誤選項誘答力正常。

表 5-12　試題分析結果及各選項選填人數百分比對照表（例四）

組別＼選項	A	B	C	D*	答對率 P 值	鑑別度 D 值
高分組	.04	.01	.00	.95	.57	.79
低分組	.22	.27	.34	17		

【試題】難度 II －中等

2. (A) to　(B) for　(C) with　(D) from

◆試題分析說明：

　　由表 5-13 可看出，本題的答對率為 0.62（表示難易中等），鑑別度指數 D 值為 0.56（表示本題品質不錯，具區別高低能力受試者的功能）。每一選項均有人選填，錯誤選項誘答力正常。然而，仍有 1/5（即 0.2）高分組學生選 A 選項，選答率幾乎與低分組學生相同，由此顯示仍有相當比例的高分組學生對介系詞的用法仍不清楚。此題對低分組學生而言是困難的，他們在各選項的選答率幾乎相同，相當於隨機猜測。

表 5-13　試題分析結果及各選項選填人數百分比對照表（例五）

選項 組別	A	B*	C	D	答對率 P 值	鑑別度 D 值
高分組	.20	.80	.00	.00	.62	.56
低分組	.21	.24	.30	.24		

【試題】難度 I －容易

3. (A) many　(B) some　(C) a　(D) an

◆試題分析說明：

　　由表 5-14 可看出，本題的答對率為 0.71（表示偏易），鑑別度指數 D 值為 0.69（表示本題品質不錯，具區別高低能力受試者的功能）。每一選項均有人選填，錯誤選項誘答力正常。此題對低分組學生而言是困難的，他們在各選項的選答率幾乎相同，相當於隨機猜測。

表 5-14　試題分析結果及各選項選填人數百分比對照表（例六）

選項\組別	A	B*	C	D	答對率 P 值	鑑別度 D 值
高分組	.00	1.00	.00	.00	.71	.69
低分組	.26	.31	.22	.20		

【試題】難度 II －中等

4. (A) box　(B) glass　(C) bottle　(D) can

◆試題分析說明：

　　由表 5-15 可看出，本題的答對率為 0.52（表示難易中等），鑑別度指數 D 值為 0.57（表示本題品質良好，具區別高低能力受試者的功能）。每一選項均有人選填，錯誤選項誘答力正常。

表 5-15　試題分析結果及各選項選填人數百分比對照表（例七）

選項\組別	A*	B	C	D	答對率 P 值	鑑別度 D 值
高分組	.83	.02	.10	.06	.52	.57
低分組	.25	.24	.33	.17		

㈢附圖附表題

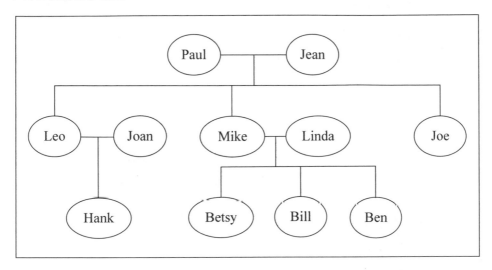

【試題】難度 I －容易

1. Who are Betsy and Hank?

(A) Brother and sister.　(B) Cousins.　(C) Brothers.　(D) Husband and wife.

◆試題分析說明：

　　由表 5-16 可看出，本題的答對率為 0.73（表示偏易），鑑別度指數 D 值為 0.74（表示本題品質良好，具區別高低能力受試者的功能）。每一選項均有人選填，錯誤選項誘答力正常。

表 5-16　試題分析結果及各選項選填人數百分比對照表（例八）

選項＼組別	A	B*	C	D	答對率 P 值	鑑別度 D 值
高分組	.01	.99	.00	.00	.73	.74
低分組	.22	.25	.32	.19		

【試題】難度 I－容易

2. Who is Paul?

(A)Linda's husband.　(B)Joe's mother.　(C)Jean's brother.　(D)Ben's grandfather.

◆試題分析說明：

　　由表 5-17 可看出，本題的答對率為 0.72（表示偏易），鑑別度指數 D 值為 0.61（表示本題品質良好，具區別高低能力受試者的功能）。每一選項均有人選填，錯誤選項誘答力正常。

表 5-17　試題分析結果及各選項選填人數百分比對照表（例九）

組別＼選項	A	B	C	D*	答對率 P 值	鑑別度 D 值
高分組	.00	.04	.01	.95	.72	.61
低分組	.17	.24	.24	.34		

【試題】難度 III－高

3. I am thirty-five years old. I am a nurse. I got two brothers and they are both married. One of them has three children. The other only has one.

Question: who wrote this paragraph?　📖 paragraph 段落

(A) It's Joe.　(B) It's Joan.　(C) It's Mike.　(D) It's Betsy.

◆試題分析說明：

　　由表 5-18 可看出，本題的答對率為 0.45（表示偏難），鑑別度指數 D 值為 0.70（表示本題品質良好，具區別高低能力受試者的功能）。每一選項均有人選填，錯誤選項誘答力正常。

表 5-18　試題分析結果及各選項選填人數百分比對照表（例十）

選項 組別	A*	B	C	D	答對率 P 值	鑑別度 D 值
高分組	.84	.04	.04	.09	.45	.70
低分組	.14	.28	.34	.24		

㈣閱讀理解題

David : Mom, tomorrow is Dad's birthday. How about having a surprise party for him?

Mom : Well, I don't think that's a good idea. Your dad doesn't enjoy surprises.

David : Dad should learn to have fun.

Mom : We can prepare a big dinner for him. We can go to the supermarket and buy some delicious food.

David : OK. Let's buy some drinks, ham, vegetables and a big cake! I want to make sandwiches for him.

Mom : Great! Let's go!

📖 Should　應該

【試題】難度 II—中等

1. What's the title of this dialogue?　📖 title 標題　📖 dialogue 對話

(A) How to make sandwiches?　(B) A surprise party.

(C) A party for David.　(D) Preparing for Dad's birthday.

◆試題分析說明：

　　由表 5-19 可看出，本題的答對率為 0.55（表示難易中等），鑑別度指數 D 值為 0.74（表示本題品質優良，具區別高低能力受試者的功能）。每一選項均有人選填，錯誤選項誘答力正常。此題對低分組學生而言是困難的，他們在各選項的選答率幾乎相同，相當於隨機猜測。

表 5-19　試題分析結果及各選項選填人數百分比對照表（例十一）

組別 ＼ 選項	A	B	C	D*	答對率 P 值	鑑別度 D 值
高分組	.00	.01	.05	.94	.55	.74
低分組	.25	.24	.27	.20		

【試題】難度 II —中等

2. What **DOESN'T** David's Dad like?

(A) Sandwiches.　　(B) Surprises.

(C) Cakes.　　(D) A big dinner.

◆試題分析說明：

　　由表 5-20 可看出，本題的答對率為 0.62（表示難易中等），鑑別度指數 D 值為 0.75（表示本題品質優良，具區別高低能力受試者的功能）。每一選項均有人選填，錯誤選項誘答力正常。

表 5-20　試題分析結果及各選項選填人數百分比對照表（例十二）

組別 ＼ 選項	A	B*	C	D	答對率 P 值	鑑別度 D 值
高分組	.00	1.00	.00	.00	.62	.75
低分組	.17	.25	.40	.16		

【試題】難度 III 一高

3. What will David and his parents do tomorrow?

(A) They are going to have a big dinner.

(B) They are going to have a surprise party.

(C) They are going to go to a supermarket.

(D) They are going to buy some delicious food.

◆試題分析說明：

由表 5-21 可看出，本題的答對率為 0.45（表示偏難），鑑別度指數 D 值為 0.68（表示本題品質良好，具區別高低能力受試者的功能）。每一選項均有人選填，錯誤選項誘答力正常。

表 5-21　試題分析結果及各選項選填人數百分比對照表（例十三）

選項 組別	A*	B	C	D	答對率 P 值	鑑別度 D 值
高分組	.86	.04	.07	.04	.45	.68
低分組	.17	.37	.23	.18		

八、結語

本文旨在提供指標依據的評量設計示例，作為教師、教育當局或研究者在評鑑學生是否達成九年一貫課程綱要中所設定之聽、說、讀、寫的最基本能力的參考。為了在有限篇幅下，呈現具體全觀的評量設計，本文僅就國中階段英語閱讀為例，進行指標依據的評量設計說明。

文中除了說明在能力指標依據下的國中英語閱讀評量架構、命題特色、命題原則及後續試題分析外，更提出國中英語閱讀試題可能的難度來源及其示例，其旨在提供英語老師或命題者編製試題時，掌握試題難度的參考憑藉。雖然評量內容及能力範圍僅限於國中英語閱讀，文中符應至命題原則、難度

來源與試題分析的示例,林林總總,希望藉此將理論及操作層面做一連結,使學習者、命題者及教師對指標依據的評量設計能有所體會,並能有實際操作的參考依據。

Chapter 6

數學連結能力教學設計

林素微

謝　堅

一、數學教育改革中能力構念的轉化

　　我們對於數學的重視可從它在國民教育學習所占的份量即可明白，從小到大，數學都是極為重要的一門學科，但學童從進入學習之後，隨著學習經驗的增加，對數學的態度卻從喜愛自信到挫折無助。多數學童將數學視為是一種學校的學習課業或活動，出了學校之後數學便派不上用場，許多人不認為三個人平分喝一瓶一公升的牛奶，走到朋友家時利用時鐘來算算花了多少時間，或者將100除以4看成「將100除以2再除以2」的想法是數學（National Council of Teachers of Mathematics, NCTM, 1989）。

　　曾經聽過一位領導目前國內重要升學測驗的重要人物的演講，其中最令人印象深刻的是他提及小時候數學考試碰到應用題時，常常搞不清楚該用加法還是該用減法，於是他透過判斷題目中的兩個數字大小來進行決定，差異不大的話就用加法，如果兩個數字大小差很多就用減法，透過這個訣竅，讓

他在小學一、二年級的數學得到很高的分數。也曾聽過兩位小學童的對話，「這個問題好像是乘法耶?!」「不會啦，反正我們現在正在學除法，用除法就對了。」從這兩個案例當中，我們看到了學童對於數學的學習是片面而且不正確。這樣的情況不僅只有在台灣出現，Silver（1989）以美國國家教育進展評量（National Assessment of Educational Progress, NAEP）報告指出學童並沒有對數產生意義化，而且他們並不認為學校數學是個有意義的活動，而是把它看成一堆必須記憶的事實及規則的集合。很多人都以為學數學就是在作一連串機械性的計算、記憶的工作，老師分析完題型之後再告知最佳且唯一的解法，學童經過反覆的練習、精熟之後就能應付考試。

相信很多身為數學教師或者數學教育者都聽過不同的人說過類似的話，試問，如果我們就是這上述這些案例的老師，在聽到這些話的當時，我們的感受為何？究竟是學童學得不好？還是我們的數學教學出了問題？我們相信學童一開始都如同一塊璞玉、白紙。因此，是否我們該對於我們的數學教學有所反省？

愈來愈多人重視到類似的種種教育問題，數學教育在不斷地反思與國際教育改革的浪潮衝擊之下，也在不斷地革新。九年一貫課程的提出便是相當大的一波變革。在這一波的教育改革中，強調的是能力的開拓，是要為國民的終身學習奠下基礎，以因應社會的變遷。基於以上的認知，九年一貫課程明白指出國民教育數學課程的目標，須能反映下列理念：(1)數學能力是國民素質的一個重要指標；(2)培養學童正向的數學態度，了解數學是推進人類文明的要素；(3)數學教學（含教材、課本及教學法）應配合學童不同階段的需求，協助學童數學智能的發展；(4)數學作為基礎科學的工具性特質。因此，教育部所公布的數學領域的教學總體目標如下：

1. 培養學生的演算能力、抽象能力、推論能力及溝通能力。

2. 學習應用問題的解題方法。

3. 奠定下一階段的數學基礎。

4. 培養欣賞數學的態度及能力。

九年一貫所謂的「數學能力」，是指對數學掌握的綜合性能力以及對數

學有整體性的感覺。在學習數學時，一般重視的是觀念和演算，但學童的數學經驗（或數學感覺）的培養卻是同等重要。要確保學童能學好新數學題材的要素之一，旨在如何引導並利用學童的前置經驗（或感覺），這種數學的經驗或感覺就是數學的直覺或直觀。學童數學能力的深化，奠基在揉合舊有的直觀和新的觀念或題材，進而擴展成一種新的直觀。在認知能力上，直觀是思維流暢的具體展現；在能力培養上，直觀讓學童能從根本上，擺脫數學形式規則的束縛，豐富學童在抽象層次上的想像力與觀察能力，這二者是兒童數學智能發展中的重要指標。

　　數學能力，不僅在九年一貫課程這一波課程改革得到關注，國外許多數學教育研究者與數學家針對其國內的數學教育目標，提出數學能力的一些想法。丹麥數學家 Niss（2003）認為精熟數學就是擁有數學能力，而數學能力是指能了解、判斷、實作，及能在各種不同數學情境與脈絡的內外使用數學。由 Niss 主持的一項研究計畫「能力與數學學習」，目的是為丹麥數學教育的改革創造一個平台，研究結果將數學能力結構分成兩群：解題與工具的觀點，包括：數學思維、擬題與解題、數學建模、數學推理、數學表徵、符號化與形式化、數學溝通及工具的使用。這八個能力與心智或自然過程、活動及行為有關，也就是說焦點是在於個體能做什麼，它們形成一個重心不相交但卻相互重疊的連續體。Krutetskii（1976）從數學思考的基本特質中，提出九項數學能力：形成問題、一般化、以數字與文字符號運算、邏輯推理、簡捷思考、逆向思考、彈性思考、數學記憶與空間概念等能力。NCTM（1989）指出數學的學習應強調解題、溝通、推理與證明以及連結。NAEP 在 1996 年所進行的數學科評量中，將數學能力分為概念理解、程序執行、問題解決三個能力面向；除此之外，NAEP 另包括三種數學力（Mathematical Power）：推理、連結及溝通（Allen, Carlson, Zelenak, 1999）。近年美國國家研究院（National Research Council, NRC, 2001）的研究報告指出，學童的數學能力就如同五股相互交織的繩索，五種能力必須同時地、統整地發展，方能成就其功能。五股數學能力包括：概念的理解：理解數學概念、運算及關係；流暢的運算能力：彈性地、準確地、有效地及適當地執行程序技巧；選擇策略的能力：能形成、表徵及解決數學問題；適當的推理能力：邏輯思維、反思、解釋及

辯證的能力；具生產力的數學性向：習慣性的傾向視數學是有知覺的及有價值的。NRC認為這五股能力在數學能力的發展中是同等重要的，且其間的關係並不是獨立的，而是相互依賴的，它們表徵了一個複雜全體的不同面向，形成數學能力的定義。首先，有能力的學童應能了解和應用重要的概念，他們也能從容地計算，形成問題和解決問題，解釋他們的推理過程。最後，他們能對自己的能力有信心，並視數學為有知覺的及有價值的學科，如此才能使這樣的數學知識具有生產力。

由此可知，數學教育對於數學教學與學習的焦點著重在於能力的培養。九年一貫課程數學領域將數學內容分為數與量、圖形與空間、統計與機率、代數及連結等五大主題，而連結主題分為數學內部的連結與數學外部的連結，其中數學內部的連結可貫穿前面四個主題，強調的是解題能力的培養；數學外部的連結則強調生活與其他領域中數學問題的察覺、轉化、解題、溝通及評析等能力的培養。培養學童具備這些能力，一方面增進學童在日常生活中的數學素養，能廣泛應用數學，提高生活品質，另一方面，也加強其數學思維，有助於個人在生涯中的進一步發展。上述數學能力的培養也落實了九年一貫課程改革的主要原則是「培養學童帶得走的基本能力，而不是揹不動的書包」，基本能力是基於社會變遷及未來生活需求所做的評估，欲以能力取代知識，是著眼於生活經驗的強調，以及國民基本素質的提升（陳伯璋，1999）。

二、「連結」主題的強調

連結主題是第一次被明定在數學課程中，顯示國內的數學教育界不僅重視兒童基本數學知識的習得，也愈來愈重視連結能力的養成。以往對於許多學童而言，數學常常是重複的計算活動，九年一貫連結指標指出，是為了協助學童可以開拓其數學視野，把數學視為一個整體而不是許多瑣碎、無關主題的總合，並且認同數學在校內學習與校外應用的用處。在連結的基本想法中，明白地指出連結的意涵：

數學起源於人類的需要，它經過淬鍊，儼然自成體系。不過對大多數人而言，要能與生活連結、要能與其他領域連結，所學數學才能落實，才能有助於終身學習。所謂連結，不只是單項的數學應用。既然數學起源於需要，而理論又自成體系，情境與理論必須兩相對照，才能了解數學的真意。（教育部，2003）

　　九年一貫指出，連結又分為「數學內部的連結」和「數學外部的連結」兩部分，這樣的分法和NCTM（1989）對於連結的分法雷同，NCTM（1989）將連結主要分成兩種型態：(1)問題情境間的模式化連結，指的是除了數學以及其數學表徵之外，問題情境是來自於真實世界；(2)兩個等價表徵間以及其中的對應歷程的數學連結；這些連結如圖 6-1 所示。

　　在 NCTM（1989），學校數學課程及評鑑標準中明白指出連結是跨所有年級重要的歷程標準之一，從幼稚園到四年級、五到八年級及九到十二年級，每一個階段都有針對連結標準進行特定的課程建議，幼稚園到四年級強調給予學童進行連結的機會來協助他們明瞭數學觀念之間的關係，包含連結概念以及程序性知識、將各種概念或程序的表徵進行連結、辨識不同數學主題之

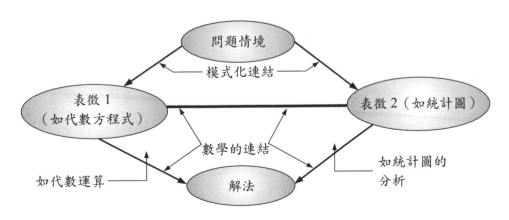

圖 6-1　兩個連結的一般型態

資料來源：NCTM (1989).

間的關係、在其他課程領域中運用數學、在日常生活中運用數學等。五到八年級則強調連結的探索來開拓學童的數學視野，包括將數學視為一個整體；運用圖形、數字、代數以及語言等的數學模式或表徵來探討問題以及描述結果；運用數學概念來增進其他數學概念的理解；運用數學思維以及模式化來解決藝術、音樂、心理學、科學及企業方面的問題；重視文化及社會中數學的角色。而九至十二年級課程標準則強調除了數學連結的探索之外，更應進一步納入數學主題以及應用之間相互關係的強調，包含辨識相同概念的等價表徵（equivalent representations），運用並且重視各個數學主題之間的連結，以及運用並且重視數學與其他領域之間的連結。NCTM（2000）在學校數學原則與標準更進一步指出更強調整合及一貫性，其明白指出幼稚園到十二年級的教學課程應該要使學童能夠辨識並且運用數學觀念之間的連結，理解數學觀念之間的內部連結並且可以從中擴大而有連貫一致的整體性，以及在數學以外的情境脈絡中辨識與應用數學。

相對的，九年一貫數學課程綱要則不再針對連結能力指標分段，強調各階段數與量、圖形與空間、統計與機率及代數四個知識層面的主題要與連結能力相配合培養，而連結能力經過各階段後會愈來愈強。強調連結包含察覺、轉化、解題、溝通、評析五個步驟，茲整理如下（引自教育部，2003）：

第一步驟，察覺：察覺生活以及其他領域的某些情境中有數學的要素，可藉助數學觀點的切入，使情境的情境變得清晰。

第二步驟，轉化：把察覺到的數學要素，以數學的語言表出，把情境待釐清的問題轉化成數學問題。

第三步驟，解題：解答轉化後的數學問題。它必須植基於數學本身的技能，有時候更要把數學的內容（數與量、圖形與空間、統計與機率、代數）融會貫通，這屬於數學內部的連結。

第四步驟，溝通：與自己以及與他人溝通解答的過程與合理性。因為解答的是經過轉化的問題，我們必須了解數學語言的真意，它與一般語言的異同，我們要用一般語言與數學語言說明解題的過程與答案的屬性、合理性，使得數學式的解答有助於情境的了解。

第五步驟，評析：評析情境的轉化及其後的解題，兩者的得失，闡釋原

來的問題情境，提出新觀點，或做必要的調整，同時能將問題解法一般化。

　　經過察覺、轉化、解題、溝通及評析後，連結完成了一周的歷程，不但有助於情境的了解，而且也能掌握數學的方法。一方面可增進數學素養，廣泛應用數學，提高生活品質；另一方面也能加強其數學式的思維，有助於個人在生涯中求進一步的發展（引自教育部，2003）。

　　學童應有許多觀察數學和其他學科以及日常生活社會相互關聯的機會，為達到這樣的目的，數學教師必須尋求並且結合其他學科教師的積極投入來從課堂中共同探索數學觀念，這種整合從整體學習來說可以統整所有學科的課程標準，這樣的教學方式可讓學童知道數學觀念可以幫助他們了解其他概念，並且解決其他科目的問題、針對真實世界現象進行描述以及模式化，並且以明確的方式溝通複雜想法以及資訊。不同的問題表徵提供不同的鏡頭來看學童對於問題本身以及問題解法的詮釋。如果學童愈來愈具有數學能力，他們就對於各種問題情境的想法愈多元、彈性，並且可以辨識出不同觀點間的關係。學童在相同問題情境或者相同的數學概念中的不同表徵中可以彈性應用與轉化，就更能欣賞數學的連貫性與數學之美。數學的連結強調可以協助學童辨識到數學觀念在各個不同的領域中的關係，如果學童已經可以辨識到這些關係，那麼便進一步運用來自某個脈絡的了解來驗證另一個情境的臆測，例如，開始學習數字概念的學童需要學會連結七輛玩具小汽車、七個花片、七個積木及符號「7」；較大一點的兒童需要知道將一個長方形切成四等份及四個朋友共享一包餅乾相同之處是他們都稱為 $\frac{1}{4}$；學習小數或分數的減法時，學童可以應用整數的減法知識來進行解題等等。

● 三、強化連結的教學取向

　　數學應被看成是一個整體，雖然我們通常把它分割成數個主題，學童應該可以明白和經驗各個數學主題之間、數學與其他學科之間及數學和他們的興趣、性向之間的關係是非常密切的。沒有經過連結，學童所學習與記住的只是許許多多瑣碎無關的概念與技巧，他們無法辨識出許多領域中相關的通

則，當數學觀念也可以連結到日常生活經驗時，不論是教室內或教室外，學童可以覺知到數學的用途，數學的學習也會比較有趣。將數學視為一個整體，也可以幫助學童學習到數學並不是一連串瑣碎、無關的技巧以及公式規則的組合而已。因此，數學教育的一個重要的角色在於培養學童探索的態度，並且可以敏銳地察覺到正式數學與真實世界之間的許多關係。根據這樣的理念，NCTM 主席 Lappan（1999）建議教學的取向如下：

㈠數學必須和學童的興趣連結

在國中、小階段，學童面臨了許多社會、情緒及生理的挑戰。為掌握住他們的注意力以及逐漸成長的認知能力，許多數學作業應該著重在學童是否能夠發覺興趣以及重要性。成人認為有趣的事物對學童而言可能不是如此，因此應給予學童選擇的機會，例如可以選擇數學專題學習的主題，選擇每週探討的問題，以及選擇複雜問題情境的解題策略等等，這些都可以讓學童感受到學習的自主權。

㈡數學應被視為一種實驗的科學

學童要能將概念、推理方式、有生產力的程序意義化，在數學中運用問題解決策略，以及發展數、符號運算以及相關程序的技巧，便需要有探索、發明、一般化、抽象化及建構支持自身想法的論證並證明其臆測。新數學教材應該是問題取向並且是具有探索性、有趣性的情境脈絡，在這些情境脈絡中，學童在其中得到挑戰。教師可以有技巧性地運用潛在的數學概念、程序、技巧及論證來協助學童。

㈢為學習數學創造一個豐富的工具運用環境

科技可以讓學童投入，同時也可以讓學童以前所無法達到的方式接觸到數學。它可以協助創造新的學習環境，讓學童從中看到變項之間正在改變的關係，並且可以以一種動態的方式來進行數學的連結。科技亦可以讓學童接觸到繁複資料的真實問題，並且可以透過不同型態的數學關係表徵。

㈣教師必須了解學童做數學的意義

　　因為學童是處於認知、生理以及社會發展的許多階段上，教師必須了解所有學童的數學成長所在位置。典型的紙筆計算測驗無法讓我們深入理解學童的思考方式。因此教師需要創造並且運用許多機會來評量學童的理解。為能進一步了解學童做數學的意義，傳統的評量方式可能不足，因此應納入新型態的評量方式。

　　根據上述的理念，具體而言，教師教學時應著重在「情境布題」以及「討論互動」上：

㈠布題內容具有情境脈絡

　　連結可以透過趣味化、意義化氣氛的營造，發展學童對於數學的喜愛，使學童更投入數學活動或作業之中。例如，圖 6-2 呈現的是在學習二位數與三位數的加法時，透過動物園的路線距離測量來強化（引自NCTM，1989）。

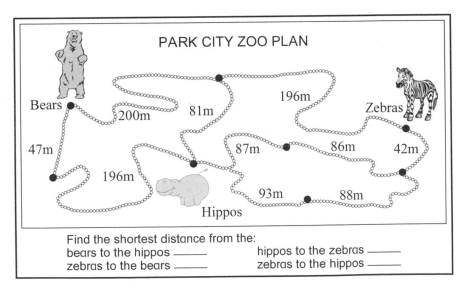

圖 6-2　各個動物之間路線的距離

資料來源：NCTM（1989），學校數學課程及評鑑標準。

根據學校數學課程及評鑑標準（NCTM, 1989）中指出，透過這樣的方式，學童可以成為較有數學傾向的學童，對於不同的問題情境更有彈性，而且可以辨識出不同觀點的差異。而學校數學原則與標準（NCTM, 2000）更進一步指出，學童如果可以連結數學觀念的話，他們對於數學的理解會更深入發展而且更持久。

在情境脈絡中經驗數學的機會是相當重要的，透過情境學習，學童可以將數學概念和日常生活、自然科學、社會科學、醫學以及經濟進行連結。例如學童可以透過調查，統計學區附近的商家，判斷學區的生活型態以及規劃何種商店會比較具有商機等等，透過這樣的學習，學童對於相關數學知識的意義化則會更為深入。當然，教師在強調情境在數學知識形成中所扮演的角色後，也必須強調當數學知識以文字符號來表示以及與人溝通時，知識狀態的改變。明確定義的數學和隱含潛在的數學在基模中處於不同的認知狀態，只有明確定義的數學可以被討論、爭辯、證明或反駁（Vergnaud, 1998）。隨著學童對於周遭世界的覺知愈來愈高時，以機率和統計來進行真實世界和數學課室之間的連結愈來愈重要，氣象預測、科學實驗、機會事件及經濟趨勢都是一些學童可以進行探討的生活數學。此外，地圖的研究、校外教學的規劃也是相當適合的方式，學童可以從地圖閱讀中探討相似、比、比例等的概念，而在進行校外教學的規劃時，學童可以從中習得資訊的整理，時間的概念。

㈡強調課室中的討論與互動

教學過程可透過引導、啟發或教導，使學童能在具體的問題情境中，順利以所學的數學知識為基礎，形成解決問題所需的新數學概念，並有策略地選擇正確又有效率的解題程序。教師可提供有啟發性的問題、關鍵性的問題、現實生活的應用問題，激發學童不同的想法。但應避免空洞的或無意義的開放式問題，也避免預設或過早提出解題方式和結果。根據 Skemp（1978）的觀點，學習數學的重要原則為：數學想法的溝通而非數學想法的堆棧。在教學時，教師應注意盡量要求學童明白敘述他的想法，並說明他的想法可以經由邏輯方式由其他已知或公認的想法導得——即推理和討論都是學習反映的

有效方式——經由教別人的方式獲得的進展較大。因此，教師的角色即在協助學童體驗生活情境與數學的連結過程，培養學童能以數學的觀點考察周遭事物的習慣，並培養學童觀察問題中的數學意涵、特性與關係，養成以數學的方式，將問題表徵為數學問題再加以解決的習慣，以提高應用數學知識的能力。同時在發展解題策略的過程中，加深對數學概念之理解。透過課室互動，師生得以進行討論，根據 Skemp 的觀點，數學討論的益處有：

以語文幫助思考——當我們要輸出概念和別人溝通時，必定先整理自己的概念，將概念語文化（或符號化），使概念內涵變得更自覺。改正學童錯誤敘述的高明技巧——叫這位學童對另一位學童說明自己結論的理由，讓他自動發現錯誤在什麼地方。

修正自己以適應對方——把我們自己的概念和別人的概念聯繫起來，使雙方察覺可能都有需要修正自己的概念，以適應對方的概念或解釋自己的概念，以便順利地傳達給對方。

有助於激發新概念（具有腦力激盪的效果）——參加討論者皆沉浸在其他所有人的概念之中，容易激發出新的概念。

概念的結合——聽別人發表意見時可能在自己腦海裡閃爍出新概念，這個概念可能不是對方有意要傳達給自己的，但如果不是聽彼一席談，自己可能想不到這方面去。一個概念可能引出另一個新概念，最後的結果就是創造性的交流，大家盡歡而散。

Skemp（1978）又認為對於智慧學習最有助益的上課方式為「小組教學」：它能激發討論、互助、解釋，以產生共享的數學經驗。學童可收到事半功倍、截長補短、相輔相成之效。

四、強化連結能力的教學設計

我們已經意識到學童在數學學習上缺乏整體性的嘗試，以及欠缺數學價值和脈絡的感覺（Brown, 1998）。針對於此，Brown（1998）針對數學教學提出一個大象的類比，他指出我們可以教有關象鼻、象牙、皮膚、腳、胃等等，但如果沒有全觀的取向，是否真的可以了解大象（在此指的是數學）？

這主張了以更廣泛的主題來涵蓋數學本質的疑問以及數學教學的問題。另一方面，帶進所有這些有趣的主題可能會有危險，而且真正的連結可能會被降低。因此，數學教育研究結果的檢驗似乎可以幫助理解數學的本質，以及協助學習者成為更優秀的學習者的方式。

九年一貫課程目前正面臨 Brown（1998）所提的風險。對於能力指標的解讀，各個教材版本以及眾多教材設計之間存有相當大的歧異；而且新數學課程的教學也普遍存有其教學盲點，例如，鍾靜（2000，2001）的觀察指出，許多教師在數學課室中進行的討論溝通僅是個「儀式」，並沒有真正切入數學教學的內涵；而新穎、適切的評量示例更是數學教育迫切而重要的期待。教材、教法及評量一系列完整而適切的詮釋方案有待提出。其中連結主題是第一次被明訂在我國的數學課程中，許多第一線的數學教師不免有份焦慮，在課程與教學目標發生實質改變後，針對「連結」能力指標，要教什麼？怎麼教？自己數學概念、教學技巧是否能順利成功的因應調整？自己是否能有效地協助學童進行數學連結，甚至培養數學素養？因此，因應這樣的變革有許多新的議題值得深入探討，其中，因應連結能力指標的教學方案便是一個重要而迫切的議題，進行數學概念對談設計時，教師布題與追問設計參考資源亟待開發。

前面已經提過，連結可分為「數學內部連結」及「數學外部連結」兩部分，數學內部連結指的是數學概念之間的連結，而數學外部連結則指的是與生活、其他領域的連結。這樣的理念顯示連結能力的培養應有多元的方式可以進行。當然，內部連結教材的取得，需要教師對於數學概念的深刻了解方能掌握數學概念或模式之間的同構性及關係，外部連結，則需要用心尋覓相關的生活題材。以生活為中心的數學教學，讓兒童學會感受、觀察日常周遭的數學是目前強調的數學教學重點，運用兒童熟悉的情境，透過情境中與數學知識的連結，便可設計有趣的連結案例。例如，學校中常舉行的同樂會，便可以設計出一個有趣的數學案例，如表演時間的規劃、點心或飲料的採買等等。學童能察覺同樂會活動中也有數學問題，能知道數學也能應用在生活中，這便是「連結」主題中「察覺」能力指標「C-R-1 能察覺生活中與數學相關的情境。」當學童遭遇生活情境中可以運用數學思維解決的問題時，必

須先能察覺問題情境與數學有關，分析出問題中的線索，以適當的數學語言表示，才可能進而將問題轉化為數學問題，以數學方法解決。例如全班點心的需求量、飲料的各種不同包裝的容量和價格……等都是解題的資訊，以數學語言表示其關係，並以數學方法進一步求得最划算又不浪費的購買組合。這便是「連結」主題中「解題」能力指標「C-S-2 能選擇合適的數學表徵。」活動中可讓各組分享如何找出購買的包裝與數量組合的想法與過程，學童要能了解數學語言的內涵，才能記錄與表達自己的想法，也才有可能理解他人的想法。且在發表與溝通想法的過程中，以數學語言呈現解題記錄，及以一般語言配合數學語言說明解題的過程，都是有助於表達自己的想法和幫助他人理解的一種方式。而在分享活動中，學童不僅要能傾聽，更重要的是應該要能尊重他人與自己不同的想法，學習他人的長處。這便呼應「連結」主題中「溝通」能力指標「C-C-1 了解數學語言（符號、用語、圖表、非形式化演繹等）的內涵。」「C-C-5 用數學語言呈現解答的過程。」「C-C-8 能尊重他人解決數學問題的多元想法。」

　　不同年段或不同年級所強調的連結內涵可能有所不同。對低年級而言，因為數學概念的種類及深度稍淺，建議教師設計時可著重在與生活連結部分，從生活數學中進行相關的探究，藉以讓學童了解生活處處皆數學，從中體會數學的重要性及與切身的關聯，所強調的重點應該在於協助學童建立良好的數學學習的態度及信念。附錄一是台南市永福國小陳沅老師的「20 以內的數」設計架構，陳老師運用了逛一逛城堡、小小建築師、命名大會、門牌大考驗、Logo調查記錄、好玩的抽球活動取代原來教科書中的教材，除了達成原有的教學目標之外，並從中進行了幾個連結能力指標的強化。其中，「活動一、逛一逛城堡」是透過著名建築「德國天鵝堡」圖片進行幾何形體的辨識來和圖形分類進行連結。「活動四、門牌大考驗」則是透過小郵差送信的情境來讓學童察覺到街道兩旁住址的號碼各為奇數、偶數的現象，並且依據數序找到某數的位置。在設計案例中，教師以生活周遭的物件為討論對象，透過布題與追問來形成與學童對話，讓學童從活動中感受到數學與生活事物的關聯。

　　三年級開始，學童已有了前兩年的數學學習，此時，教師除了可進行與

生活的連結強化之外,也可以強調數學與其他領域及數學概念之間的連結,如此,可以讓學童經驗到數學與其他領域,以及數學概念和數學概念之間是有關係的,並非涇渭分明,這和九年一貫的「統整教學」理念有相同的出發點。台南市西門國小李貞慧老師設計了「做果凍高手」,透過自然科中做果凍單元的食譜,學童從中運用分數概念來完成相關活動。並透過實物的操作與接觸,更可強化分數大小概念,例如活動設計同樣的水量,$\frac{2}{5}$ 匙的果凍粉與 $\frac{3}{5}$ 匙的果凍粉做出來的果凍軟硬度不同,$\frac{3}{5}$ 匙的果凍粉做出來的果凍較硬。當學童的數學概念逐漸多元及深入時,教師便可以強化數學概念之間的連結,這也是數學學習重要的一環。附錄二是高雄市莒光國小林宜樺老師所設計的「除法」活動,在這活動進行之前,學童已學過初步的分數概念,透過除法單元,林老師額外增加一節課來處理除法與分數之間的關係,透過 20 顆蘋果裝一盒,其中一盒分給 4 個男生,其中一盒分給 5 個女生,比較男生分得多還是女生分得多,進而處理男生分得 $\frac{1}{4}$ 盒,女生分得 $\frac{1}{5}$ 盒,誰分得多?來進行除法與分數的連結,除此之外,亦可透過全部分完的條件下,讓學童進行嘗試分完的可能數量的關係,進而建立除法和因數的初步經驗。

　　到了高年級,學童的形式運思已經相當成熟,此時的數學教學更為抽象,強調的內容著重在邏輯與推理能力上,因此,強化連結的數學教學應將重點聚焦在數學內部連結,亦即,教師應讓學童感受到數學概念之間的關聯及數學模式之間可能存在的同構(例如,涉及進位的整數合成分解、分小數的合成分解、時間量的合成分解等的運作是相同的模式),如此,對學童而言,數學的學習便不會顯得瑣碎而無關,數學的學習可以依脈絡探討導出解題線索,如此,數學的學習興趣方能不斷延伸。

參考書目

教育部(2003)。**國民中小學九年一貫課程綱要數學學習領域**。台北:教育部。

陳伯璋（1999）。**九年一貫課程的理念、內涵與評析**。發表於板橋教師研習
　　會辦「國民教育階段九年一貫課程座談會」。台北。

鍾靜（2000）。**學生學習為中心的數學教學特質之研究（I）**。國科會研究計
　　畫成果報告（NSC89-2511-S-152-003）。

鍾靜（2001）。**學生學習為中心的數學教學特質之研究（II）**。國科會研究
　　計畫成果報告（NSC89-2511-152-029）。

Allen, N. L., Carlson, J. E., & Zelenak, C. A. (1999). *The NAEP 1996 technical report*
　　(Publication No. NCES1999-452). Washington, DC: National Center for Educa-
　　tion Statistics.

Brown, M. (1998). The paradigm of modeling by iterative conceptualization in
　　mathematics education research. In A. Sierpinska & J. Kilpatrick (Eds.) (1998),
　　Mathematics education as a research domain: A search for identity (pp.
　　263-276). Dordrecht, the Netherland: Kluwer Academic.

Krutetskii V. A. (1976). *The psychology of mathematical abilities in schoolchildren.*
　　Chicago: University of Chicago Press.

Lappan, G. (1999). Revitalizing and refocusing our efforts. *Journal for Research in
　　Mathematics Education, 30*(5), 568-578.

National Council of Teachers of Mathematics (1989). *Curriculum and evaluation
　　standards for school mathematics.* Reston, VA: author.

National Council of Teachers of Mathematics (2000). *Principles and standards for
　　school mathematics.* Reston, VA: author.

National Research Council (2001). Adding it up: Helping children learn mathematics.
　　In J. Kilpatrick, J. Swafford, & B. Findell (Eds.), *Mathematics learning study
　　committee, center for education division of behavioral and social sciences and
　　education.* Washington, DC: National Academy Press.

Niss, M. (2003). *Mathematical competencies and the learning of mathematics: The
　　Danish KOM project.* Available online at: http://www7.nationalacademies.org/
　　mseb/Mathematical-Competencies_and_the_Learning_of_Mathematics.pdf

Silver, E. A. (1989). On making sense of number sense . In J. T. Sowder & B. P.

Schappelle (Eds.), *Establishing foundations for researh on number sense and related topics: Report of conference* (pp. 92-96). San Diego: San Diego State University Center for Research in Mathematics and Science Education.

Skemp, R. R. (1978). Relational understanding and instrumental understanding. *Mathematics Teaching, 77* (December 1976), 20-26. Reprinted in *Arithmetic Teacher, 26,* 9-15.

Vergnaud, G. (1998). Toward the cognitive conception in actual action. A. In Sierpinska & J. Kilpatrick (Eds.) (1998), *Mathematics education as a research domain: A search for identity.* Dordrecht, the Netherland: Kluwer Academic.

附錄一　20 以內的數教學活動設計架構

設計者：陳沅（台南市永福國小）

一、活動目標

　1. 能聽、說、讀、寫、做數字 10~20。

　2. 能透過活動了解數字 10~20 的意義。

　3. 能觀察生活情境中 0~20 的數量。

　4. 能將 0~20 的數字與其他領域連結。

　5. 能藉由數學活動覺察對數字的敏銳。

二、適用的年級：一年級上學期

三、與連結相對應的指標

　1. 察覺

　　C-R-1 能察覺生活中與數學相關的情境。

　　C-R-3 能察覺生活領域中購物的價格與數字的運用和綜合領域中數字用

　　　　　在門牌的方法。

　2. 轉化

　　C-T-1 能把問題情境中與問題相關的 20 以內的數量形表示出來。

　3. 解題

　　C-S-5 能透過觀察與討論了解問題可有不同的解法並嘗試之。

　4. 溝通

　　C-C-1 能了解數學 20 以內的數學符號內涵。

　　C-C-3 能兼用一般語言與數學語言描述 20 以內的數學問題與情境。

　5. 評析

　　C-E-1 能用解題的結果闡釋原來情境問題。

四、教學節數：6 節

五、活動內容

　1. 預備經驗：認識 10 以內的數。

　2. 教學建議：採小組討論教學。

六、教材架構

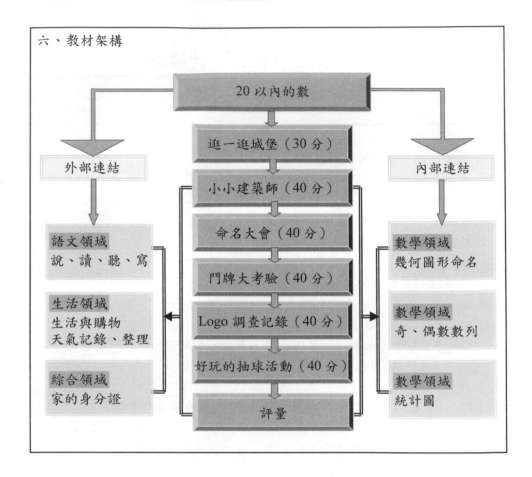

七、教學活動內容（以逛一逛城堡、門牌大考驗兩個活動為示例）		
主要的問題與活動	說明	評量要點
● 逛一逛城堡 1. 請小朋友觀察五張城堡的景色後，請各組小朋友進行討論，然後告訴老師這五張城堡有什麼地方是一樣的？ 	● 教師展示城堡圖片五幅，並操作布題，各組學童進行討論，並紀錄結果，學童可能回答： 「這五張城堡圖的門都是紅色的……」 「這五張城堡圖的屋頂都尖尖的……」 「這五張城堡圖都是在同一個地方拍攝的。」 ● 如果小朋友無法觀察出，請他們注意圖片中紅色的門和尖尖的屋頂。	● 能由圖片中觀察出相同的特徵，進而發現這是相同地方所拍攝的城堡景色。

（續）

主要的問題與活動	說明	評量要點
2. 現在再請小朋友觀察前面三張城堡圖雖然是在同一個地方拍攝出來的，看起來有什麼不同？	● 學童可能回答：「第一張圖有很多綠綠的草、花也開得很紅；第二張圖紅紅的花不見了；第二張圖下有很多雪。」	● 能由圖片中觀察出不同的景色特徵。
3. 你們認為這三張圖是在什麼季節拍攝的？	● 學童可能回答：「第一張圖是春天或者夏天的景色；第二張圖是秋天的景色；第三張圖是冬天的景色。」	● 能指出春天（或夏天）、秋天和冬天所呈現的景色特徵。
4. 第四和第五張城堡圖是在同一天所拍攝的圖，小朋友想想看它們分別是在哪一個時間所拍攝的？	● 學童可能回答：「第四張圖是早上拍攝的；第五張圖是黃昏拍攝的。」	● 能指出早晨和黃昏所呈現的景色特徵。
5. 現在我要請小朋友仔細觀察第一張城堡圖，城堡途中有哪些東西，數一數同一類東西的數量分別是多少？各組學童進行討論活動，將結果記錄在小白板上，五分鐘後進行討論。	● 學童可能的回答：「尖尖圓圓的屋頂有9個。」「長方形的窗戶有……」如果學童不習慣在開放情境進行有效的觀察，可給予適當的引導。	● 能觀察圖片中的形狀並數出數量。

（續）

主要的問題與活動	說明	評量要點
6. 現在我們來看看各組小朋友找到什麼？		
7. 請小朋友把在城堡上所觀察到的記錄在學習單上。	● 老師彙整各組結果，並逐一帶領小朋友進行點數活動。	● 能進行相同類的點數活動。 ● 能完成「到城堡逛一逛」學習單。
● 門牌大考驗 1. 請小朋友觀賞國王街的路線，發現門牌的排列有什麼規則？	● 老師布題，學童解題。	● 能發現門牌的排列是一邊奇數列，另一邊是偶數列的規則。
2. 小郵差游亞魚今天要到國王街送三封信，第一封信要送信到 9 號，小朋友我們一起來幫他完成任務。	● 老師準備路線圖，以小郵差送信布題，引導學童解題。	● 能找到門牌號碼 9 號的地址。

（續）

主要的問題與活動	說明	評量要點
3. 小郵差游亞魚第二封信要送信到 18 號，小朋友能再幫他找到嗎？ 4. 小郵差游亞魚最後一封信要送信到 54 號，但是他迷路了，聰明的小朋友能協助他找到嗎？	• 老師布題，學童可能會用點數的方式解題。 • 老師布題，觀察學童使用的解題方式。	• 能找到門牌號碼 18 號的地址 • 能推估出門牌號碼 54 號在哪一邊。

附錄二　除法（連結）教學活動設計

設計者：林宜樺（高雄市莒光國小）

一、教學目標
  1. 能察覺單位分數中的分割份數與相同情境等分除的除數關係。
  2. 能在具體的情境中，認識因數的初步概念並能有策略地求出所有可能
　　的因數。
二、適用年級：國小三年級
三、相對應的能力指標
　㈠數學領域
　　3-n-04 能理解除法意義，運用÷、＝作橫式紀錄（包括有餘數的情
　　　　　況），並解決生活中的問題。
　　3-n-06 能在具體情境中，解決兩步驟問題（加、減與除，不含併式）。
　　3-n-09 能在具體情境中，初步認識分數，並解決同分母分數的比較與
　　　　　加減問題。
　㈡自然與生活科技領域
　　1-2-3-1 對資料呈現的通則性做描述（例如同質料的物體，體積愈大則
　　　　　　愈重……）。
　　1-2-3-2 能形成預測式的假設（例如這球一定跳得高，因……）。
　㈢連結
　　察覺 C-R-01 能察覺生活中與數學相關的情境。
　　轉化 C-T-04 能把待解的問題轉化成數學的問題。
　　解題 C-S-05 了解一數學問題可有不同的解法，並能嘗試不同的解法。
　　溝通 C-C-03 能用一般語言與數學語言說明情境與問題。
　　評析 C-E-04 能評析解法的優缺點。
四、教學時間：1 節課（40 分鐘）
五、教學活動內容
　㈠先備經驗
　　1. 用算式記錄等分除與包含除的解題過程。
　　2. 使用除法算式，記錄除法的問題和結果。
　　3. 解決有餘數的除法問題。

（續）

4. 認識被除數、除數、商和餘數。	
(二)教學流程	

主要問題與活動	說明	評量重點
活動一 1. 每一盒蘋果都有 20 個,老師拿了一盒蘋果平分給 4 個男生,拿了另一盒蘋果平分給 5 個女生,請問: ⑴每個男生分到幾個蘋果? ⑵每個女生分到幾個蘋果? 把你的做法用算式記下來。	• 旨在複習相同情境等分除的除數關係。 • 學童可能的說法: ❖ 畫圖表示分得的份數。 ❖ 以累減的方式呈現。 男生 $20 - 4 = 16$,$16 - 4 = 12$,$12 - 4 = 8$,$8 - 4 = 4$,$4 - 4 = 0$ 每次分一顆,男生可以分到 5 次,得 5 個蘋果。 女生 $20 - 5 = 15$,$15 - 5 = 10$,$10 - 5 = 5$,$5 - 5 = 0$ 每次分一顆,女生可以分到 4 次,得 4 個蘋果。 ❖ 以除法的方式呈現。 每位男生可分得 $20 \div 4 = 5$(個)蘋果,每位女生可分得 $20 \div 5 = 4$(個)蘋果。 ❖ 以乘法的方式呈現。	• 能算出男生和女生分得幾個蘋果的正確數字。

(續)

主要問題與活動	說明	評量重點
	每位男生可分得 $20 \times \frac{1}{4} = 5$（個）蘋果，每位女生可分得 $20 \times \frac{1}{5} = 4$（個）蘋果。	
2. 男生分到的蘋果比較多，還是女生分到的蘋果比較多？說說看，你怎麼知道的？	● 教師布題，指明學生回答。 學童可能的回答： ❖ 學童說出以內容物比大小，如每位男生可分得 $20 \div 4 = 5$（個）蘋果，每位女生可分得 $20 \div 5 = 4$（個）蘋果，因為 $5 > 4$，所以男生分到的蘋果比較多。 ❖ 透過等分除的概念，直接描述產出結果，如因為 $5 > 4$，所以 $\frac{1}{5} < \frac{1}{4}$	● 能寫出分給男生 4 個人，可以得到比較多的蘋果。
3. 每一盒蘋果都有 20 個。老師拿了 $\frac{1}{4}$ 盒蘋果給甲，老師拿了 $\frac{1}{5}$ 盒蘋果給乙，請問： (1)甲拿了幾個蘋果？ (2)乙拿幾個蘋果？	● 教師布題，學童回答。 ● 學童可能的做法： ❖ 用除法的方式 　　$20 \div 4 = 5$ 　　$20 \div 5 = 4$	● 能算出甲和乙分到幾個蘋果的正確數字。

（續）

主要問題與活動	說明	評量重點
	因為 $5 > 4$，所以甲 $>$ 乙 ❖ 用乘法的方式 $20 \times \dfrac{1}{4} = 5$ $20 \times \dfrac{1}{5} = 4$ 因為 $5 > 4$，所以甲 $>$ 乙 ❖ 直接比較 因為 $\dfrac{1}{4} > \dfrac{1}{5}$，所以甲 $>$ 乙	
4. 甲分到的蘋果比較多，還是乙分到的蘋果比較多？說說看，你怎麼知道的？	• 教師布題，學童回答。	• 能說出分得份數愈少，所得到的愈多；反之亦然。
5. 每一盒蘋果都有 120 個。老師拿了 $\dfrac{1}{8}$ 盒的蘋果給甲，拿了 $\dfrac{1}{10}$ 盒蘋果給乙，誰分到的蘋果比較多？說說看，你怎麼知道的？	• 教師布題，學童回答。 • 學童可能的做法： ❖ 用除法的方式 $120 \div 8 = 15$ $120 \div 10 = 12$ 因為 $15 > 12$，所以甲 $>$ 乙 ❖ 用乘法的方式 $120 \times \dfrac{1}{8} = 15$ $120 \times \dfrac{1}{10} = 12$ 因為 $15 > 12$，所以甲 $>$ 乙	• 能說出甲分到的蘋果比較多，並說出合理的理由。

（續）

主要問題與活動	說明	評量重點
	❖ 但還是希望學童能直接透過分數的大小來比較，直接回答問題。 例如：因為 $\frac{1}{8} > \frac{1}{10}$ 所以甲＞乙	
6. 一包色紙有 60 張。甲拿了 $\frac{5}{6}$ 包色紙，乙拿了 $\frac{5}{10}$ 包色紙，誰拿的色紙比較多？ 說說看，你怎麼知道的？	• 教師布題，學童回答： ❖ 透過分數的大小直接比較，並回答問題。 因為 $\frac{5}{6} > \frac{5}{10}$，所以甲＞乙	• 能說出甲分到的紙比較多，並說出合理的理由。
活動二 1. 有 24 顆糖果，想將這些糖果等分成一包一包，而且讓每一包都一樣多，有哪些分法？每一包有多少顆糖果？請小組討論看看。 （請用數字、列式或畫圖將你的做法記錄下來。） 想想看，還有其他的分法嗎？ 2. 請各組學童上台發表小組討論的結果。	• 教師布題之後，學童進行小組討論。 • 學童利用乘法與除法的特性，找出數字間的關係，教師適時給予回饋。	• 至少寫出一種排法。 • 能正確檢核自己的排法，主動發現遺漏的排法方式。

（續）

主要問題與活動	說明	評量重點
3. 請將所有的排列法整理看看，以便所有的人可以看得懂你們討論的結果。	• 引導學童有系統地策略性解題。	• 能有系統地找出所有的解法。
～本活動結束～		

chapter 7

數學連結能力評量設計

林素微

洪碧霞

一、數學連結能力評量

　　數學評量是教與學回饋資料蒐集的重要工具，教師如果缺乏有關學生的數學技能、理解以及解題方法的資訊，將難以適性指導學生（Mokros, Russell, Economopoulos, 1995）。九年一貫數學課程旨在因應時空的變遷，希望能培育知識經濟世代具備競爭力和學習氣質的國民。課程內涵主要依據數學概念發展的邏輯架構，同時兼顧認知心理的新近文獻，增加像數感、連結等主題。因此，新舊數學課程呈現顯著的差異。由於課程綱領反映時代的教育視野，心理學理論的依據也變得更為鮮明，這樣的轉變，對學校數學教育產生相當大的衝擊（謝豐瑞，2002）。在課程與教學目標發生實質拓展後，倘若仍沿用以往的設計，勢必難以提供切合新教學實務的回饋訊息。因此，有關數學教學評量檢討改進的各項努力，目前正是方興未艾。美國數學教師協會（National Council of Teachers of Mathematics, NCTM, 1995）呼籲評量需要從「僅僅

評量學生特定事實和獨立技巧的知識」轉移成「評量學生全面的數學力」（mathematical power）。課程理念和教學實務發生變革後，評量的內容或方式都需要配合轉化。前一章，針對數學連結能力的教學活動設計進行介紹後，這一章，將針對學生數學連結能力的評量設計進行討論。

連結的教學活動目的在協助學生數學思考的內化、脈絡化和自動化。筆者建議教師從學習素材的重新組織著手，例如數學與生活、數學與其他學習領域的外部連結及數學概念間的內部連結等嶄新關係的布局。重構學習素材，最具體的方法是創造非例行性的數學問題，讓學生建立新關係洞察思考的習慣。根據 NCTM（2000）的標準，數學思考是指尋求連結、建立連結來形成數學的理解。缺乏連結的相關認知運作，學生的知識概念可能處於瑣細、孤立的狀態，希望透過連結活動，提供學生更充分的機會可以將知識概念架構化、脈絡化。評量是教學活動的微縮檢核，以下將依序針對連結能力評量的選擇式和開放式題型設計進行說明。

二、連結能力評量選擇式問題設計

(一)察覺能力評量

連結包含數學內部的連結與外部的連結，數學內部的連結可貫穿數與量、幾何、統計與機率、代數四個主題，強調的是解題能力，數學外部的連結則強調生活及其他領域中數學問題的察覺、轉化、解題、溝通、評析等能力。具備這些能力，一方面增進學生在日常生活方面的數學素養，能廣泛應用數學，提高生活品質，另一方面也能加強其數學式的思維，有助於個人在生涯追求進一步的發展（教育部，2000）。

連結能力主要區分成五個項目，依據九年一貫暫行綱要（教育部，2000），連結的第一步在於察覺，察覺生活以及其他領域情境的數學要素，可藉助數學觀點的切入，使問題的情境變得清晰。以「C-R-01 能察覺生活中與數學相關的情境」為例，選擇式的評量問題設計示例如下問題 1.1 和問題 1.2，其他察覺能力相關的指標如 C-R-02 至 C-R-04（教育部，2003）。

C-R-01	能察覺生活中與數學相關的情境。
C-R-02	能察覺數學與其他領域之間有所連結。
C-R-03	能了解其他領域中所用到的數學知識與方法。
C-R-04	能察覺數學與人類文化活動的相關。

問題 1.1 （　） 一位三年級學生的體重大約為何？
　　　　　　　　⑴ 35 公克。
　　　　　　　　⑵ 350 公克。
　　　　　　　　⑶ 3.5 公斤。
　　　　　　　　⑷ 35 公斤。

問題 1.2 （　） <u>小明是三年級的男生，小明走一公里大約要多少時間</u>？
　　　　　　　　⑴ 3 小時。
　　　　　　　　⑵ 30 分鐘。
　　　　　　　　⑶ 3 分鐘。
　　　　　　　　⑷ 30 秒鐘。

　　問題 1.1 和問題 1.2 都是學生生活經驗關聯，透過這類問題學生的反應，老師可以了解學生生活經驗的數量感。問題 1.1 在檢視三年級學生是否了解一般同學的體重，呼應的能力指標與分年細目分別是如下陳列的 N-1-16、N-1-17、3-n-16。而問題 1.2 是在評量三年級學生對於行走一公里時間的估測，呼應的能力指標與分年細目分別是 N-2-15、N-1-17、4-n-13。透過熟悉經驗的數、量感評量，可以促進學生體會數學與生活情境的關聯。問題 1.3 是有關火車時刻表的判讀，相關指標是統計與機率主題 D-1-03、3-d-02「能報讀生活中常見的交叉對應（二維）表格。」

　　N-1-16 能使用日常測量工具進行實測活動，理解其單位和刻度結構，並解決同單位量的比較、加減與簡單整數倍的問題。
　　N-1-17 能做量的估測。
　　N-2-15 能認識測量的普通單位，並處理相關的計算問題。

3-n-16 能認識重量單位「公斤」、「公克」及其關係，並作相關的實測、估測與計算。

4-n-13 能認識長度單位「公里」，以及「公里」與其他長度單位的關係，並作相關計算。

問題 1.3（　　） 小甄想搭火車從台南回新營的外婆家度假，外婆和小甄約好早上九點到火車站去接她。依據下列的火車時刻表，判斷小甄應該搭乘哪一班火車比較適當？

(1) 104 車次的復興號。

(2) 1002 車次的自強號。

(3) 14 車次的莒光號。

(4) 16 車次的莒光號北上。

火車時刻表

站名 ＼ 車次	莒光 12 山 高雄→松山	復興 102 海 高雄→基隆	自強 1000 海 高雄→松山	復興 104 山 高雄→松山	自強 1002 山 高雄→松山	莒光 14 山 高雄→松山	莒光 16 海 高雄→松山	復興 106 山 高雄→松山
屏東 九曲堂 鳳山 高雄	6:12	6:32	7:25	7:34	8:00	8:20	8:40	9:05
左營 楠梓 岡山 路竹 大湖 台南	6:20 ｜ 6:32 ｜ 6:53	6:39 6:46 6:55 7:05 7:19	7:59	7:42 7:49 7:57 8:17	8:31	8:37 8:58	9:15	9:22 9:43
永康 新市 善化 隆田 新營 嘉義	7:21 7:40	7:28 7:36 7:44 7:54 8:14	8:23 8:43	8:32 8:39 8:55 9:15	9:09	9:26 9:45	9:30 9:46 10:05	10:11 10:30

㈡轉換能力評量

　　連結的第二步在於轉換，指的是學生能將察覺到的數學要素，以數學的語言進行表達，將情境待釐清的問題轉化成數學的問題（教育部，2000）。轉換的能力指標如下 C-T-01 至 C-T-04（教育部，2003），轉換能力評量的問題設計如問題 2.1 與問題 2.2。兩個問題目的在了解學生察覺父子年齡和遊戲規則的數學關係，除了涉及「C-R-01 能察覺生活中與數學相關的情境。」之外，主要的重點在於「C-T-01 能把情境中與問題相關的數、量、形析出。」問題 2.1 檢視兒童是否掌握兩量變化時，一量增加，另一量也跟著增加的現象，並能判斷其中的關係，在此題目中，以兒童所熟悉角色不同時期年齡作為比較情境，除了兩人年齡的差距恆定之外，還須進一步將差異轉換成數學語言。相關能力指標為下列數與量 N-3-14（同 A-3-05），分年細目 6-n-10（同代數 6-a-03）。問題 2.2 在檢視兒童是否能從遊戲情境中，由已知的全體（全班十八位同學）和部分關係（戴紅色頭套、不戴圓形頭套），進一步找出另一個部分的數量（不是戴紅色頭套、戴圓形頭套）。相關的能力指標為下列數與量 N-1-02，分年細目 1-a-03。

C-T-01	能把情境中與問題相關的數、量、形析出。
C-T-02	能把情境中數、量、形關係以數學語言表達。
C-T-03	能把情境中與數學相關的資料資訊化。
C-T-04	能把待解的問題轉化成數學的問題。

問題 2.1（ ） 根據<u>小安</u>與<u>爸爸</u>的年齡對照表，下列哪一個說法是正確的？

<u>小安</u>與<u>爸爸</u>的年齡對照表

小安的年齡	爸爸的年齡
3 歲	28 歲
6 歲	31 歲
10 歲	35 歲
15 歲	40 歲
18 歲	43 歲

(1)<u>小安</u>的年齡是<u>爸爸</u>的年齡加 25。

(2)<u>爸爸</u>的年齡是<u>小安</u>的年齡減 28。

(3)<u>小安</u>的年齡是<u>爸爸</u>的年齡減 28。

(4)<u>爸爸</u>的年齡是<u>小安</u>的年齡加 25。

問題 2.2（ ） 班上有 18 位小朋友玩大風吹遊戲，老師說：「吹戴紅色頭套的小朋友」，結果有 12 位小朋友移動。「吹不是戴圓形頭套的小朋友」，結果有 7 位小朋友移動。下列有關小朋友所戴頭套數量的說明，哪一個是正確的？

(1)戴圓形頭套的小朋友是 11 位。

(2)戴紅色圓形頭套的小朋友最多有 7 位。

(3)戴紅色頭套和不是戴紅色頭套的小朋友有 37 位。

(4)戴紅色頭套的小朋友比不是戴紅色頭套的小朋友少。

N-1-02 能理解加法、減法的意義，解決生活中的問題。

N-3-14 能理解生活中常用的數量關係，並恰當運用於解釋問題或將問題列成算式。（同 A-3-05）

1-n-04 能從合成、分解的活動中，理解加減法的意義，使用＋、－、＝作橫式紀錄與直式紀錄，並解決生活中的問題。

1-a-03 能在具體情境中，認識加減互逆。

6-n-10 能利用常用的數量關係，列出恰當的算式，進行解題，並檢驗解的合理性。（同 6-a-03）

㈢**解題能力評量**

　　連結的第三步在於解題，根據九年一貫課程暫行綱要（教育部，2000）的說明，解題屬於內部連結，解答轉換後的數學問題。解題必須植基於數學本身的技能，有時候更要把數學的內容主題，數與量、圖形與空間（幾何）、統計與機率、代數等概念進行融會貫通，有關解題能力指標如下 C-S-01 至 C-S-06（教育部，2003）。如問題 3.1 與問題 3.2 生活經驗關聯非例行數學問題解決，可納入解題的範疇之中。問題 3.1 在檢視學生是否能辨識複雜買賣情境下系列子問題答案的正確性，問題 3.2 在檢視學生是否能了解前三場比賽輸兩場，表示僅贏一場比賽，相關能力指標為 C-S-01 能分解複雜的問題為一系列的子題並進行問題的解決。同時涉及數與計算能力指標 N-1-02 和分年細目 2-n-05。

C-S-01	能分解複雜的問題為一系列的子題。
C-S-02	能選擇使用合適的數學表徵。
C-S-03	能熟悉解題的各種歷程：蒐集、觀察、臆測、檢驗、推演、驗證、論證等。
C-S-04	能運用解題的各種方法：分類、歸納、演繹、推理、推論、類比、分析、變形、一般化、特殊化、模型化、系統化、監控等。
C-S-05	能了解一數學問題可有不同的解法，並嘗試不同的解法。
C-S-06	能用電算器或電腦處理大數目或大量數字的計算。

　　N-1-02　能理解加法、減法的意義，解決生活中的問題。
　　2-n-05　能作連加、連減與加減混合計算。

問題 3.1（　）　來來餐廳的餐點單價說明如下：排骨飯 55 元、雞腿飯 70
　　　　　　　　元、咖哩飯 60 元。下列四項計算，哪一個是正確？
　　　　　　　(1)小晴吃一份排骨飯，哥哥吃一份雞腿飯，付 200 元，應
　　　　　　　　　找回 65 元。
　　　　　　　(2)山山買二份咖哩飯，應付 150 元。
　　　　　　　(3)如果排骨飯一份的成本是 30 元，那麼賣二份可賺 50 元。
　　　　　　　(4)如果三種各買一份，應付 195 元。

問題 3.2（　）　圍棋比賽，5 賽 3 勝就可以晉級，如果前 3 場比賽輸 2 場，
　　　　　　　　至少必須再贏幾場才能晉級？
　　　　　　　(1) 1 場。
　　　　　　　(2) 2 場。
　　　　　　　(3) 3 場。
　　　　　　　(4) 4 場。

㈣溝通能力評量

　　溝通是連結的第四步，指的是與自己以及與他人溝通解答的過程與合理性。因為溝通需要經過轉換的問題，學生必須充分掌握數學語言的真意，明白它與一般語言的異同，要用一般語言與數學語言說明解題的過程與答案的屬性、合理性，使得數學式的解答有助於情境的了解（教育部，2000）。有關溝通能力指標如下 C-C-01 至 C-C-09（教育部，2003），問題設計如問題 4.1 至問題 4.3。

C-C-01	能了解數學語言（符號、用語、圖表、非形式化演繹等）的內涵。
C-C-02	能了解數學語言與一般語言的異同。
C-C-03	能用一般語言與數學語言說明情境與問題。
C-C-04	能用數學的觀點推測及說明解答的屬性。
C-C-05	能用數學語言呈現解題的過程。
C-C-06	能用一般語言及數學語言說明解題的過程。
C-C-07	能用回應情境、設想特例、估計或不同角度等方式說明或反駁解答的合理性。
C-C-08	能尊重他人解決數學問題的多元想法。
C-C-09	能回應情境共同決定數學模型中的一些待定參數。

　　問題 4.1 在評量學生正確辨識分數圖示表徵的能力，對應的溝通能力指標為「C-C-01 能了解數學語言（符號、用語、圖表、非形式化演繹等）的內涵。」相關的內容能力指標是 N-1-09、分年細目為 3-n-9。問題 4.2 的評量內涵為辨識甲、乙兩變數的關係並進一步預測後續的數量，對應的能力指標為 C-C-01 和 C-C-04，涉及的內容指標是「A-3-07 能運用變數表示式，說明數量樣式之間的關係。」問題 4.3 針對旋轉盤的圖示和旋轉結果的敘述進行預測正確性的區辨，對應能力指標為「C-C-04 能用數學的觀點推測及說明解答的屬性。」涉及的內容指標是「D-4-04 能在具體情境中認識機率的概念。」的前置活動、分年細目則為「9-d-09 能以具體情境介紹機率的概念。」

N-1-09　能在具體情境中，初步認識分數，並解決同分母分數的比較與加
　　　　減問題。

3-n-09　能在具體情境中，初步認識分數，並解決同分母分數的比較與加
　　　　減問題。

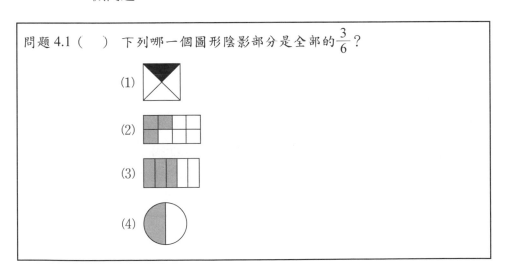

問題 4.1（　　）下列哪一個圖形陰影部分是全部的 $\dfrac{3}{6}$？

(1)

(2)

(3)

(4)

問題 4.2（　） 依據右下表甲、乙的關係，求□的時候，哪一個做法是正確的？

(1) $11 + 6$
(2) $14 + 6$
(3) 11×6
(4) 11×3

```
甲 ─→ 乙
1  ─→ 7
4  ─→ 10
8  ─→ 14
11 ─→ □
```

問題 4.3（　） 遊戲盤旋轉的結果不是紅色就是藍色，如果轉 2 次轉盤，結果可能為何？

(1) 2 次都是藍色、2 次都是紅色。
(2) 2 次都是紅色、1 次藍色 1 次紅色。
(3) 2 次都是藍色、1 次藍色 1 次紅色。
(4) 2 次都是藍色、2 次都是紅色、1 次藍色 1 次紅色。

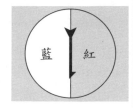

㈤評析能力評量

　　評析是連結的第五步，評析情境的轉化及其解題，兩者的得失，是針對原來的情境問題，提出新觀點，或做必要的調整，同時能將問題解法一般化（教育部，2000）。有關評析的能力指標如下 C-E-01 至 C-E-05（教育部，2003）。問題 5.1 是課程標準中所列的案例，在檢視學生是否能利用三角形任二邊和大於第三邊的性質來進行正確序對的區辨。涉及的評析指標為「C-E-01 能用解題的結果闡釋原來的情境問題。」相關的能力指標和分年細目分別為 S-2-03、5-s-02。問題 5.2 在檢視學生是否能從已知的天竺鼠數據進行其他動物數量的推理，因為天竺鼠不屬於狗、貓、魚，應該歸類為其他動物，其他動物中大於 3 的僅有第一組，對應能力指標為「C-E-02 由解題的結果重新審視情境，提出新的觀點或問題。」相關的內容能力指標為 D-1-03，分年細目為 3-d-02。

C-E-01	能用解題的結果闡釋原來的情境問題。
C-E-02	能由解題的結果重新審視情境，提出新的觀點或問題。
C-E-03	能經闡釋及審視情境，重新評估原來的轉化是否得宜，並做必要的調整。
C-E-04	能評析解法的優缺點。
C-E-05	能將問題與解題一般化。

問題 5.1 （　　）　下列哪一序對的數字可能為某個三角形的三邊長？

(1)（1, 2, 3）

(2)（1, 1, 3）

(3)（1, 2, 2）

問題 5.2 （　　）　下表是三組小朋友所飼養寵物的數量，已知<u>大雄</u>養 3 隻天竺鼠，<u>大雄</u>是屬於哪一組呢？

組別	狗	貓	魚	其他動物
一	3	0	2	4
二	4	2	3	1
三	2	3	0	2

(1)第一組。

(2)第二組。

(3)第三組。

(4)三組都有可能。

D-1-03 能報讀生活中常見的交叉對應（二維）表格。

S-2-03 能透過操作，認識簡單平面圖形的性質。

3-d-02 能報讀生活中常見的交叉對應（二維）表格。

5-s-02 能透過操作，理解三角形任意兩邊和大於第三邊。

三、連結能力評量開放式問題設計

　　前一部分已經針對連結能力評量選擇式試題設計提出一些具體的例子作為教師評量革新的參考。Van De Walle（2001）呼籲教師應以開放、真實的問題進一步吸引學生的投入，開放式問題所涉及的數學概念也可以是相當基本而簡單的。開放式試題需要學生提供較為延伸或精緻的作答反應，作答時通常包含高階的認知運作。一般而言，開放式的試題不僅需要學生產出答案而已，同時也需要學生呈現作答歷程或者是理由的解釋，以下以三個開放式問題設計進行連結能力評量的要義討論。

　　問題 A 在檢視學生是否能察覺表格中蟋蟀的鳴叫次數和溫度間的關係，並進行預測和理由說明。填空題涉及了問題解決的部分，而問題 A-2 要求學生針對如何算出答案的想法進行理由說明。理由說明的評分規準，呈現 0 到 4 分不同的等級，從「缺乏理解的證據」至「答案正確，解題方法溝通清晰，呈現明確的完整推理歷程」。其中，針對 3 分的部分，又分成兩種，「答案正確，解題方法的溝通可以理解，但未能提供明確的推理歷程（有寫，不完整）」以及「答案正確，解題方法的溝通可以理解，但未能提供明確的推理歷程（空白，沒寫）」。這一題涉及代數的能力指標和分年細目 A-3-07 和 6-a-04，而連結能力面向則包含察覺、轉換、解題和溝通，其中又以解題和溝通能力為評量重點。

A-3-07　能運用變數表示式，說明數量樣式之間的關係。

6-a-04　能在比例的情境或幾何公式中，透過列表的方式認識變數。

問題 A. 下面表格顯示氣溫與蟋蟀鳴叫次數的關係，例如，當氣溫為攝氏 20 度時，蟋蟀每分鐘鳴叫 144 次。假如這個關係不變，當氣溫到達攝氏 28 度時，蟋蟀每分鐘鳴叫的次數是多少？

蟋蟀每分鐘鳴叫次數	氣溫（攝氏）
144	20
152	22
160	24
168	26
？	28
184	30

A-1.答案：＿＿＿＿＿＿

A-2.請用數字、列式或畫圖說明你算出這個答案的想法。

評分規準

4	答案正確，解題方法的溝通清晰，呈現明確的完整推理歷程。
3A	答案正確，解題方法的溝通可以理解，但未能提供明確的推理歷程。（有寫，不完整）
3B	答案正確，解題方法的溝通可以理解，但未能提供明確的推理歷程。（空白，沒寫）
2	答案不正確，尚能呈現合理的解題方法說明。
1	答案不正確，嘗試進行推理，但缺乏合理的解題方法說明。
0	缺乏理解的證據。

　　問題 B 的內涵主要在於透過電影觀眾人數的統計記錄，檢視學生是否能藉由統計表格的閱讀解決每週人數比較的問題、針對答題理由進行說明，並進一步擬出一個新問題。對應的是統計的能力指標和分年細目 D-1-03 和 3-d-02「能報讀生活中常見的交叉對應二維表格。」而連結能力面向則包含了察覺、轉換、解題和溝通。問題 B-1 涉及解題能力，相關的解題能力指標為 C-S-03 和 C-S-04；問題 B-2 要求學生針對答案寫出理由，涉及 C-C-06、C-C-07 C-E-01；問題 B-3 要求學生進一步從情境的資訊中擬出新的問題，涉及

轉換和評析的能力，相關聯結能力指標如 C-E-02、C-T-03 和 C-T-04。

C-C-06 能用一般語言及數學語言說明解題的過程。

C-C-07 能用回應情境、設想特例、估計或不同角度等方式說明或反駁解答的合理性。

C-E-01 能用解題的結果闡釋原來的情境問題。

C-E-02 能由解題的結果重新審視情境，提出新的觀點或問題。

C-S-03 能熟悉解題的各種歷程：蒐集、觀察、臆測、檢驗、推演、驗證、論證等。

C-S-04 能運用解題的各種方法：分類、歸納、演繹、推理、推論、類比、分析、變形、一般化、特殊化、模型化、系統化、監控等。

C-T-03 能把情境中與數學相關的資料資訊化。

C-T-04 能把待解的問題轉化成數學的問題。

問題 B. 下表是哈利波特第三集上映四週的票房統計

星期	人數			
	第一週	第二週	第三週	第四週
日	255	249	208	197
一	153	146	101	90
二	169	155	117	104
三	190	191	178	164
四	220	209	200	177
五	236	233	219	187
六	303	289	264	249

(1)依據這個表格，哪一個禮拜看電影的人數最少？

(2)為什麼你認為是這個答案呢？請寫出你的想法。

(3)根據統計資料，請你提出另一個跟問題(1)不一樣的問題。

B-1 評分規範

1	寫出正確解答。
0	未能寫出正確解答。

B-2 評分規範

2A	解出正確的答案且說明選擇的原因。（質化文字描述）（估算）
2B	解出正確的答案且說明選擇的原因。（量化數字表徵）（精算）
1	未能完整說明選擇這個答案的原因。
0	解答錯誤或者空白。

B-3 評分規範

2	提出與題目情境相關的問題。
1	未能提出與題目情境相關的問題。
0	解答錯誤或者空白。

　　問題 C 在檢視學生能否在平分糖果的情境下有系統地呈現正確解題的方法。主要涉及數與計算的能力指標和分年細目 N-1-04 和 3-n-04。而連結能力面向則包含了解題、溝通和評析。問題 C-1 需要學生運用數字、列式或畫圖把其做法記錄下來，涉及解題和溝通能力，相關聯結能力指標如 C-C-04、C-C-06、C-S-02 和 C-S-04。而問題 C-2 要求學生針對其答案之外，檢核是否明確知道已經窮盡所有的可能解答，並寫出理由，涉及了溝通與評析的能力如 C-C-07、C-E-01 和 C-E-03。

C-C-04 能用數學的觀點推測及說明解答的屬性。

C-C-06 能用一般語言及數學語言說明解題的過程。

C-C-07 能用回應情境、設想特例、估計或不同角度等方式說明或反駁解答的合理性。

C-E-01 能用解題的結果闡釋原來的情境問題。

C-E-03 能經闡釋及審視情境，重新評估原來的轉化是否得宜，並做必要的調整。

C-S-02 能選擇使用合適的數學表徵。

C-S-04 能運用解題的各種方法：分類、歸納、演繹、推理、推論、類比、分析、變形、一般化、特殊化、模型化、系統化、監控等。

N-1-04 能理解除法的意義，解決生活中的問題，並理解整除、商與餘數的概念。

3-n-04 能理解除法的意義，運用÷、＝作橫式紀錄（包括有餘數的情況），並解決生活中的問題。

問題 C. 12 顆糖果，想等分成幾包，而且讓每一包都一樣多，可以有哪些分法？每一包有多少顆糖果？

(1)請用數字、列式或畫圖把你的做法記錄下來。

(2)你怎麼知道這樣分是正確的？還有沒有其他的分法呢？

C-1 評分規範

4	找出四種以上的正確分法。
3	找出三種的正確分法。
2	找出二種的正確分法。
1	找出一種的正確分法。
0	沒有算出正確分法。

C-2 評分規範

2	說明清楚有條例、邏輯。
1	說明不夠清楚，但可理解。
0	說明不合邏輯，無法理解。

四、結語：數學問題要在情境新穎適切

　　相對於數與量、幾何、統計與機率、代數等內容，連結能力指標著重的是數學關係洞察能力的發展。依據數學課程綱領，連結包含察覺、轉換、解題、溝通與評析五個步驟，這五個步驟，也就是學生思維數學化的歷程。本章評量問題設計，主要依據如下有關學生思維數學化歷程的順序性假設：

1. 數學化的歷程開始於真實情境問題。
2. 解題者釐清數、量、形關係，並重新組織、表徵問題。
3. 調整情境的一般語言，轉化成數學語言。
4. 進行問題解決。
5. 針對真實世界檢核數學解法的意涵。

　　因此，本章問題設計特別重視數學情境關聯的洗練，首先是擇定情境，即將數學關係安排在生活經驗的脈絡中，其次是簡化情境，讓數學關係成為學生注意的焦點，最後是檢核情境與數學關係的合理性。教師在連結能力評量問題設計時，同時應兼顧四個內容主題比重的配置，確保試題融入課程的適切性。連結能力評量設計希望能激勵學生在不同真實情境中主動使用數學或者進行數學思考。換言之，數學處理、數學方法的選擇或表徵通常與問題情境關係密切，同樣的數學概念結構，轉化到不同的情境，可能會有不同程度的適切性，以下列兩個問題為例：

問題一：班上同學都有零用錢，但每週最多不超過 100 元。全班 40% 同學每週零用錢在 60 元以上，全班同學每週平均零用錢是 30 元的說法是否有可能？

問題二：一個國家中有 40% 的人年齡都在 60 歲以上，全國平均年齡是 30 歲的說法是否有可能？

　　針對問題一，假定 40% 的同學都帶 60 元，其他 60% 的人都是□元，平均數為 30 元的情況下，$60 \times 40\% + □ \times 60\% = 30$，□ $= 10$。所以如果 40% 的人

都是 60 元以上,那麼其他 60%的人應該是 10 元以下,數學解題後的結果意義清晰合理。但針對問題二,有 40%的人是 60 歲以上,剩餘的 60%的人口均在 10 歲以下,這意味著人口分布的不合理性,也就是說 60 歲以上的人多在 50 歲左右懷孕、生子。就真實性考量,情境就不夠準確。上述的兩個問題的對照,提醒教師進行評量設計時,真實情境適切性需要多重的檢視。

　　義務教育階段的數學學習關係著學生未來就業的競爭力和終身學習的效能,評量設計的真實性希望能進一步提升學生數學連結能力的發展。筆者相信意義化是學習趣味的主要來源,脈絡化是學習保留的優質支撐。連結能力的評量設計首重情境真實、數學關係新穎。身處資訊指數成長的社會中,教師如何能以創新、彈性、務實的方式來回饋學生的學習,是當前數學教育最核心的努力方向。本文以連結能力的評量為例,呈現呼應能力指標的評量革新試題設計,拋磚引玉,期盼激發數學教師社群更豐富的創意來提升數學教與學的效能。

參考書目

教育部(2000)。**國民中小學九年一貫課程暫行綱要數學學習領域**。台北:教育部。

教育部(2003)。**國民中小學九年一貫課程綱要數學學習領域**。台北:教育部。

謝豐瑞(2002)。**九年一貫數學領域課程研發與檢討研究**。國科會研究計畫成果報告(NSC90-2511-S-003-102-x3)。

Mokros, J., Russell, S. J., & Economopoulos, K. (1995). *Beyond arithmetic: Changing mathematics in the elementary classroom.* White Plains, NY: Cuisenaire-Dale Seymour.

National Council of Teachers of Mathematics (1995). *Assessment standards for school mathematics.* NCTM, Reston, VA: Author.

National Council of Teachers of Mathematics (2000). *Principles and standards for school mathematics.* NCTM, Reston, VA: Author.

Van De Walle, J. (2001). *Elementary and middle school mathematics: Teaching developmentally,* forth edition. Englewood Cliffs, NJ: Prentice Hall.

Chapter 8

自然與生活科技領域 教學設計

蔡樹旺

凃柏原

　　在這一章裡面，筆者將簡要說明國內自然與生活科技領域課程的改變沿革，然後以一個教案來說明如何根據能力指標來設計教學活動。在第九章裡面，將示範如何根據這個教學活動，來設計評量活動與內容，以期教學評量能夠呼應能力指標。

　　本章分成五個小節，第一節簡要介紹目前「自然與生活科技領域目標」的內容，在第二節「自然與生活科技領域教材內容」中，則簡要說明國內自然科教材改變的情形，第三節「自然與生活科技之教學」則簡要說明自然與生活科技領域的教學目的，第四節則呈現一個以能力指標為基礎的「生活中的酸與鹼教學設計實例」，而最後一節則是對該教案進行簡單的「教學設計說明」。

一、自然與生活科技領域目標

㈠導言

時至今日，物種的起源雖然仍有進化論與創世論之爭，但人類對於生物之來源仍無定論，若以現代的觀點來看，將人與自然視為一體的想法，卻是永遠為真。人類為了了解自然、與自然和諧共存，進而對自然產生興趣。為了滿足對於自然界中各種現象變化的了解，旋以系統化的方法對各種現象進行探究，這些系統化的方法與成果，在希臘時期形成了「科學」後，至今已發展成為一套相當有系統的知識。當科學讓人類了解大自然之同時，人類也學會了巧妙地運用知識，以適應環境、改善生活，於是產生了技術。由此可知，自然、科學、技術三者是環環相扣之一種知識活動的表現，而且前後貫通無法分割。因此，欲成為一個現代社會的公民，應對此有些基本認識（教育部，2000，頁 328）：

1. 自然與生活科技之學習應為國民教育必要的基本課程。
2. 自然與生活科技之學習應以探究和實作的方式來進行，強調手腦並用、活動導向、設計與製作兼顧及知能與態度並重。
3. 自然與生活科技之學習應該重視培養國民的科學與技術的精神及素養。
4. 自然與生活科技之學習應以學習者的活動為主體，重視開放架構和專題本位的方法。

以上各點基本認識實為規劃我國國民小學自然與生活科技課程的重要開端，亦為使明日主人翁習得如何與大自然和諧共存的開始。

㈡課程目標

以往國內有關科學的課程，因為在教育理論、社會環境、哲學觀以及方法學的不同而產生不同的課程科目名稱及課程目標。近年來更由於電腦及相關科技的日新月異，促成了課程目標的變動。因此，九年一貫課程中的自然

與生活科技學習領域，其課程目標就與昔日之自然（科）課程目標，有著顯著的差異，目前所訂定的目標有下列六項（教育部，2000，頁 328）：

1. 培養探索科學的興趣與熱忱，並養成主動學習的習慣。
2. 學習科學與技術的探究方法和基本知能，並能應用所學於當前和未來的生活。
3. 培養愛護環境、珍惜資源及尊重生命的態度。
4. 培養與人溝通表達、團隊合作及和諧相處的能力。
5. 培養獨立思考、解決問題的能力，並激發開展潛能。
6. 察覺和試探人與科技的互動關係。

由上述的學習目標與昔日之自然（科）課程相較可知，在 1975 年以前的課程標準規範下，是以知識的傳授為主；1975 年至 1993 年則是以科學方法的訓練為主要目標；1993 年則是以培養良好的科學態度為要。目前九年一貫課程則將前述之知識、方法及態度融合於所謂的「素養」之中。所以自然與生活科技學習領域的主要目標，可說在於提升國民的科學與科技素養。

「素養」蘊涵於內，即為知識、見解與觀念；表現於外，即為能力、技術與態度（教育部，2003）。自然與生活科技學習領域所培養之國民科學與科技素養，依其屬性和層次來分項，可分成八個要項，在各項能力要項之下，再分為能力細目，如表 8-1 所示。而細目之下，再依年段分列各細項，各細項內容請參考「國民中小學九年一貫課程綱要」。

表 8-1 自然與生活科技學習領域所培養之國民科學與科技素養

項目名稱	內涵	主要細目
過程技能	科學探究過程之心智運作能力的增進。	觀察、比較與分類、組織與關聯、歸納與推斷、傳達。
科學與技術認知	科學概念與技術的培養訓練。	認知層次、認識常見的動物及植物、認識動物及植物生長、認識植物及動物的生態、認識植物及動物的生理、現象及現象變化的觀察、認識物質、認識環境、交互作用的認識、「能」的觀點、變動與平衡、認識家用的科技產品、認識常見的科技。
科學本質	對科學本質之認識。	（無年段細目）
科技的發展	了解科技如何創生與發展的過程。	科技的本質、科技的演進、科技與社會。
科學態度	處事求真求實、感受科學之美與威力，及喜愛探究等之科學精神與態度。	喜歡探討、發現樂趣、細心切實、求真求實。
思考智能	資訊統整、對事物能夠做推論與批判、解決問題等整合性的科學思維能力。	創造思考、綜合思考、推論思考、批判思考、解決問題。
科學應用	應用科學探究方法、科學知識以處理問題的能力。	（無年段細目）
設計與製作	如何運用個人與團體合作的創意來製作科技的產品。	（無年段細目）

　　前列之各要項，除涵蓋舊課程的內涵外，亦加入了舊課程中一直被忽略的部分，至此可以說九年一貫課程是相當具有承先啟後境界的理想課程。

二、自然與生活科技領域教材內容

　　教材是達成課程目標及能力指標的重要資材。傳統上，自然科所涵蓋的內容，以學科的觀點而言，不外分為物理、化學、生物及地球科學等部分。由於國民小學為義務教育，且為通才教育，因此分科教授實較不妥，故於1975 年版的自然科課程標準（教育部，1975），以「物質（物體）與能量組成環境的基本成分」、「組成環境的各成分不斷進行交互作用」及「環境中各成分進行交互作用而改變」三大概念綱領，作為教材設計的發展主軸。由此三大概念綱領中，再細分為法則以及各項學童應學習之概念。其後十八年間，以此為教材設計與發展的「板橋模式」，一直到 1993 年的新課程標準（教育部，1993）時，才為「概念體系」所取代。在此高度科技化及高度資訊化的社會階段，其概念體系依自然科中的各學門性質，分成三大領域：⑴物質與能（物質科學類）；⑵生命現象（生命科學類）；及⑶地球環境（環境與地球科學類）。

　　1998 年九年一貫課程頒布，依據「國民教育階段九年一貫課程總綱綱要」規定，以課程綱要取代課程標準，並重新擬定七大學習領域及重要議題。目前國民小學之學童，將以此重要之課程改革，習得面對二十一世紀的基本能力。

　　自然與生活科技與以往課程最大的不同，在於學科目標所關心的重點。早期的自然科所重視的學習重點是學科知識，旋即在美國第一代的科學課程（如 SAPA、ESS、SCIS 課程）影響下，轉而重視科學方法〔或稱過程技能（process skill）〕的習得。但是細究九年一貫課程，自然與生活科技所關心的卻是科學態度高於科學方法與學科知識。茲就學科知識、科學方法及科學態度三方面概述如下。

　　在學科知識方面，自 1994 年教育部頒布課程標準以來，自然科與其他學科同時面對多元化教材的教學與學習情境，亦即教科書開放民間書商以審訂本的方式加入教材開發之行列。以目前九年一貫課程的實施，各家教科書出版商發展教材所依據的即為教育部頒布的九年一貫的內容，各種版本的教科

書僅可說是多元教材的一環，事實上多元的教材可來自審定本教科書、中央發展補充教材、縣市發展鄉土教材、學校本位發展教材、教師自編單元教材及網際網路教學資源……等。雖然在教學與學習上有多元的教材可資使用，但是所有的教材內容皆以教育部所頒布的內容為準。由於學者對教材內容持有不同的觀點，因此有些學者以課題分類之，有些以大類區別之。

雖然教材內容的分類方法不同，但是在次主題部分大體上是相同的，只是分類的觀點不同而已，因此，即使採用不同的教材版本或教材資源，學童所學習的內容應該是一致的，但所面對的學習刺激則是更加多元與生動活潑。

在過程技能（科學方法）方面，原先國內自然科的教材係參考美國的SAPA 課程所編製，強調過程技能的培養，而其所培養的過程技能，在國民小學部分可分為八種基本及五種統整的過程技能（王美芬、熊召弟，2005）。其中，基本的過程技能包含觀察、應用時空關係、分類、應用數字、測量、傳達、預測及推理；統整的過程技能則為控制變因、解釋資料、形成假設、下操作型定義及實驗。雖然自然與生活科技的教育目標因時空背景不同而轉向，但過程技能在自然與生活科技的教學與學習中，其重要程度並未因為課程的改革而有太大的變化，此點可以從九年一貫課程中的自然與生活科技能力指標窺得一端。雖然九年一貫課程包含不同的學習階段，但是各階段所應習得的技能大致相同，其差別僅有難度層次不同而已。參考前述各項能力指標的細目，可以得知過程技能於九年一貫的課程中，所占的份量較以往課程少了些，但實質上已分配到其他各能力指標之中，可以說是組成能力指標的重要項目之一。

但是，回顧歷年的課程改革，由重視學科知識到重視過程技能，再到強調科學態度的培養，如以學習評量的角度觀之，傳統的評量方式（紙筆測驗）較易評得學科知識以及少部分的過程技能，大部分的過程技能及科學態度較不易以傳統的評量方式量得，據此，近日來倡行之多元評量，無不是呼應課程改革的一項重要措施。

至於科學態度方面，首先我們必須先對科學態度有一定程度的了解。所謂的科學態度，在科學教育上的說法可分為「科學的態度」與「對科學的態度」二種成分。由前述有關科學態度培養的能力指標細目中可以看到，九年

一貫課程所提及的科學態度，包含「喜歡探討」、「發現樂趣」、「細心切實」及「求真求實」等細項。而這些細項在心理計量上可說是屬於潛在變項，而在評量實務上可說是令教學者較不易掌握的測量項目，但這並不是說無法對上述細項進行評量，只是教學者可能需要施以較接近質性的評量方式來進行測量。

三、自然與生活科技之教學

　　教學之目的為何？當然不外乎是協助學習者進行有意義的學習。傳統上，自然科的教學也是慣用布魯姆（Bloom）的目標分類（包含認知、情意與技能三大類），分析教學目標後再擬定教學程序與方法。依據布魯姆的目標分類法，再搭配各大類的教學法，目前已有多種的教學法可以在傳統的自然科教室中使用。囿於美國的科學課程改革對國內外科學課程的影響，目前最常用的教學法莫過於探究式教學。探究式教學最重要的精神與做法即是「做中學」（doing science）。對曾有科學教學經驗的人來說，可以了解在科學教室中，分組進行科學實驗活動是最典型的教學型態。也就是說，不管建構主義興起與否，科學教室的常態即是如此。在建構主義（constructivism）興起之後，儘管其所衍生之派別有數種，但影響最深的莫過於社會建構，科學學習相對的也就隨著受其影響，合作學習的方式就自然而然在科學教室中應運而生。

　　在合作學習型態成為最常見到的科學學習活動後，教學者當然還是可以使用傳統的教學法教學，並予以評量學習者的概念學習與學習成就。然而由前述之科學教育目標的轉移可知，儘管目前有多種較屬於質性評量的方式可以評量科學概念，但是九年一貫中的自然與生活科技領域並非只是重視科學概念的教學，尚有其他層面──如科學態度或科學技能，在科學教學中亦占有相當重要的地位。

　　由於科學態度與科學技能屬於情意與技能層面，在教學時較不易展現教師的專業知能，尤其是教學年資較深的科學教師，對於建構式教學理念的生疏，外加社會大眾對建構式學習的不熟悉，因此，要採用何種教學法，或者

如何運用已經選定的教學法，對一位現代的科學教師而言，實有深思熟慮的必要。再回到九年一貫的能力本位來看，如何使教學生動活潑，如何使學習者對科學具有正向的科學態度，並且教出帶得走的能力，都得與可以真正反映出學習本質的評量相互輝映。

四、生活中的酸與鹼教學設計實例

本節將以國小自然與生活科技中，頗為重要的酸鹼概念與日常生活應用結合的例子（熊育賢主編，2001），示範自然科的教學規劃，並將評量的部分於下一章呈現。

㈠活動目標

本單元藉由酸鹼指示劑協助學生認識溶液的特性，其中最重要的概念是讓學童了解溶液之「酸性」、「鹼性」及「中性」。當習得「酸性」、「鹼性」及「中性」等等這樣的名詞之後，透過酸鹼指示劑的製備及使用活動，使學童能對「酸性」、「鹼性」及「中性」等概念下操作型定義，進而了解生活中常見的「酸性」、「鹼性」及「中性」溶液。藉由這些學習活動提升兒童對周遭物質「酸鹼」特性現象的興趣，以及對生活環境的關心。故目標可擬定為：

1. 教導兒童利用人體的感官，或使用器材（具）分辨溶液的性質，進而能對其下操作型定義。
2. 引導兒童自行設計檢驗水溶液性質之試劑。
3. 引導兒童將課堂中所學之酸鹼概念，應用至日常生活中常見的水溶液，並能指出及驗證水溶液之性質。

㈡適用年級：五年級

㈢學生先備知識

　　1.可溶解的物質，其溶解量有限（溶解度），溶解度會受溫度的影響。

　　2.等體積溶液的重量，會受溶液濃度的影響。

　　3.由於液體間的交互作用，可觀察到液體不同的性質。

　　4.硼酸水與小蘇打水會使指示劑的顏色產生變化。

㈣相對應的能力指標

　　本單元活動可以培養之相關學習領域之各項（分段）能力指標內涵（教育部，2003）為：

1. 自然與生活科技領域

　⑴過程技能：包含觀察、分類、應用數字、傳達、測量、預測、推論等技能

　　1-1-1-1 運用五官觀察物體的特徵。

　　1-1-1-2 察覺物體有些屬性會因某變因改變而發生變化。

　　1-2-1-1 察覺事物具有可辨識的特徵和屬性。

　　1-3-1-1 能依規劃的實驗步驟來執行操作。

　　1-1-2-1 依特徵或屬性，將事物歸類。

　　1-2-2-4 知道依目的（或屬性）不同，可做不同的分類。

　　1-1-4-2 察覺若情境相同、方法相同，得到的結果就應相似或相同。

　　1-2-4-1 由實驗的資料中整理出規則，提出結果。

　　1-2-4-2 運用實驗結果去解釋發生的現象或推測可能發生的事。

　　1-1-5-1 學習運用合適的語彙，來表達所觀察到的事物。

　　1-2-5-1 能運用表格、圖表。

　　1-2-5-2 能傾聽別人的報告，並能清楚的表達自己的意思。

　　1-3-5-2 用適當的方式表述資料。

　　1-3-5-3 清楚的傳述科學探究的過程和結果。

1-3-5-4 願意與同儕相互溝通，共享活動的樂趣。

1-3-5-5 傾聽別人的報告，並做適當的回應。

(2)**科學與技術認知：包含交互作用的認識、現象及現象變化的觀察、認識物質**

2-1-1-1 運用五官觀察自然現象，「察覺」各種自然現象的狀態與狀態變化。用適當的語彙來「描述」所見所聞。運用現成的表格、圖表來「表達」觀察的資料。

2-1-1-2 「察覺」到每種狀態的變化常是由一些原因所促成的，並「練習」如何去操作和進行探討活動。

2-1-3-1 觀察現象的改變，察覺現象的改變必有其原因。

2-1-4-1 認識與使用日常用產品。

2-2-3-1 認識物質除了外表特徵之外，亦有性質的不同，例如溶解性質、磁性、導電性等。並應用這些性質來分離或結合它們。知道物質可因燃燒、氧化、發酵而改變，這些改變和溫度、水、空氣可能都有關。

2-2-3-2 認識水的性質與其重要性。

2-3-3-1 認識物質的性質。

2-3-3-3 探討物質的溶解性質、水溶液的導電性、酸鹼性、蒸發、擴散、脹縮、軟硬等。

(3)**科學本質**

3-1-0-1 能依照自己所觀察到的現象說出來。

3-2-0-1 知道可用驗證或試驗的方法來查核想法。

3-2-0-2 察覺只要實驗的情況相同，產生的結果會很相近。

3-2-0-3 相信現象的變化，都是由某些變因的改變所促成的。

(4)**科技的發展**

4-2-2-2 認識家庭常用的產品。

(5)**科學態度：包含喜歡探討、發現樂趣、細心切實、求真求實**

5-1-1-1 喜歡探討，感受發現的樂趣。

5-2-1-2 能由探討活動獲得發現和新的認知，培養出信心及樂趣。

5-2-1-3 對科學及科學學習的價值,持正向態度。

⑹**思考智能:包含綜合思考、推論思考**

6-1-1-1 察覺自己對很多事務也有自己的想法,它們有時也很管用。

6-2-2-2 養成運用相關器材、設備來完成自己構想作品的習慣。

6-3-2-1 察覺不同的辦法,常也能做出相同的結果。

6-3-2-3 面對問題時,能做多方思考,提出解決方法。

6-1-2-2 學習安排工作步驟。

6-1-2-3 學習如何分配工作,如何與人合作完成一件事。

6-3-3-1 能規劃、組織探討的活動。

⑺**科學應用**

7-1-0-2 學習操作各種簡單儀器。

7-2-0-2 做事時,能運用科學探究的精神和方法。

7-3-0-2 把學習到的科學知識和技能應用於生活中。

7-3-0-3 能規劃、組織探討的活動。

⑻**設計與製作**

8-3-0-2 利用多種思考的方法,思索變化事物的機能和形式。

2. 數學領域

D-1-1 能將資料做分類與整理,並說明其理由。

3. 健康與體育領域

6-1-5 了解並認同團體規範,從中體會並學習快樂的生活態度。

6-2-1 分析自我與他人的差異,從中學會關心自己,並建立個人價值感。

6-3-1 體認自我肯定與自我實現的重要性。

6-3-4 應用溝通技巧與理性情緒管理方式以增進人際關係。

4. 語文領域

B-1-1 能培養良好的聆聽態度。

B-3-1 能具備良好的聆聽素養。

C-1-2 能有禮貌的表達意見。

C-1-4 能把握說話主題。

C-2-1 能充分表達意見。

C-2-2 能合適的表現語言。

C-2-3 能表現良好的言談。

C-2-4 能把握說話重點，充分溝通。

C-3-1 能發揮說話技巧。

C-3-2 能運用多種溝通方式。

C-3-3 能以優雅語言表達意見。

C-3-4 能自然從容發表、討論和演說。

E-1-2 能讀懂課文內容，了解文章的大意。

E-1-4 能喜愛閱讀課外讀物，主動擴展閱讀視野。

5.社會領域

4-1-1 藉由接近自然，進而關懷自然與生命。

4-2-1 說出自己的意見與其他個體、群體或媒體意見的異同。

8-1-1 舉例說明科學和技術的發展，為自己生活的各個層面帶來新風貌。

(五)教學節數：六節（二百四十分鐘）

(六)活動內容

1. 教學資源：食用醋、小蘇打、食鹽水、燒杯（或透明玻璃杯、塑膠杯）、石蕊試紙、汽水、肥皂水、糖水、剪刀、滴管、紫甘藍菜、玻棒、石棉心網、打火機、酒精燈、濾網、抹布、濾紙、吹風機、蘇打餅乾、胃乳片、氨水、肥皂水、稀鹽酸。

2. 教學（策略）法：探究教學法、合作學習、小組討論教學。

㈦**教學活動**

活動一　水溶液的性質（時間：八十分鐘）

科學活動	說　明	能力指標之評量
※引起動機（教師提問）	● 教學者提問： 1. 小朋友！想不想成為小小魔術師？ 2. 小朋友！有沒有看過變戲法的魔術師把杯子中透明的水，變成墨水或其他顏色的水呢？ 3. 這次的操作會用不同的水溶液讓石蕊試紙產生顏色的變化哦！ 4. 如何分辨醋酸、小蘇打水及鹽水呢？它們看起來都是無色透明的樣子哦！	● 學生能夠對顏色變化感到興趣，且願意加入探討的行列。
※發展活動 1. 教學者展示各種不同溶液。	● 教學者展示用透明玻璃杯盛裝的食用醋、小蘇打水、食鹽水等水溶液，學生可能回答：根本都是透明的，不可能分辨。	2-3-3-1、2-3-3-3
2. 兒童個人發表分辨的方法。	● 教學者以腦力激盪的方法，誘導學生發表。全班至少約四至五位同學嘗試提出分辨的方法，或各組至	1-3-5-2、1-3-5-3、1-3-5-5、 2-3-3-1、2-3-3-3、7-3-0-2

（續）

科學活動	說　明	能力指標之評量
3. 小組討論分辨的方法。	少發表兩種以上的分辨方法。 • 教學者以小組討論的方式進行教學（小組討論容易流為聊天，教學者最好能明確提示要討論的主題或題目，以及明確訂定稍後各組要提出的成果）。	1-3-5-2、1-3-5-3、1-3-5-4、1-3-5-5、2-3-3-1、2-3-3-3、6-3-2-3、6-3-3-1、7-3-0-2、7-3-0-3
4. 小組發表分享分辨不同水溶液的方法。	• 教學者統整各組發表的意見，以便歸納全體意見。	1-3-5-2、1-3-5-3、1-3-5-4、1-3-5-5、6-3-3-1、7-3-0-3
5. 教師提出比較科學的方法來分辨醋酸、小蘇打水及鹽水。	• 教學者提示使用視覺的觀察不完全可靠，但可以藉由儀器或其他藥品來輔助觀察，引介神秘的小色紙——石蕊試紙（石蕊被發現的科學小故事）。	• 學生能夠仔細聆聽與觀察教師的示範。
6. 介紹石蕊試紙的使用方法。	• 教學者應具有使用石蕊試紙的經驗，並且能告訴學生正確使用石蕊試紙的方法。	• 學生能夠仔細聆聽與觀察教師的示範。
7. 分發各組實驗器材。	• 教學者不要事先分發器材於各組，於此時再分發，以避免學生不專心上課，或玩弄器材造成誤差及毀損。	• 學生能夠靜待器材分發。

（續）

科學活動	說　明	能力指標之評量
	• 教學者分發食用醋、小蘇打、食鹽水、汽水、肥皂水、糖水、紅及藍石蕊試紙、剪刀、滴管、燒杯（或透明玻璃杯、塑膠杯）。	
8. 各組開始操作各項檢測工作。	• 教學者應至各組巡視，視時機給予學生操作上的協助。	實作評量一：可以檢視學生在操作過程中，對於酸鹼性質的了解，以及對器材的熟悉度。
9. 各組發表用石蕊試紙檢驗食用醋、小蘇打、食鹽水溶液的結果。 ★注意事項： • 勿將各種溶液互混。 • 盡量勿觸摸溶液。	• 教學者此時應引入過程技能中的「傳達」的技能，教導學生如何將檢驗結果製成表格。	1-3-5-2、1-3-5-3、1-3-5-4、1-3-5-5、6-3-3-1、7-2-0-2、7-3-0-3、檔案一
10. 對酸性、鹼性及中性溶液下操作型定義。（配合習作）	• 建議教學者此時分發學習單據以訓練學生科學寫作，以及對酸性、鹼性及中性溶液下操作型定義，達到訓練學生下操作型定義的技能的目標。	1-3-5-2、1-3-5-3、1-3-5-4、1-3-5-5、檔案二
11. 使用石蕊試紙測試其他溶液，並且可以將所有的溶液分成三類。	• 教學者可以課前建議學生從家中帶來各種不具危險性的水溶液，或者教學者直接	1-3-1-1、2-3-3-1、2-3-3-3、7-3-0-2

（續）

科學活動	說　明	能力指標之評量
	從器材準備室中，取得已知不具危險性的樣品，供學生練習之用。	
※綜合活動 1. 教師歸納石蕊試紙的功用。 2. 教師歸納溶液的性質（酸性、鹼性及中性）。 3. 教師歸納酸性、鹼性及中性溶液的操作型定義。 4. 學生收拾整理使用的器材。 　～活動一結束～		

活動二　自製試紙檢驗水溶液（時間：八十分鐘）

科學活動	說　明	能力指標之評量
※引起動機	●教學者提問： 1. 小朋友！除了用石蕊試紙可以檢驗溶的性質外，還有沒有其他的試紙也可以用來檢驗溶液的酸鹼性質呢？ 2. 如果有的話，你們想不想也可以當一位會變溶液戲法的小小魔術師呢？	●學生能夠對新的事物感到興趣，且願意分享自己的想法。

（續）

科學活動	說　明	能力指標之評量
	3. 想一想，除了老師給你們用的神秘試紙外，不同的水溶液還會讓哪些物質變色？	
※發展活動 1. 小組討論如何製作測試用的試紙。	• 教學者可以提供日常生活中的水溶液，哪些有會變色的現象，以喚醒學生的生活經驗。	1-3-1-1、1-3-5-2、1-3-5-3、1-3-5-4、1-3-5-5、2-3-3-1、2-3-3-3、6-3-3-1、7-3-0-2、7-3-0-3
2. 自製試紙計畫寫作。	• 教學者須提供足夠的時間，讓學生可以進行科學寫作，並能依據自己的能力，撰寫研究計畫。	檔案三
3. 各組分享自製試紙的想法，教師引導製備紫甘藍菜汁試紙。	• 教學者應就各組所提的計畫，逐一審視修正，並引入使用紫色甘藍菜或黑豆，作為指示劑的材料。 • 教學者分發紫甘藍菜（或黑豆）、燒杯、玻棒、石棉心網、打火機、酒精燈、濾網、抹布、濾紙、吹風機。	1-3-5-2、1-3-5-3、1-3-5-4、1-3-5-5、2-3-3-1、6-3-3-1、7-3-0-2、7-3-0-3
4. 實作：製備紫甘藍菜汁試劑，或者製備黑豆水試劑。	• 教學者 1. 分發實驗器材：玻棒、食用醋、小蘇打、食鹽水、汽水、	實作評量二

（續）

科學活動	說　明	能力指標之評量
	肥皂水、糖水。 2. 引導學生用自製試紙檢驗分別測試各種不同酸鹼的水溶液。 3. 引導學生記錄實驗結果。	
5. 自製試紙之測試實作。	● 教學者分發食用醋、小蘇打、食鹽水、汽水、肥皂水、糖水、滴管、燒杯（或透明玻璃杯、塑膠杯）。 ● 教學者亦可課前建議學生從家中帶來各種不具危險性的水溶液，或者教學者直接從器材準備室中，取得已知不具危險性的樣品，供學生練習之用。	實作評量三
6. 分享自製試紙的成果。	● 教學者在時間內，要求各組學生能夠將上述的成果，至講台上，或使用投影機發表各組的檢驗成果。	1-3-5-2、1-3-5-3、1-3-5-4、1-3-5-5、7-3-0-2、7-3-0-3
※綜合活動 1. 自製試紙展示會。 2. 教師講評。 　～活動二結束～		

活動三　酸和鹼在日常生活中的應用（時間：八十分鐘）

科學活動	說　明	能力指標之評量
※引起動機	● 教學者提問： 1. 胃不舒服時，為什麼食用蘇打餅乾後，就覺得舒服多了呢？ 2. 被蚊子叮咬後，用什麼方法可以止癢呢？ 3. 為什麼洗廁所馬桶可以用鹽酸？ 4. 為什麼上述的方法都有效？讓我們來探究看看喔！	
※發展活動 1. 小組討論： 　● 日常生活中有哪些酸性溶液呢？如何檢驗它們的性質呢？ 　● 日常生活中有哪些鹼性溶液呢？如何檢驗它們的性質呢？ 　● 日常生活中有哪些中性溶液呢？如何檢驗它們的性質呢？	● 教學者以小組討論的方式，誘導學生發表生活經驗中不同酸鹼性的水溶液。以及如何去檢驗水溶液的性質的方法。至少要有全班三分之一同學發表。	1-3-5-2、1-3-5-3、1-3-5-4、1-3-5-5、6-3-2-1、6-3-2-3、6-3-3-1、7-3-0-2、7-3-0-3
2. 小組發表討論成果並記錄討論成果。	● 教學者引導各小組發表討論的分辨水溶液方法（可以利用口頭或書面資料）。	1-3-5-2、1-3-5-3、1-3-5-4、1-3-5-5、6-3-3-1、7-2-0-2、7-3-0-3、檔案四

（續）

科學活動	說　明	能力指標之評量
3. 請小朋友想一想： • 如果把「酸性溶液」加到「酸性溶液」結果會如何呢？ • 如果把「酸性溶液」加到「鹼性溶液」結果會如何呢？ • 如果把「酸性溶液」加到「中性溶液」結果會如何呢？ • 如果把「鹼性溶液」加到「酸性溶液」結果會如何呢？ • 如果把「鹼性溶液」加到「鹼性溶液」結果會如何呢？ • 如果把「鹼性溶液」加到「中性溶液」結果會如何呢？	• 教學者引導學生以交叉表的方式推理酸鹼反應的可能結果。	
4. 小朋友將教師分發的食用醋、小蘇打水、食鹽水按照上列方式，以石蕊試紙及自製的試紙，分別用石	• 教學者給了學生充分時間，檢驗測驗成果與結果之記錄。	1-3-1-1、1-3-5-2、2-3-3-1、2-3-3-3、7-3-0-2、8-3-0-2、檔案五

（續）

科學活動	說　明	能力指標之評量
蕊試紙或自製試紙測試它們的結果，並將結果記錄下來，再與原來推理的結果比較有沒有一樣呢？ 5. 教師提問： 　●如何使酸性溶液變成中性呢？ 　●如何使鹼性溶液變成中性呢？	●此階段須給予學生充分的待答時間，讓學生能夠提出所有可能的答案。	●有三分之二以上學生能回答提問之問題。
6. 小組討論： 　日常生活中有什麼例子是酸鹼中和的呢？	●如遇學生無法回顧生活中的經驗，可以提出如：被蚊子叮咬時怎麼辦？等問題，喚醒學生的經驗。	1-3-5-2、1-3-5-3、1-3-5-4、1-3-5-5、6-3-2-1、6-3-2-3、6-3-3-1、7-3-0-2、7-3-0-3
7. 分組發表。	●教學者須協助各組將所嘗試做出之結果予以統整，讓學生能延伸課堂中的經驗，到生活中的實際例子。	1-3-5-2、1-3-5-3、1-3-5-4、1-3-5-5、6-3-3-1、7-2-0-2
※綜合活動 1. 教師歸納生活中酸鹼中和的實例及應用的實例。 2. 單元學習內容總整理。 3. 學生收拾整理使用的器材。 　～活動三結束～		

五、教學設計說明

　　在整個單元的教學活動開始前，教學者先將一、兩種溶液加入BTB產生不同顏色變化的演示方式，搭配提問問題以喚起學童的好奇心。接著呈現一個問題情境（三種透明無色無味的水溶液要如何分辨？），促使學童思考解決之道，並引出人類感官的有限性，以帶入利用儀器與藥品輔助的必要性。

　　在解決方案的思考上，運用小組討論的方式，讓學童提出各種可行的想法，透過同儕的討論辯述，最後形成小組的共識並提交全班討論。本教學活動設計試圖以這樣的方式讓學童模擬科學家思考的過程與方法，冀能在潛移默化當中，讓學童能夠在科學技能與科學態度上獲得學習的效果。而在開始進行小組討論活動之前，教學者最好能為學童提示所要討論的主題或題目，並且明確訂定稍後各組在討論活動結束時所要提出的成果內容之後，再讓學童進行小組討論活動，以避免學童的討論天馬行空偏離主題、滯留原點沒有結論，或流於聊天閒談說笑而失去了小組討論的學習功能。

　　科學技能的評量如前文所述，並不適合以傳統式的紙筆測驗來進行評量，因此本教學活動設計採用實作評量的方式來進行相關的學習評量活動，例如：石蕊試紙的使用與操作、自製酸鹼試劑與試紙等等活動。在本教學活動設計當中，教師可搭配適當的工具或根據教學現場的各種主客觀條件，自行設計或修改合用的工具，例如：評分規準、行為檢核表、李克氏量表等等。在三次實作評量活動當中，對於學童的實驗操作技能進行教師評量或同儕評量，以檢視學童的科學技能學習成果。此外，教學者也可視各班實際需要，針對較多學童尚未熟習之重要實驗技能進行適當的教育措施，例如：加強說明、補救教學或重新教學等等。

　　為促進學童科學態度的養成，在本教學活動設計當中也安排了五次的檔案活動，分別引導學童記錄：

　　㈠使用石蕊試紙檢驗水溶液的結果。

　　㈡各組或個人對三種性質水溶液所下的操作型定義。

　　㈢自製試紙的計畫。

㈣小組討論後所獲致的分辨水溶液方法。

㈤自製試紙的效能、與石蕊試紙進行比較的結果。

　　透過這些檔案活動讓學童有機會將觀察到的現象記錄下來，據以和小組或班級內的同儕進行探討自己的觀察與想法，從中發現到探索新知的樂趣，並在進行相關實驗時，透過教學者或同儕的檢視與提醒，養成細心觀察、動作切實的實驗操作態度，透過自製試紙的效能檢驗，以及與石蕊試紙進行比較的結果，驗證反省稍早的推論，藉此培養求真求實的科學精神。至於檔案評量的實施細節與規劃，本書第九章尚有論述，在此先行略過，請讀者參閱本書第九章內容或相關教育評量文獻資料後實施。

　　基於自然與生活科技領域在九年一貫課程綱要當中「……以學習者的活動為主體，重視開放架構……」這樣的基本理念，在本教學活動設計當中，需要學生進行歸納的學習活動結果，例如：總結實驗的結果、下操作型定義、整理研究成果、進行推論、分組發表等等，盡量以學童所呈現的結果為主，倘若學童無法產生教學活動設計所欲的活動結果，或是學生所產生的結果明顯錯誤或嚴重欠缺重要的科學知識元素，此時教學者再視情況需要進行補充、修改或引導學童進行整補。例如：在對三種水溶液（酸性、中性、鹼性）下操作型定義的學習活動上，如果學童所下的定義不像教材內容或教學指引所呈現的那樣精簡準確，但是並未出現明顯錯誤或欠缺重要成分的話，教學者應盡可能不要以備課時的現成定義來取代學童所下的定義。

　　這樣的處理除了能夠呼應前述課程綱要所揭示的領域基本理念以外，還能激勵學童的學習興趣，增進學童的自信心，對於整體的學習活動也能啟動良性循環。因此教學者應有這樣的修養與雅量，不要在講台上滿足自己的表現慾，就把這份成就感留給學童去體會吧！

參考書目

王美芬、熊召弟（2005）。**國小階段自然與生活科技教材教法**。台北：心理。

教育部（1975）。**國民小學課程標準**。台北：正中書局。

教育部（1993）。**國民小學課程標準**。台北：教育部。

教育部（2000）。**國民中小學九年一貫課程暫行綱要**。台北：教育部。

教育部（2003）。**國民中小學九年一貫課程綱要**。台北：教育部。

熊育賢主編（2001）。**國小自然教學指引第九冊（5 上）**。台北：康軒。

Chapter 9

自然與生活科技領域
評量設計

涂柏原

翁大德

蔡樹旺

一、導論

　　自然與生活科技是一個相當適合「合作學習」（cooperative learning）的學習領域，也就是說自然與生活科技比其他學習領域更重視合作學習的過程與結果。傳統上，自然科的學習是以團體學習的方式實施，並輔以講述教學法為主。科學教育接受了西方社會的「做中學」的思潮，以及東方的諺語「我聽，我就忘了；我看，我就記住了；我做，所以我了解了」（I hear and I forget... I see and I remember... I do and I understand...），因而改變科學教學的心理與哲學的基礎。

　　然而，科學學習的評量，尚是一直處於以往的單一評量的管道，究其原因，不外乎是傳統的評量方式，具有在教室中或試場中的優勢。正如黃秀文（1996）提到的，五、六十年代，美國心理計量（psychometrics）興起，評量走向計量取向，之後，正式標準化的測驗一直是評量的主流。「計分容易」

與「客觀公平」是此類測驗歷久不衰的主要原因，其特色為：……標準化歷程，強調試題的信度與效度；……沒有主觀判斷的困擾；施測容易、有效率。但是，國內科學教室中所使用的評量工具並非如專家所設計的測驗，具有高度的信度與效度。反而是因為國內各級教師的工作負荷過重，而且其所使用的評量工具也不如測驗學家理想中的評量，實難展現其教育工作的專業性。

在多元智慧被重視以後，似乎以質性方式產生的科學學習評量的方式，對教學第一線之教師們而言，並非如此地熟悉與接受。綜觀評量的目的，不外乎作為學習努力的標竿、教學的指標、課程設計的根據，如能一究各種另類的自然與生活科技的評量，亦能展現其教學的專業技能。

二、自然與生活科技之評量

人類自有教育以來，評量一事即如影隨形在其左右。而評量之分類可依其目的分成不同的評量種類，如安置性評量、診斷性評量、總結性評量與形成性評量，或是質性評量與量性評量、傳統評量與別類評量……等類，其適用時機端賴整個教學歷程而定，黃光雄（1991）提及一般教學模式中，評量在各個教學階段中皆有其功能。也如同李坤崇（1999）所指出的一般教學模式包含：界定教學目標、教學前評量學生需要、提供適切教學、評量預期的學習結果及運用評量結果等五個階段。就學科而言，如同前述之教學法，自然與生活科技領域亦有其一般與獨特的評量方式。

依學理而言，評量的工作應由專業的專家或教學者來實施。國內的教育環境常是考試引導教學，在聯考制度的影響，第一線的教育工作者其「評量」的使用頻率最高。由於傳統的科學教學著重升學準備，不利於培養探索科學的好奇心；分科導向不易達成完整的基礎科學教育之目標；再加上教師之科學教學偏重傳統演講式教學，以致科學實驗活動之教學未受重視。若要以科學教育培養適應二十一世紀資訊社會知識經濟的全人為目的之教學，則學生之科學素養、科學興趣與解決問題能力等有待提升；進而使學生將所學之科學知能應用於生活中；化學生之被動學習為主動探索，實為九年一貫中之自然與生活科技應努力的方向之一。

近年來，國外科學教育界一改以往只重視學科知識的學習，科學課程改革著重課程的統整，有關科學之教學則強調以探究的方式協助學生建構科學概念。由目前國民小學自然與生活科技之內涵觀之，實施九年一貫課程之前，大都呼應著美國的科學教育改革之方向，例如美國 SCIS（Science Curriculum Improvement Study）、SAPA（Science-A Process Approach）、ESS（Elementary Science Study）及 Project 2061（AAAS, 1993）等課程。但在新的課程改革潮流中，國內的科學教育，亦是調整以往偏重學科知識的培養，而著重能力的培養。這重大的目標改變，除考試影響教學外，能力指標的培養亦影響國內的科學教學。據此，目前的科學教學，再也無法完全依賴傳統的評量方式了解學生之學習情況，而應依據能力指標所示，另覓可用之評量管道。

　　若依科學這一學科的教學型態與內涵特性，再究教育學門中可用之評量方式，自然與生活科技在教學情境中較可能使用之評量方法，除了傳統的紙筆測驗可資使用外，茲將若干可以用予評量能力指標之方法簡述如下。

㈠實作評量

　　以科學與科技的學科性質來說，科學探究歷程不僅使科學家著迷，學生在自然與生活科技課堂中亦表現出他們對此歷程的愛好，這也是自然與生活科技與其他學科最大不同之處。雖然眾多學者（Airasian, 1996; Aschbacher, 1991; Linn & Gronlund, 1995）對實作評量的看法尚有差異，但一般來說，實作評量指的是「具相當評量專業素養的教師，編擬與學習結果應用情境頗類似的模擬測驗情境，讓學生表現所知、所能的學習結果」（李坤崇，1999）。

　　自然與生活科技領域的課程目標如前章所述，而「自然科學的學習，在於提升國民的科學素養。『素養』蘊涵於內即為知識、見解與觀念，表現於外即為能力、技術與態度。實際上內外之分，也僅係應陳述之方便而已」（教育部，2000）。以「九年一貫課程綱要」自然與生活科技領域所載內容當中所謂的「科學素養」來看，總共包括了：過程技能、科學與技術認知、科學本質、科技的發展、科學態度、思考智能、科學應用及設計與製作等八大項目。這些項目若要採用傳統的選擇式題型來進行評量，除了科學與技術認知、科學本質及科技的發展似乎可行以外，其他諸如：科學態度、思考智能、科

學應用及設計與製作等等項目，傳統的紙筆測驗便顯得有些力不從心，難以「讓學生表現所知、所能的學習結果」，因此教學者可以考慮以實作評量來對這些項目進行測量。

實作評量雖有別於傳統的選擇式題型，但實務應用上的類型卻有許多變化，從最簡單的回答簡答題，到千頭萬緒付出心力去完成一份專案等等，都可以是實作評量的一部分或評量整體。因此在決定實施實作評量之前，教學者應先考量（Messick, 1994）：

1. 評量的目的為何？
2. 吾人所在意的領域本質特性為何？
3. 相關的技能與知識之構念理論為何？

亦即是否非採實作評量則無法測量所欲目標。

如果教學者確定採行實作評量為最佳選擇，那麼接下來要思考的就是，我們究竟期待學童以什麼樣的形式來展現其所知所能的學習結果——表現（performances）或作品（products）。

例如吾人想要在繪畫領域進行評量，我們要在意的是學生繪畫的姿勢、順序、筆法、調色，還是畫作本身呢？筆者以為，學生繪畫的姿勢可能不同、某個物件的著色順序大概有先有後、筆法也許巧妙不同、調色技巧或許因人而異，這些過程對於學生的畫作優劣雖然或多或少會產生影響；但要求相同的繪畫姿勢、著色順序、筆法運用、調色技巧是否就能保證產出相同優劣水準的畫作呢？另一方面，教學者（或評量實施者）是否得全程陪同以進行這些項目的評量呢？因此，就繪畫領域的評量來說，畫作本身（即「作品」）似乎較適合成為吾人所要評量的目標。

換個領域來看，像是想要在體操領域上進行評量，我們所要在意的目標又是什麼呢？是否把注意力放在整套動作的運行過程表現上？抑或是學生在體操領域上可以產出的作品？筆者以為，在這個例子上所要評量的標的似乎以「表現」較為妥當。此外，在戲劇和舞蹈上，「表現」與「作品」基本上是相同的東西（Messick, 1994）。若吾人將眼神放在國小自然科實驗的評量上，則實驗操作的過程是否合乎安全規定、實驗過程是否合乎實驗規則、實

驗結果是否正確無誤等等似乎都是被關心的項目，如此一來，則「表現」──實驗操作與過程，以及「作品」──實驗的結果，兩者都應該會是吾人所要評量的目標。

　　其次，吾人所欲評量的目標，其「重現度」（replicability）以及「類推性」（generalizability）是否為評量的目的，也需要教學者斟酌一番。以奧運跳水比賽為例，某選手是否能夠奪下金牌，取決於該選手在比賽現場的當下表現良窳？抑或是未來四年內的長期表現水準呢？若是後者，則「重現度」就是此番測量（奧運跳水比賽）所重視者。又如花式滑冰比賽，奪下金牌的選手，代表在冰刀滑冰上的能力頂尖，但是否也代表該位選手在直排輪上的技巧也拔尖過人呢？如果答案是肯定的，則冰刀滑冰比賽即具備了實作評量在「類推性」上的要求。惟上述二例並不具「重現度」以及「類推性」，即該兩項比賽之賽程與規則均為該比賽所特有，無法也無必要為別的比賽所套用。

　　因此對應在自然與生活科技領域的實作評量活動上，教學者所設計的評量活動，究竟是針對特定的教學內容（content）所進行的；抑或是可以通用於數個次領域（sub-domain），非專為某能力所實施者；還是在於測量像是「科學素養」這樣貫通整個領域的目標，也就成了實作評量作業（task）的決定因子之一。

　　綜上所述，結合教學與測量功能的實作評量不僅能夠顧及自然與生活科技的領域本質特性，也能涵括相關的技能與知識構念，同時動手操作（hands-on）也是學童最喜愛的學習方式，因此實作評量在自然與生活科技領域所扮演的重要角色不言可喻。

　　但何以科學教師常不願意使用實作評量？其原因不外乎傳統的客觀式評量具有在國內環境的優勢，就是可以在短時間內讓沉重教學負擔的教師，不必再費心如何評量學生，俾便對上級及家長有交代。況且在自然科師資培育的過程中，如何運用實作評量，也只不過近年來大家談多元評量時，才讓自然科教師有機會接觸滿需要耐力與時間的評量方式。在如何實施實作評量方面，當然顯得相當不熟悉。

㈡概念圖評量

科學的學習，吾人常以概念的學習為其代名詞，可見概念一詞的重要性。在認知心理學興起之後，Ausubel（1968）提出「有意義的學習」（meaningful learning）的關鍵因素即為學習者之概念的「先備知識」（prior knowledge）。依此觀點 Novak 及 Gowin 在其著作 *Learning How to Learn*（Novak & Gowin, 1984）一書中，倡導「概念構圖」（concept mapping）的運用，掀起各學習領域運用概念圖的風潮。概念構圖在科學教學上可作為前置組體（advance organizer）的探查，科學學習時可作為後設認知學習策略（meta-cognitive learning strategy），而在科學教育研究時，可以用來進行認知結構的探討，更可以評量認知學習成果。其優點在要求學習者針對學習內容做概念分類及聯結。在其過程中可探知學習者概念建構的歷程，據以了解學習者之迷失概念（misconception）。

然而，概念構圖如同實作評量，目前在國內的科學教室中的具體應用的例子尚不多見。雖然教師在概念構圖的運用上需要加以訓練，可是不一定會如同測驗統計那樣的艱深；在科學教育的研究中，是一方興未艾的評量方式之一。如果教師能夠依評量的目的善加運用，在一般教學中可以多樣發揮其評量能力之功能。

㈢檔案評量

檔案評量（portfolio assessment）起源於商業行為，由顧客或雇主手中的資料整理，以反應出顧客或雇主的某些特性，所以此種評量屬於總結性評量。若將此種評量方式置於科學教室的情境中，可反應出學習者在歷經實驗課過程中所產生出可資評量的作品，在教育的歷程中，這些作品則可稱為「學生檔案」。這些學生檔案並非漫無目的蒐集，或是堆棧式的累聚隨手可得的作品，而是有意義、有計畫地蒐集學生在學習過程中之成就或代表作品，以資顯現出學生具有九年一貫中之基本能力或技能的證據，俾便完成科學教學的目標。

由於是有意義地蒐集學生自然科之代表作品，其間必然會遭遇到實施上

的困難，就是準備過程的費時，以及低信度的問題。這些缺點在開始實施或實施的過程中，並非無法克服，余民寧（2002，頁498）建議科學教師可以透過「明確說明目的」、「提供挑選檔案內容的指導說明」、「界定學生在挑選內容與自我評鑑中所扮演的角色」、「明確說明評鑑的標準」及「運用檔案作為促進教學和增進溝通的工具」等，來協助於檔案評量的計畫與運用。

三、教學評量實例

　　在前一章我們曾經呈現了國小自然與生活科技中，頗為重要的酸鹼概念與日常生活的應用結合（康軒出版社出版之國小自然科第九冊）之教學設計實例（熊育賢主編，2001）。以往我們都相當依賴總結性的評量予以學生成績等第。也就是說，平時在課堂中所進行的形成性評量似乎並非那麼重要。但是，以質性評量的角度去度量自然與生活科技的真實上課情境，似乎可以看到一幅令人足以描述的風景畫。

　　然而，在九年一貫課程中，自然與生活科技應培養的科學素養，並非如以往課程僅是單方面地強調知識、技能或態度其中一項，而是三種成分的組合體——能力。總結性的紙筆式評量在此種情況下，並不能全括性地將能力予以完整地評量出來，唯有在總結性評量與質性的或是實作的形成性評量結合之後，方能整體地反應出學童的能力。茲以前一章所列之酸鹼概念學習為例，將總結性評量與形成性評量具體結合，並梗概陳述如下。

㈠客觀式評量的部分

　　雖然在教學設計中，並未提及傳統的客觀式評量的部分，為使本章的討論完整起見，將評量時可以使用的客觀試題列舉於表 9-1、9-2 和 9-3 之中，作為參考；而表 9-1、9-2 中的試題之心理計量特徵，也就是難度與鑑別度等數據，一併呈現於本章的附錄中。

表 9-1　可用來進行評量的是非題

（○）1. 在紅色石蕊試紙上滴一些醋酸水溶液，結果試紙不會變成藍色。

（╳）2. 我們用玻璃棒沾一點水溶液來嚐嚐味道，就能分辨出溶液的酸鹼性。

（╳）3. 拿酸鹼中和後的水溶液滴在石蕊試紙上，結果紅色石蕊試紙變藍色，藍色石蕊試紙變紅色。

（╳）4. 用石蕊試紙來檢查肥皂水，兩種顏色的石蕊試紙都不會變色。

（○）5. 我們可以從植物的葉子或花瓣當中得到有顏色的材料來製做試紙。

（○）6. 10毫公升食鹽水加入10毫公升小蘇打水溶液，會變成鹼性水溶液。

（○）7. 被蚊蟲或蜜蜂叮咬了，擦稀氨水可以止癢。

（○）8. （承上題）因為稀氨水是鹼性的水溶液，所以我們可以知道蚊蟲叮咬讓我們覺得會癢的物質是酸性的。

（╳）9. 在檢查酸鹼性時，除了用滴管將水溶液滴在石蕊試紙上以外，也可以直接將石蕊試紙浸一小段在水溶液後立即拿出來。

（╳）10. 用過的石蕊試紙可以拿吹風機吹乾後再用。

（╳）11. 紫色高麗菜汁要做成試紙才能用來檢查酸鹼性。

（○）12. 將酸性和鹼性水溶液混合後，用紅色和藍色石蕊試紙來檢查，試紙都不會變色，這個現象稱為「酸鹼中和」。

（○）13. 除了紫色高麗菜以外，我們也可以用紫色葡萄來製作試紙。

（╳）14. 某種水溶液滴在紅色石蕊試紙上，試紙顏色沒有改變，表示這種水溶液是酸性水溶液。

（○）15. 吃蘇打餅可以中和胃酸，讓胃不舒服的情形改善。

表 9-2　可用來進行評量的選擇題

（C）1. 下列哪一種溶液可以用來檢查水溶液的酸鹼性？
(A)食鹽水　(B)糖水　(C)紫色高麗菜汁　(D)肥皂水

（A）2. 製作紫色高麗菜試紙時，先將紫色高麗菜切碎後放進燒杯當中浸泡一小段時間，這個步驟的目的是什麼？

(A)使高麗菜裡的顏色溶解出來　(B)將高麗菜洗乾淨避免有雜質

　　(C)縮短下一個步驟的加熱時間　(D)把高麗菜泡軟後效果比較好

（ D ）3.（承上題）將上一題當中的燒杯放在石棉心網上用酒精燈加熱的
　　　目的是什麼？

　　(A)把高麗菜煮熟才能使用　(B)加熱殺菌，以免做好的試紙壞掉

　　(C)有顏色的物質要加熱過才能檢查酸鹼性　(D)加快顏色溶解的速度

（ C ）4.下列哪一組水溶液混合後會變成中性水溶液？

　　(A)醋、檸檬汁　(B)小蘇打水、糖水

　　(C)鹽水、糖水　(D)氨水、小蘇打

（ A ）5.把鹼性水溶液倒入一樣多的中性水溶液中，會得到什麼性質的溶
　　　液？

　　(A)鹼性　(B)中性　(C)酸性　(D)不一定

（ C ）6.（承上題）如果水溶液不是中性的，而我們想把它變成中性水溶
　　　液，那麼我們應該要怎麼做？

　　(A)加入鹼性水溶液　(B)加入中性水溶液　(C)加入酸性水溶液

（ D ）7.城之內一不小心將稀鹽酸滴到自己的手上，這時候他應該怎樣處
　　　理？

　　(A)用鹼性水溶液滴在手上同樣的地方　(B)趕快拿抹布擦乾淨

　　(C)不必做特別的處理　(D)把手放在水龍頭下沖水

（ B ）8.中性水溶液會使紅色、藍色石蕊試紙產生什麼樣的變化？

　　(A)紅色試紙變藍色　(B)兩種試紙都不變色

　　(C)藍色試紙變紅色　(D)兩種試紙都會變色

（ C ）9.肥皂水的酸鹼性和下列哪一種水溶液相似？

　　(A)食鹽水　(B)汽水　(C)氨水　(D)糖水

（ B ）10.下列哪一項是稀鹽酸、食鹽水和小蘇打水相似的地方？

　　(A)都是酸性水溶液　(B)都是透明無色的水溶液

　　(C)都有特殊的氣味　(D)都會讓藍色石蕊試紙變色

表 9-3 可用來進行評量的題組

---

1. 主平正在檢驗一些水溶液的酸鹼性，可是紅色石蕊試紙已經用完了，只剩下許多藍色石蕊試紙，所以他只能用藍色石蕊試紙來進行實驗。下面是他寫的實驗記錄。

水溶液編號	藍色石蕊試紙	酸鹼性
1	變紅色	酸性
2	不變色	中性
3	不變色	鹼性

(1)羽蛾看過記錄後認為主平對酸鹼性的判斷有錯誤。現在要請你幫他們再檢查一次，如果你認為主平判斷正確的水溶液，就在（　）裡畫「○」，如果你認為主平可能判斷不正確的水溶液，就在（　）裡畫「×」。

（○）1 號水溶液　　（×）2 號水溶液　　（×）3 號水溶液

（A）(2)如果把 1 號水溶液滴在紅色石蕊試紙上，那麼試紙的顏色會怎樣變化？　(A)不變色　(B)變藍色　(C)先變藍再變紅　(D)無法判斷

（D）(3)如果把 2 號水溶液滴在紅色石蕊試紙上，那麼試紙的顏色會怎樣變化？　(A)不變色　(B)變藍色　(C)先變藍再變紅　(D)無法判斷

（D）(4)如果把 3 號水溶液滴在紅色石蕊試紙上，那麼試紙的顏色會怎樣變化？　(A)不變色　(B)變藍色　(C)先變藍再變紅　(D)無法判斷

2. 下列哪些東西可以用來檢驗水溶液的酸鹼性？請在（　）裡畫「○」，如果不能用來檢驗水溶液酸鹼性的，就在（　）裡畫「×」。

（○）石蕊試紙　　（×）酒精　　（○）紫色甘藍菜汁　　（×）白開水

（○）玫瑰花試紙　　（○）黑豆水　　（×）食鹽水　　（×）濾紙

3. 下表當中的水溶液都是我們上課時曾經檢查過酸鹼性的水溶液，當它們滴在石蕊試紙上時，會使試紙變色的畫「○」，不會使試紙變色的畫「×」。

	小蘇打水	食鹽水	汽水	糖水	食用醋	氨水	肥皂水
紅色石蕊試紙	○	×	×	×	×	○	○
藍色石蕊試紙	×	×	○	×	○	×	×

㈡實作評量部分

在此教學設計中，我們以質性評量的角度回顧自然與生活科技中的評量。從三個活動中可以看出，活動能反應出的能力指標，並不是在發展活動中的每一細節舉動，如同以往以目標導向的教學活動設計一般，只能用某個單一的行為表現為評量教學成效的依據。所有學習者的單一行為，都是可以表現出學習者在學習活動中，各項行為的複雜程度。

除了前述的學習者的複雜能力表現須有一套檢視與評量的標準外，對學習者非傳統評量的方法上，可以利用實作評量與檔案評量。以實作評量為例，在世界較先進國家中，如美國、英國、法國、德國、以色列等，常將實作評量作為其評量學習者之潛在能力的方法之一。由於實作評量比較重視學習者如何去應用已有的先備概念（pre-conception），以及目前習得的概念及技能，於自然科教室中的表現活動中，在科學活動中產生出來的真實作品與成果，對於展現出學習者的能力，實有莫大的效用。

傳統的選擇題，只能測試石蕊試紙對酸鹼溶液反應的記憶性事實，比較難以測知學生是否能在非教學情境中，將習得的石蕊試紙變色的經驗應用至日常生活中。也就是說在自然與生活科技的學習過程中，其情境幾乎等於真實情境，因而最能顯示出學習者真正學會的知識、技能和情意為何。在教學設計中，我們設計了三個實作評量。實作評量一，能夠反應出能力指標的「運用科技與資訊」。實作評量二，除了可以反應出能力指標的「運用科技與資訊」外，也可以反應出「主動探索與研究」及「獨立思考與解決問題」。實作評量三，亦可再連結能力指標的「運用科技與資訊」。儘管在整個活動過程中，需要使用三次的實作評量，但每一次實作評量所追求的表現品質卻是不同的。起初我們應較重視正確的表現過程，在學習者逐漸熟悉且能正確表現所做，此時的實作評量須將注意力轉移至其表現的品質上。

再者，運用實作評量，對於展現合作學習的機會與訓練，實在是不可多得的，學習者可以透過實際操作科學活動的過程中，與同儕進行行為的互動，亦可增進團隊合作、建立互信的原則及自我反省等情意特質的培養。

由於實作評量必須提供學習者適當的表現情境，但本次的教學活動示例

並非是一具有重大決定性的評量結果，雖然在此情況中不需要非常結構化性的正式情境；由於科學活動屬於小組合作學習，人人具有參與表現與運作的機會，可以說是具有結構性的。再者，單次的行為表現，並不能代表學習者真正的習得，所以實施多次的評量，可以讓教學者對所做成決定的證據具有更大的信心，符合實施實作評量應考慮的重要因素。

審查實作評量的另一重要面向是其計分與評定方法。無論在形成性或總結性評量中，所使用的計分方法都應具有系統性，例如採用整體評分（holistic scoring）或分析評分（analytic scoring）。本教學活動屬於評定成績方面的性質，建議採取整體評分即可。其所使用的評分策略，對國民小學教師而言，使用檢核表（checklist）或評定量表（rating scales）較為適合。表 9-4 為一實施評量的實例，供有興趣教學者參考，以便發展更合適之檢核表，評定學習者之表現。

此外，在主客觀條件允許的情況下，也可以採行類似專案式的方式來進行評量。表 9-5 為自製試紙之實作評量作業舉隅，提供對此有興趣的教學者參考，更歡迎進行適當的修改增刪，以符合教學者所處教學現場實際需要，對學習者之表現進行評定。

本項實作作業設計共分三大部分，分別為「實驗規劃」、「實驗操作」、以及「實驗結果」。第一部分的「實驗規劃」欲測量學生規劃實驗操作流程的能力，以反映「學習科學與技術的探究方法及其基本知能，並能應用所學於當前和未來的生活」的課程目標。第二部分的「實驗操作」之下分為「實驗規則」與「實驗安全」兩項，欲觀察學童在操作實驗時，是否能遵守基本的實驗操作規則，以及在實驗室的安全用火習慣是否養成，以搭配「過程技能」的科學素養，並呼應綜合活動學習領域中「保護自我與環境」的第四主題軸。第三部分的「實驗結果」欲提供學童自我檢驗學習成果的機會，培養學童「養成獨立思考及反省的能力與習慣」的第十大基本能力。

在實務使用上，本實作作業設計約需三節課完成，建議使用單獨的一節實施第一部分的紙上評量，此部分可採團體個別測驗或小組團體測驗。第二部分與第三部分建議使用連續的兩節實施，可採團體個別測驗、單獨個別測驗或小組團體測驗等方式進行。本評量在學童完成第一部分之後，教學者即

表 9-4　實作表現項目評分要項檢核表

計分要項		表現		得分*	
		優良	不良	優良	不良
實作評量一	• 知道且能夠利用石蕊試紙或廣用試紙來檢驗水溶液的酸鹼性。			0.5	0
	• 試紙未被水溶液沾滿，留下一小部分做比對。			1	0
	• 在測試水溶液的性質時，每種水溶液單獨使用一支滴管，或在吸取下一種水溶液前先將滴管清洗乾淨。			2	0
實作評量二	• 能夠選出適合作指示劑的植物或水果。			1	0
	• 會使用玻棒攪拌。			0.5	0
	• 把切碎的植物或水果放入燒杯中，加入一些蒸餾水。			0.5	0
	• 有把燒杯放入熱水中。			0.5	0
	• 有將汁液過濾，取出菜汁。			1	0
	• 萃取出的汁液有經過酸性、中性、鹼性溶液的測試。			2	0
實作評量三	• 能夠利用自製試紙來檢驗飲料的酸鹼性。			1	0
	• 試紙未被水溶液沾滿，留下一小部分做比對。			1	0
	• 在測試水溶液的性質時，每種水溶液單獨使用一支滴管，或在吸取下一種水溶液前先將滴管清洗乾淨。			2	0
	• 能寫出酸性溶液和鹼性溶液的操作型定義。			2	0
總　　分				15	

* 註：本檢核表得分的標準是依據動作繁雜度，或該動作對於實驗活動的重要性而定。動作愈繁複、重要性愈高的項目得分為 2 分；次之得 1 分；最簡單的項目得 0.5 分。

應針對第一部分的作答反應（實驗規劃）展開評分與訪談修正的程序，以利後續兩部分之進行，此動作可能需耗時一週或更久。整體而論，若採用小組團體測驗，則教學者約可在四週內完成施測以及評分整理。

表 9-5　實作評量作業舉隅——以「自製試紙」為例

變色大師

　　在看過石蕊試紙的神奇演出後，你是不是也有點心動，也想要自己來變變戲法呢？在我們身邊的天然物質當中，可是隱藏了許許多多可以利用的材料呢！像是玫瑰花瓣、紫色葡萄、羊蹄甲花、黑豆、紫色高麗菜……等等，都可以拿來表演各種顏色變化。

　　現在，你的機會來了！我們將要利用紫色高麗菜的神奇魔力來當道具。在自然教室裡，你能夠使用下面框框裡面的所有器材來進行：

品名	數量	品名	數量	品名	數量
冰醋酸水溶液	1 瓶	玻璃棒	2 支	濾紙	2 盒
紫色高麗菜	500g	滴管	6 支	250ml 小燒杯	24 個
澄清石灰水	1 瓶	石棉心網	2 個	菜刀	1 把
2000ml 大燒杯	6 個	抹布	2 條	打火機	1 個
500ml 中燒杯	12 個	酒精燈	2 個	剪刀	1 把
藍色石蕊試紙	1 盒	溫度計	1 支	蒸餾水	10 公升
紅色石蕊試紙	1 盒	三腳架	2 個	漏斗	2 個

　　㈠我們想要利用紫色高麗菜裡的顏色來製作試紙，在進行實驗之前，我們要先做個實驗計畫，免得進行實驗時手忙腳亂的。現在請你先想一想，然後在下面空白的地方，把你的實驗計畫寫下來或畫出來。

　　請清楚地列出你會用到的器材，還有不要忘了把你打算進行的實驗步驟按照順序排上號碼。

（續）

「實驗規劃」之評分規準：

評分規準	優良	尚可	加油
器材使用	清楚條列交代所使用的器材	在文句中提及或以圖旁文字說明	未交代所使用的器材
實驗步驟	所想定之實驗步驟依序列出，且前後順序合乎邏輯	未依序列出所想定之實驗步驟，或前後順序不合邏輯	未作答或實驗步驟完全不合題目所需
實驗程序	計畫中提及下列全部四項程序	計畫中只提及下列四項程序當中的三項	計畫中提及下列四項程序當中不到三項
	1.高麗菜先切碎；　2.切碎的菜葉加入蒸餾水再加熱；3.以菜汁先試驗酸鹼水溶液的反應；　4.以菜汁製作試紙。		

(二)你的計畫老師已經幫你檢查過了，需要修改的地方也請你調整過了。你現在是不是已經摩拳擦掌等著要大顯身手呢？是的，我們要實際動手操作實驗了，請你按照修改後的實驗計畫一步一步來進行。

在實驗的過程當中，請你注意以下幾件事情：

(1)採取必要的行動進行預防措施，隨時留意實驗的安全。

(2)按照實驗計畫的步驟進行實驗，記錄所觀察到的現象。

(3)遵守必要的實驗規則操作實驗，避免影響實驗的結果。

「實驗規則」之評分規範：

評分規準	優良	尚可	加油
原料處理	紫色高麗菜先切碎後再加入蒸餾水中加熱	高麗菜未切碎或加入非蒸餾水中加熱	高麗菜未切碎也非加入蒸餾水中加熱
加熱技巧	以三腳架及石棉心網隔水加熱	未隔水加熱或未使用石棉心網	未使用石棉心網且未隔水直接加熱
滴管使用	每種溶液均各自使用一支滴管，不混用	共用一支滴管但在每次使用前均先洗淨過	所有溶液共用一支滴管或混用多支滴管
菜汁測試	使用酸性、中性與鹼性的水溶液與少許菜汁混合進行檢測	僅使用兩種性質不同的水溶液與少許菜汁混合進行檢測	僅使用不到兩種性質不同的水溶液與少許菜汁混合進行檢測

（續）

「實驗安全」之評分規範：

評分規準	優良	尚可	加油
火災預防	準備好溼抹布並攤開後才使用酒精燈	準備好溼抹布，但並未攤開即已點燃酒精燈	未準備溼抹布，就將酒精燈點燃
酒精燃具	確認過酒精燈外表無酒精外漏，並置放於平穩處後才點火	確認過酒精燈外表無酒精外漏後才點火，但未置放於平穩處	未確認過酒精燈外表無酒精外漏，即行點火

（三）當試紙製作完成後，請帶三張成品給老師試驗與檢查。

你先得告訴老師，你的試紙遇到酸性、中性與鹼性水溶液時，會有怎樣的顏色變化。然後老師會把神秘水溶液滴在你的試紙上，請你根據試紙的變化判斷神秘水溶液的性質（酸性、中性或鹼性）。

「實驗結果」之評分規範：

評分規準	優良	尚可	加油
染色表現	試紙染色均勻且已乾燥後才提交	試紙染色不均勻或尚未乾燥即提交	試紙染色不均勻且尚未乾燥即提交
酸鹼反應	試紙對酸鹼水溶液的變色反應很明顯	試紙只對酸鹼水溶液之一有變色反應	試紙對酸鹼水溶液的變色反應相似
檢驗效果	能夠使用自製試紙判斷水溶液的酸鹼性質	僅能使用自製試紙判斷酸性或鹼性水溶液	無法使用自製試紙判斷水溶液的酸鹼性質

恭喜你！你已經完成「變色大師」的修行，師父准你下山闖蕩江湖，你可以帶著你的秘密武器（自製試紙），為天下蒼生解決無法辨別酸鹼的難題，因為有了你的試紙，一試就靈。祝你好運！

評量中的評分規範在施測時可以隱去，只留下評分規準；或是全部呈現，除可引導學童作答外，也符合實作評量的「開放」精神。教學者亦可在評量活動展開前，先與學童溝通討論所有的評分規準與評分規範，甚至根據討論結果或主客觀環境進行必要的修改，以適合教學者各自的需要。在報告成績

時，可以依據作業或評分規準使用文字描述的方式報告學童能完成什麼、什麼還要加強及目前還無法做到的項目；也可以分別賦予三個評分點分數，例如：3分、2分、1分；或者2分、1分、0分；或者像是15分、10分、5分或是20分、10分、0分等等這樣的加權分數。端賴教學者實際使用時的需要而定。一個實際學生作答結果的示例，亦呈現於附錄中，作為大家的參考。

㈢檔案評量的部分

本教學活動設計中的另一重心為檔案評量。在科學活動的歷程中，檔案的建立並非難事，但卻是要有心人。本次的活動設計，共計蒐集檔案一至檔案五等五份。一時間容易令人以為此項任務相當地困難與費時，事實上，為學生建立檔案不僅可以用來與家長或相關人員，討論學習者的成長歷程，亦可以作為補救教學的參考。平日，教學者常會使用出版商提供的習作，或是學習單作為教學的輔助教具，這些教師常用的資源就可以成為學習者的檔案。只不過出版商所提供的制式習作，在真實的教學情境中，倒不如教學者所自製的學習單來得貼切與實際，畢竟每一教學者與學習者，在同一學習單元中的表現，並非完全相同。

在九年一貫課程綱要中所列的十項能力指標，如果使用出版商所提供的制式習作，實在無法一一符合綱要的目標。反觀本教學設計，雖然蒐集了多次的檔案材料，但卻能與能力指標相符。例如，蒐集的資料是成果報告的就有檔案一、二、五部分；計畫寫作的有檔案三、四部分。教學者往往在使用討論教學時，常忽略討論的成果是值得記錄的，例如在檔案三，在在地可以從學習者的討論中，看到「表達、溝通與分享」、「主動探索與研究」及「欣賞、表現與創新」。檔案一、三，可以達成「欣賞、表現與創新」、「表達、溝通與分享」及「尊重、關懷與團隊合作」。檔案二，對學習者練習「下操作型定義」則有莫大的助益。檔案五，除可評量出學習者的「傳達」能力外，尚有「推理」能力培養的功能。這些逐一的檔案不僅在平時可作為形成性評量的「工作檔案」（working portfolio），又可以成為總結性評量的「完成檔案」（finished portfolio），真是一舉兩得。

以教學活動中所蒐集到的學生作品當成檔案，其檔案作品應是相當的多，

若要將檔案評量列為重要的成績，則是應注意檔案評量通常因為具有量多的特性，各種作品的評分標準不一，不易標準化，所以評分的信度會有稍低的現象產生。但拿來作為教學者與學習者共同合作的資材，可以促進學習者反思自己進步的情形，無不是一項「了解自我與發展潛能」基本能力的表現。

參考書目

余民寧（2002）。**教育測驗與評量——成就測驗與教學評量**（第二版）。台北：心理。

李坤崇（1999）。**多元化教學評量**。台北：心理。

教育部（2000）。**國民中小學九年一貫課程暫行綱要**。台北：教育部。

黃光雄（1991）。**教學原理**。台北：師大書苑。

黃秀文（1996）。從傳統到變通：教學評量的省思。**國民教育研究學報，2**，1-26。

熊育賢主編（2001）。**國小自然教學指引第九冊**（5上）。台北：康軒。

AAAS. (1993). *Benchmarks for science literacy—Project 2061.* New York: Oxford University Press.

Airasian, P. W. (1996). *Assessment in the classroom.* New York: McGraw-Hill.

Aschbacher, P. R. (1991). Performance assessment: State activity, interest, and concerns. *Applied Measurement in Education, 4*(4), 275-288.

Ausubel, D. P. (1968). *Educational psychology: A cognitive view.* New York: Holt, Rinehart and Winston.

Linn, R. L., & Gronlund, N. E. (1995). *Measurement and assessment in teaching* (7th ed.). Englewood Cliffs, NJ: Prentice Hall.

Messick, S. (1994). The interplay of evidence and consequences in the validation of performance assessments. *Educational Researcher, 23*(2), 13-23.

Novak, J. D., & Gowin, D. B. (1984). *Learning how to learn.* New York: Cambridge University Press.

附錄

一、表 9-1 中的是非題之試題參數

題號	難度	鑑別指數	點二系列相關
1	.61	.49	.48
2	.79	.09	.13
3	.64	.50	.42
4	.79	.26	.31
5	.62	.11	.18
6	.53	.31	.26
7	.82	.19	.27
8	.88	.16	.30
9	.19	-.09	-.14
10	.90	.06	.02
11	.65	.63	.55
12	.97	.07	.24
13	.19	.22	.37
14	.35	.13	.12
15	.91	.20	.39

二、表 9-2 中的選擇題之試題參數

題號	難度	鑑別指數	點二系列相關
1	.86	.39	.51
2	.74	.49	.50
3	.65	.62	.50
4	.36	.56	.47
5	.64	.74	.60
6	.65	.41	.43
7	.87	.22	.39
8	.73	.53	.55
9	.49	.55	.49
10	.40	.52	.45

三、實作評量部分的實際評分例子

「實驗規劃」之評分規準：

評分規準	優良	尚可	加油
器材使用	清楚條列交代所使用的器材	僅在文句中提及所使用的器材	僅以圖畫表示所使用的器材
實驗步驟	實驗步驟之前後順序合乎邏輯	實驗步驟之前後順序不合邏輯	出現不合題目所需之實驗步驟
實驗程序	計畫中提及下列全部四項程序	計畫只提及下列程序中的三項	計畫提及下列程序兩項以下
	1.切碎高麗菜；2.切碎的菜葉加入蒸餾水再加熱；3.以菜汁先試驗酸鹼水溶液的反應；4.以菜汁和濾紙製作試紙。		

評分規準	優良	尚可	加油
器材使用	清楚條列交代所使用的器材	僅在文句中提及所使用的器材	僅以圖畫表示所使用的器材

優良的例子：

尚可的例子：

> 請按照順序排上號碼。
>
> (一) 將紫色高麗菜用菜刀切成碎狀 使流出汁來。
>
> (二) 把高麗菜菜汁放入 2000 ml 的大燒杯內
>
> (三) 點燃酒精燈 立好 三腳架 然後把大燒杯放置三腳架上方，讓它的顏色完全出來。即可完成　受熱

評分規準	優良	尚可	加油
實驗步驟	實驗步驟之前後順序合乎邏輯	實驗步驟之前後順序不合邏輯	出現不合題目所需之實驗步驟

優良的例子：

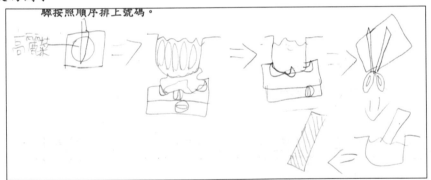

尚可的例子：

> ① 用菜刀把紫色高麗菜切碎
>
> ② 再利用 酒精燈 把紫色 高麗菜 的顏色容解
>
> ③ 再放進燒杯裡
>
> ④ 再將 濾紙剪成長條狀 放進燒杯裡，烘乾後 就成了試紙。

評分規準	優良	尚可	加油
實驗程序	計畫中提及下列全部四項程序	計畫只提及下列程序中的三項	計畫提及下列程序兩項以下
	1.切碎高麗菜；2.切碎的菜葉加入蒸餾水再加熱；3.以菜汁先試驗酸鹼水溶液的反應；4.以菜汁和濾紙製作試紙。		

尚可的例子：

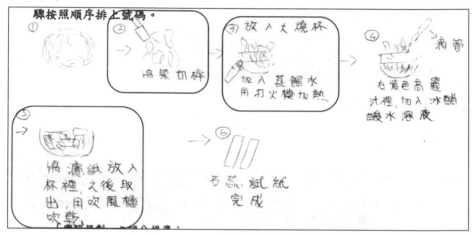

加油的例子：

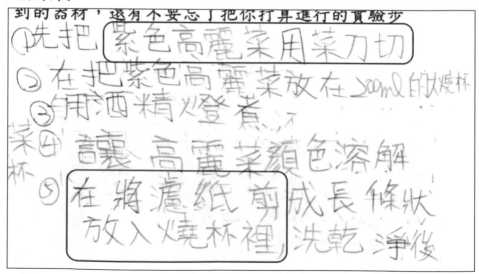

Chapter **10**

社會學習領域教學設計[*]

陳煥文

洪碧霞

徐秋月

　　因應新世紀社會的變遷，世界各國對於社會領域方面的教育有著不同的發展，我國在九年一貫的課程改革中，對於以往稱為「社會科」的課程目標也有了新的變革。首先，未免使學生的學習流於瑣碎，並強調學科的統整，以「社會學習領域」取代原本的稱呼，其次以「能力指標」取代過去的「教材綱要」。本章主要目的乃針對九年一貫課程社會學習領域、相關能力指標以及教材範例作說明。

一、九年一貫課程社會學習領域

　　九年一貫課程理念強調以生活為中心，期能透過人與自己、人與社會、

---
* 本章與第十一章的修改過程中，國立台南大學教育系姜添輝教授給予許多寶貴的修正建議，在此謹表達對姜教授由衷的感謝之意。

人與自然等教育活動，傳授基本知識，而沒有其他領域的課程會比社會學習領域和人關係更密切（教育部，2003；Chapin & Messick, 2002），本節就教育部（2003）所提出之九年一貫課程社會學習領域的基本理念、特色、課程目標以及能力指標做一概要介紹。

(一)基本理念

社會學習領域的基本目的在於培養未來有用的公民（陳國彥、吳宗立，2002），教育部（2003）更指出社會學習領域之學習乃是國民教育階段不可或缺的學習領域。以往社會科內容重於傳遞關於人類關係的統整性經驗和知識，以達成公民教育的功能（歐用生，1999）。而新課程改革社會學習領域的基本理念，係著眼於統整「自我、人與人及人與環境」之間互動關係所產生的經驗知識領域。

人的生存、生計、生活與生命四大層面，它們是彼此相互關聯的（教育部，2003），再者，生活涉及多種且複雜的知識類型，彼此間並非孤立分離，而且密切關聯，所以社會學習領域的內容應著重統整，並須契合社會情境以賦予受教者真正的生活能力。社會學習領域整合四大層面間的互動關係，並涵蓋歷史文化、地理環境、社會制度、道德規範、政治發展、經濟活動、人際互動、公民責任、鄉土教育、生活應用、愛護環境與實踐等多元化學習內容的整體性學習領域。在這四個層面中與人的「生存」層面相關的學科為地理學與自然科學；與「生計」層面對應的學科為歷史學與經濟學；與「生活」層面相關的學科為政治學、法律學與社會學；而與「生命」層次相對應的學科則有道德、宗教、藝術與哲學。

(二)特色

九年一貫課程社會學習領域之特色為：

1. 強調統整與合科的功能

鑑於以往以科目為本位的課程，流於零碎且與生活嚴重脫節，九年一貫課程的設計乃期望學生能對未來社會有一明確的認識，並協助其適應未來生

活，因此除了歷史、地理、政治、經濟、社會、心理、文化人類學、公民等科目間的整合外，還強調與其他領域知識之間的統整。

2.具有九年一貫的課程目標與學習內容

社會學習領域依據學生認知發展期分為四個階段，國小六年有三個學習階段，國中三年只有一個學習階段；第一階段為一至二年級、第二階段為三至四年級、第三階段為五至六年級、第四階段為七至九年級。學習領域的內容，依課程綱要在「學習階段」內做安排，其彈性比過去以「年級」做安排為大，而分段的意義在於提示能力評鑑的適當階段，但相應教材的出現可以提前或往後加深。

3.提出九大主題軸為課程架構，並擴大課程學習的內容

九年一貫社會學習領域的課程架構，採用主題軸模式，包含九大主題軸（thematic strands）：(1)人與空間；(2)人與時間；(3)演化與不變；(4)意義與價值；(5)自我、人際與群己；(6)權力、規則與人權；(7)生產、分配與消費；(8)科學、技術與社會；(9)全球關連。

根據美國社會科協會（National Council for the Social Studies, NCSS）對於主題軸的說明，其作用有二：其一是提供各級學校建立社會科課程的架構，其二是指示培養學生成為「稱職公民」所必須習得之知識、技能、思想、價值與公民行動能力（陳麗華、王鳳敏譯，1996）。國內所推展的社會學習領域亦著重於此種行動能力，亦即使受教者能發展出獨立的價值觀，以及行動的能力素養，進而能成為契合時代特性的良好社會成員。

4.訂定能力指標，取代過去的教材綱要，並供作基本能力測驗之依據

根據九大主題軸，訂定能力指標，這樣的「能力指標」呈現，也與歷次國民中小學社會科課程標準大不相同，有利於課程設計與教學評鑑，進而確保教育品質，再者，亦可作為基本能力測驗之依據。

㈢課程目標

基於社會學習領域的基本理念，並達成培養健全國民及具世界觀的公民，教育部（2003）建議引導學生致力達成十項九年一貫課程社會學習領域的課程目標，兼顧了認知、情意及技能層面。十項目標乃基於個人、人群和外在環境三個層面的屬性，以及彼此的交互關係，所衍生的能力與素養。再者這不僅是要培育具有獨立能力的行動者，而且也須維持人際間與外在環境的和諧關係，另外也力圖人文與科學的平衡發展，最終是藉由落實這十項能力以促進社會進步。

㈣社會學習領域能力指標概要

社會學習領域能力指標是根據九大主題軸內涵轉化而來，就性質而言其為能力導向的教學目標，而能力是知識、技能與情意的綜合表現；就規範性而言其為全國性的課程標準，是每一位學生都必須達成的基本水平，而不是最高水平，是課程與教學設計之依據而不是一種限定；就定義而言其為指示在某一學習階段完成時，必須精熟的學習內容及達成的能力表現；就統整性而言其為能力指標彼此之間具有關聯性，能加以適度地統整；就來源而言其為從社會科學與其他相關領域萃取出來的主題軸內涵轉化而來；而就作用而言其為全國國民中小學擬定課程計畫、編寫教材、設計教學活動、檢視學生能力達成狀況之依據（陳新轉，2002）。

九年一貫課程社會學習領域係以課程綱要取代過去舊課程的課程標準，並以九大主題軸及其相對應之能力指標為主要架構，以作為課程設計、教材編寫、測驗編製及檢視學生學習成效的依據。此種轉變在於過去的課程標準過於僵化，課程標準不但忽視各地的獨特屬性與需求，而且也限制教師的專業行動空間。而課程綱要則要改善上述缺失。所以課程綱要的特性是彈性與多元化，並且賦予教師更大的專業自主權。

二、社會學習領域相關能力指標

九年一貫課程綱要由九大主題軸轉化分段能力指標，能力指標屬於比較概括性的課程目標，須進一步轉化為單元目標或教學目標，其功能可作為評量及判斷學生學習成效的效標，因此指標解讀後據以設計出的評量方法須能真確地反映出學生學習之成效（高新建，2002）。

本書社會學習領域部分的教案與試題範例係以第三學習階段的學童為對象來進行設計，取材內容包括公民的民主法治以及經濟兩個部分。擇取這兩個部分的原因是社會學習領域涵蓋的學科組織極為廣泛，受限於篇幅無法一一陳述分析，再者這兩部分在現代生活中具有高度的重要性。無論如何，下述內容並非強調這兩部分是最重要的。而本節主要就社會學習領域第三階段能力指標與這兩部分對應的情形進行說明與討論，並提供範例。

㈠新課程社會學習領域與民主法治學習相關的能力指標

與民主法治學習相關的能力指標計有：

第四主題軸（意義與價值）

4-3-4　反省自己所珍視的各種德行與道德信念。

第五主題軸（自我、人際與群己）

5-3-5　舉例說明在民主社會中，與人相處所需的理性溝通、相互尊重與適當妥協等基本民主素養之重要性。

第六主題軸（權力、規則與人權）

6-3-1　說明我國政府的主要結構與功能。

6-3-2　觀察研究各種會議、議會或委員會（如學生、教師、家長、社區或地方政府的會議）的基本運作原則。

6-3-3　具備生活中所需的基本法律知識。

6-3-4　列舉我國人民受到憲法所規範的權利與義務，並解釋其內涵。

第七主題軸（生產、分配與消費）

7-3-4　說明政府有時會基於非經濟原因，去干預社會的經濟活動。

第八主題軸（科學、技術與社會）

8-3-3　舉例說明人類為何需要透過立法來管理科學和技術的應用。

第九主題軸（全球關連）

9-3-3　舉出國際間因利益競爭造成衝突、對立與結盟的例子。

9-3-4　列舉全球面臨與關心的課題（如環保、飢餓、犯罪、疾病、基本
　　　 人權、經貿與科技研究等），並提出問題解決的途徑。

9-3-5　列舉主要的國際組織（如聯合國、紅十字會、WTO等）及其宗旨。

㈡新課程社會學習領域與經濟學習相關的能力指標

與經濟學習相關的能力指標主要為：

第七主題軸（生產、分配與消費）

7-3-1　了解個人透過參與各行各業的經濟活動，與他人形成分工合作的
　　　 關係。

7-3-2　針對自己在日常生活中的各項消費進行價值判斷和選擇。

7-3-3　了解投資是一種冒風險的行動，同時也是創造盈餘的機會。

7-3-4　說明政府有時會基於非經濟原因，干預社會的經濟活動。

7-3-5　了解產業與經濟發展宜考量本土的自然和人文特色。

而第七主題軸能力指標所衍生的經濟概念包括四大部分（徐新逸、賴淑
齡，2006）：

　　*1.*基本經濟概念：共包括八項經濟概念，即：(1)稀少性與選擇；(2)機會
　　成本與得失；(3)資源（如自然、人力資源）；(4)生產要素；(5)分工與
　　專業化；(6)競爭與相互依存性；(7)財貨與勞務；(8)市場與價格。

　　*2.*個體經濟概念：共包括七項經濟概念，即：(1)需求與供給；(2)消費與
　　生產；(3)交易與貨幣；(4)生產技術與生產效率；(5)政府角色；(6)公共

政策；(7)市場干預政策。

3. 總體經濟概念：共包括七項經濟概念，即：(1)儲蓄與投資；(2)經濟誘因（如利潤、利息）；(3)經濟組織（如銀行、股票市場）；(4)家庭的所得與分配；(5)經濟型態；(6)經濟成長／發展；(7)失業。

4. 國際經濟概念：共包括兩項經濟概念，即：(1)國際貿易；(2)國際貿易組織。

三、社會學習領域之教學

為使學生有效學習，教師必須靈活運用教學方法，以達成教育目標。傳統的社會學科教學方法，教師分析所欲達成之認知領域、情意領域或技能領域的教育目標，並擬定適當的教學方法和設計教學活動。在眾多教學方法中，秦葆琦（1991）指出以「練習教學法」使用的次數最多，此外，「討論教學法」亦是重要的方法（陳國彥、吳宗立，2002）。「練習教學法」乃透過不斷練習，使所欲學習的技能、經驗或內容，達到正確或純熟的反應（高強華，1988），而「討論教學法」則是在教師的引導下，透過某些技術，學生共同討論問題。

九年一貫課程目標，強調學習領域，並期待學生能培養出獨立思考與解決問題的能力，因此「批判思考教學法」的應用，愈發重要，深具啟發意義，而「批判思考教學法」的目標在於培養學生合理判斷事實真偽的態度與思考能力（陳國彥、吳宗立，2002）。陳荻卿（2000）將批判思考應用於社會學習領域，其所提出的教學程序如下所述。

首先在教學活動開始時，教師首先說明批判思考之重要性，幫助學生了解其概念及掌握原則，以利其在學習中充分運用批判思考。而後以教學單元為主軸，結合學生學習及生活經驗，由教師利用主題設計教學內容並提出能起理性衝突的問題，以利學生進行批判思考。接著教師藉由說明及小組討論澄清重要概念，學生可透過師生之互動，進一步了解概念的意義與範疇並釐清問題。另外，學生可以小組討論與合作學習方式，對所引起的問題進行對

話與辯證，教師可鼓勵學生多元思考，在勇於表達自己意見的同時，並傾聽和接納不同想法。由小組發表討論結果與心得，並利用全班討論方式，以多向溝通的方式，培養學生開放心靈並修正偏見。最後，由教師引導學生綜觀各種意見與想法，並經評估、比較與判斷，選擇最適合自己與情境脈絡的看法為行動依據，並保留再次批判思考的彈性空間。

四、教學設計示例

本節就上述社會學習領域第三階段之民主法治以及經濟兩個部分中，分別列舉頗為重要的「法律就在你身邊」及「經濟生活」兩單元進行說明，以示範社會學習領域的教學規劃，而評量的部分呈現於下一章。

(一)民主法治──「法律就在你身邊」單元教學設計示例

本單元藉由分組蒐集、討論、分享與法律保護人權有關的資料，當習得法律相關名詞後，如法律、憲法、民法等，透過教學活動，讓學生加深對法律所規定事項的印象，並了解法律與生活的密切關係。

1. 教學目標

(1)能了解法律的相關規定與權利救濟的途徑。

(2)能欣賞並接納他人。

(3)能體認法律與生活的關係。

(4)能正確運用硬體設備並實際整理資料，以清楚表達自己的意見。

其中，第一項屬於認知目標（以下代號為 A），第二及三項屬於情意目標（以下代號為 B），第四項屬於技能目標（以下代號為 C）。

2. 適用年級：六年級

3. 行為目標

在各教學目標下，訂定較具體的行為目標如下：

A-1　認識人民合法的權利。

A-2　了解憲法所保障的權利義務。

A-3　了解採取法律的正確途徑。

A-4　判斷法律制度的設定意涵。

B-1　能欣賞並接納他人長處或優點。

B-2　能體認生活中處處都受到法律的保護。

C-1　能正確使用媒體資源以蒐集有關可用的材料，進而有效且簡明地介紹給同學。

4.相對應的能力指標

本單元活動可以培養之相關學習領域各項能力指標內涵，及其與行為目標之對照如表 10-1 所示：

表 10-1　「法律就在你身邊」

行為目標	相對應之分段能力指標
	社會學習領域
A-1	6-3-3 具備生活中所需的基本法律知識。
A-2	6-3-4 列舉我國人民受到憲法所規範的權利與義務，並解釋其內涵。
A-3	6-3-4 列舉我國人民受到憲法所規範的權利與義務，並解釋其內涵。
A-4	6-3-3 具備生活中所需的基本法律知識。
B-1	6-3-3 具備生活中所需的基本法律知識。
B-2	6-3-4 列舉我國人民受到憲法所規範的權利與義務，並解釋其內涵。
	綜合活動學習領域
C-1	1-3-1 欣賞並接納他人。
	人權教育
C-1	1-3-1 能表達個人的基本權利，並了解人權與社會責任的關係。
	資訊教育
	3-4-7 能利用網際網路、多媒體光碟、影碟等進行資料蒐集，並結合已學過的軟體進行資料整理與分析。

5.教材來源

改編教育部審定翰林版《國小社會》（六上）。

6.教材分析

(1)架構：本單元在第六主題軸「權力、規則與人權」下發展出相對應的
能力指標，並以「法律就在你身邊」為大單元名稱，而「權利救濟」
與「生活法律」為小單元名稱。

(2)學習重點：本單元預期學生在學習後，能了解法律的規定、了解權利
救濟的途徑，並能針對法律與生活的關係加以省思。

(3)學習要項：本單元透過學習活動，期待學生能說明法律的相關規定、
能說明權利救濟的途徑、能指出法律與生活的關係。

7.學生經驗分析

(1)學生必須對使用電腦搜尋資料的程序有基本的認識（例如如何使用「關
鍵字」查詢）。並能了解網路使用規範以及會網路基本操作。

(2)了解「小組討論」時，組員應有的相互尊重與分工合作的重要性。

(3)學生若有個別差異，則教師可以將已經具備上述這些先備知識或技能
的學生分開安排到各組內，以幫助其他同學盡早進入狀況，讓學生間
能習得相互合作的情意教育。

8.單元與活動之概念圖

本單元內容與活動設計之概念如圖 10-1 所示。

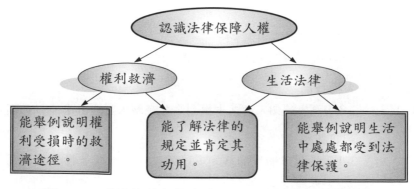

圖 10-1　「法律就在你身邊」單元與教學活動概念圖

9. 教師教學方法分析

(1)小組討論：教師給予主題，學生透過小組合作，蒐集媒體資料並討論資料的意義。

(2)啟發式：讓學生經由發現、討論，進而了解權利救濟的途徑及法律與生活的關係。

(3)問答法：教師利用詢問的方式，激發並導引學生的思考方向。

(4)實踐行動式：教師評量方式以強調親身體驗行動化，協助學生了解法律保障基本權利的理由，進而從經驗中省思並了解法律在生活中的重要性。

10. 教學構思

(1)藉由分組（約六至八人），讓學生藉由電腦或報章雜誌等媒體，尋找令其感到興趣且與法律條文有關的報導或議題，在學生親身體驗之下，引發對「法律就在你身邊」的學習動機，進而引導學生進入本單元的主題。

(2)教師藉由一些問題的提出，在與學生對話過程中，令其了解法律的相關規定與權利救濟的途徑。並引導學生對法律與生活的關係進行思考。

(3)透過合作學習的方式，讓學生以小組活動方式統整其所蒐集到的資料並向全班發表，而教師可適時地引申、說明其所代表的含意。

(4)發表過程中，運用同理心，培養學生尊重接納他人的態度。

11. 教學準備

(1)與法律有關的代表物品（以圖片、影片或實物呈現）。

(2)製作「法律就在你身邊」的簡報大綱。

(3)「報告順序表」與「評分表」海報各一張。

12. 教學主要重點

第一節：使學生明瞭法律保障人權的意義以及權利救濟的途徑並分組開始搜尋資料。

第二節：介紹權利救濟的途徑以及法律與生活的關係。

第三節：分組報告、討論，教師適時予以回饋。

第四節：省思法律與生活的關聯性，並派發總結性評量作業。

13.教學活動設計

以第一節課之教學為例之活動設計如表 10-2 所示。

㈡經濟——「經濟生活（第三課、投資理財）」單元教學設計示例

本單元藉由認識生產、消費與投資等經濟活動，而發覺三者跟經濟發展的密切關係；進一步讓學生對投資、理財的方法有正確的認識，以及對民生經濟議題產生興趣。

1.教學目標

(1)能了解投資理財的正確觀念。

(2)能欣賞並接納他人。

(3)能正確運用硬體設備並實際整理資料，以清楚表達自己的意見。

其中，第一項屬於認知目標（以下代號為 A），第二項屬於情意目標（以下代號為 B），第三項屬於技能目標（以下代號為 C）。

2.適用年級：六年級

3.行為目標

在各教學目標下，訂定較具體的行為目標如下：

A-1　能了解投資的意義與生產、消費的差異。

A-2　能理解投資與理財之間的相關性。

A-3　能判斷理財方式的意涵。

B-1　能欣賞他人長處或優點。

B-2　能接納他人短處或缺點。

C-1　能正確使用媒體資源以蒐集有關可用的材料，進而有效解讀資料。

表 10-2　第一節課之教學活動設計（共 40 分鐘）

教學活動及步驟	教學器材與注意事項	行為目標與評量方式
(1)引起動機 √ 由教師提問引起學生學習動機：教師詢問學生「為何要到學校接受義務教育？」將法律與生活的關係做連結。（2分鐘） √ 學生自行發表與討論後，教師進而引導學生就教師準備的照片予以對談並適時引出教學主題。（3分鐘）	三張照片： —最高法院 —地檢署 —中華民國憲法	學生能夠對法律相關知識及條文感到興趣，且願意發表與加入討論的行列。
(2)發展活動 √ 教師說明分組的目的與任務。（1分鐘） √ 指定六位組長人選，再由其他同學自行參與任何一組，各組人數介於六至八人，超過或不足由教師調整。（4分鐘） √ 教師就「法律就在你身邊」簡報大綱，說明內涵。 　—法律的功能。（8分鐘） 　—權利救濟的途徑。（5分鐘） 　—法律與生活。（5分鐘） √ 教師指派報告的題目範圍、發表時間與評分標準。（4分鐘） √ 各組分開討論與分配任務。（3分鐘）	教師應事前就與選定的組長溝通，並告知同學原因。 「法律就在你身邊」簡報大綱 √ 評分表（含情意項目） √ 報告順序表	 A-1 A-2 A-3 A-4 B-1 形成性評量
(3)綜合活動 √ 教師就今日教學重點予以簡明複習。（3分鐘） √ 抽點一至二位學生回答今日上課內容，並允許其他組員補充說明。教師適時予以補充，然後提醒應完成的作業。（2分鐘）	「法律就在你身邊」簡報大綱	A-1 A-2 A-3 A-4 B-2

4.相對應的能力指標

　　本單元活動可以培養之相關學習領域各項能力指標內涵，及其與行為目標之對照如表 10-3 所示：

表 10-3　「經濟生活（第三課、投資理財）」

行為目標	相對應之分段能力指標
社會學習領域	
A-1	7-3-1 了解個人透過參與各行各業的經濟活動，與他人形成分工合作的關係。
A-2	7-3-3 了解投資是一種冒風險的行動，同時也是創造盈餘的機會。
A-3	7-3-3 了解投資是一種冒風險的行動，同時也是創造盈餘的機會。
綜合活動學習領域	
B-1	1-3-1 欣賞並接納他人。
B-2	1-3-1 欣賞並接納他人。
資訊教育	
C-1	5-3-1 能找到合適的網站資源、圖書館資料，會檔案傳輸。

5.教材來源

　　改編教育部審定翰林版《國小社會》（六上）。

6.教材分析

　　⑴架構：本單元在第七主題軸「生產、分配與消費」下發展出相對應的能力指標，並以「經濟生活」為大單元名稱，而「生產活動」、「消費生活」、「投資理財」與「經濟生活循環」為小單元名稱。

　　⑵學習重點：本單元預期學生在學習後，能了解投資的意義、能說出生產、消費與投資之間的差別、能說出投資與理財之間的相關性及能判斷正確的理財方式。

7. 學生經驗分析

(1)學生已學會生產（第一課）、消費（第二課）的相關概念。

(2)學生必須對使用電腦搜尋資料的程序有基本的認識（例如如何使用「關鍵字」查詢）以及圖書館的使用規則。

(3)了解「小組討論」時，組員應有的相互尊重與分工合作的重要性。

(4)學生若有個別差異，則教師可以將已經具備上述這些先備知識或技能的學生分開安排到各組內，以幫助其他同學盡早進入狀況。

8. 單元與活動之概念圖

本單元內容與活動設計之概念如圖 10-2 所示。

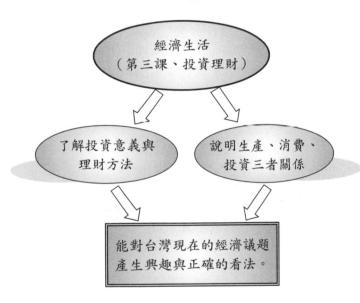

圖 10-2　「經濟生活（第三課、投資理財）」單元與教學活動概念圖

9. 教師教學方法分析

(1)小組討論：教師給予主題，學生透過小組合作，蒐集媒體資料並討論資料的意義。

(2)啟發式：讓學生經由發現、討論，進而了解投資的意義與理財的方法。

(3)問答法：教師利用詢問的方式，激發並導引學生的思考方向。

(4)實踐行動式：教師評量方式以強調親身體驗行動化，協助學生了解家庭投資理財方式，進而從生活中省思投資理財的意涵。

10. 教學構思

(1)藉由分組（約六至八人），讓學生藉由電腦或報章雜誌等媒體，尋找令其感到興趣且有關的報導與議題，在學生親身體驗之下，引發對「投資理財」的學習動機，進而引導學生進入本單元的主題。

(2)教師藉由一些問題的提出，在與學生對話過程中，令其了解「投資」與先前教過的「生產」、「消費」概念的差異。在了解三者差異情況下，引導學生對正確投資理財概念的思考。

(3)透過合作學習的方式，讓學生以小組活動方式統整其所蒐集到的資料並在與教師問答之中，透過教師適時地引申，說明其含意。

(4)發表過程中，運用同理心，培養學生尊重接納他人的態度。

(5)藉由指定的家庭作業，使學生能了解家裡投資理財的現況，進而體諒父母維持家計的辛勞；並為下一課（經濟生活循環）教學做準備。

11. 教學準備

(1)可供上網的電腦設備、圖書館。

(2)與投資理財有關的代表物品（以圖片、影片或實物呈現）。

(3)與投資理財有關的相關刊物報導。

12. 教學主要重點

第一節：學生能了解生產活動相關內容。

第二節：學生能了解消費生活相關內容。

第三節：學生能了解投資理財相關內容。

第四節：學生能了解經濟生活循環相關內容。

13. 教學活動設計

以第三節課之教學為例之活動設計如表 10-4 所示。

表 10-4 第三節課之教學活動設計（共 40 分鐘）

教學活動及步驟	教學器材與注意事項	行為目標與評量方式
(1)引起動機 √ 教師藉由詢問「照片中哪一個是生產、消費、投資？」在互動中，將三者的關係做連結。（3 分鐘） —照片中哪一個是屬於「生產」的照片？ 　答：汽車組裝。 —照片中哪一個是屬於「消費」的照片？ 　答：菜市場。 —照片中哪一個是屬於「投資」的照片？ 　答：興建學校。 √ 學生自行發表與討論後，教師進而引導學生就教師準備的問題：「生活中屬於投資的行為有哪些？」進行資料蒐集。（2 分鐘）	三張照片： —菜市場 —汽車組裝 —興建學校	學生能夠對投資理財相關知識感到興趣，且願意發表與加入討論的行列。 C-1 問答式形成性評量。
(2)發展活動 √ 教師就先前已分好的組別，帶至圖書館進行資料蒐集。（11 分鐘） —交代圖書館的注意事項。如不可高聲喧譁、要愛護圖書等。 —各組帶開分別行動。 √ 教師就課本第三課內容予以介紹，並解說投資與理財的關係。（7 分鐘） —課文集體朗讀。 —介紹投資與理財的關係。 —介紹投資與風險的關係。 —介紹一些投資的正確方法（如購買合法的基金、外幣、定存）。	教師應事前告知同學，並與學校圖書館做好聯繫。 課本	A-1 A-2 A-3

（續）

教學活動及步驟	教學器材與注意事項	行為目標與評量方式
√ 教師與同學就各組所蒐集到的資料進行討論，並從中正確理解投資、理財的差異。（12分鐘） ─由同學將蒐集的資料做分享，並由各組同學發問。 ─教師講評，並將投資應注意風險的重要性加以強調。	各組在圖書館所影印或列印的網路資料	A-1 A-2 B-1 B-2 問答式形成性評量。
(3)綜合活動 √ 教師就今日教學重點予以簡明複習。（3分鐘） √ 指定家庭作業：「我家的理財規劃」，並提示作業的撰寫重點。（2分鐘）		(1)抽點同學回答。 (2)訪問家長的所得分配情形，並撰寫心得即可。

五、結語

　　社會學習領域是培養具有獨立價值觀稱職公民的重要基礎，而提升學生民主法治與經濟方面的素養在現代生活中具有高度重要性。本文依據九年一貫課程基本理念及目標，提供「法律就在你身邊」與「經濟生活」兩單元的教學規劃示例，特色為以呼應能力指標出發，發展一套著重涵養學生獨立思考與解決問題能力的教學活動。示例中之學習活動結合學生生活經驗，以激發學生的學習興趣，並使學生能運用批判思考，透過師生的良性互動及小組討論，釐清及解決問題。

參考書目

秦葆琦（1991）。國民小學社會科實驗課程主要教學方法分析。載於國立教育資料館主編，**教學資料集刊，16**，235-271。

徐新逸、賴淑齡（2006）。台北地區國小社會科教師的經濟教育專業知能之研究。**教育研究學報，40**（1），75-79。

高強華（1988）。練習教學法。載於黃光雄（主編），**教學原理**（頁267-276）。台北：師大書苑。

高新建（2002）。能力指標轉化模式㈠：能力指標之分析及其教學轉化。載於黃炳煌（主編），**社會學習領域課程設計與教學策略**（頁51-94）。台北：師大書苑。

教育部（2003）。**國民中小學九年一貫課程綱要社會學習領域**。台北：教育部。

陳國彥（2001）。**社會領域課程與教學**。台北：學富。

陳國彥、吳宗立（2002）。**社會領域教材教法**。高雄：麗文。

陳荻卿（2000）。**批判思考教學策略運用在國小五年級社會科之實驗研究**。台北：國立政治大學教育研究所碩士論文。

陳新轉（2002）。能力指標轉化模式㈡：能力指標之「表徵能力」課程轉化模式。載於黃炳煌（主編），**社會學習領域課程設計與教學策略**（頁95-123）。台北：師大書苑。

陳麗華、王鳳敏譯（1996）。**美國社會科課程標準**。台北：教育部。

歐用生（1999）。國民小學九年一貫課程的內涵與特色。刊於中華民國教材研究發展學會編印，**邁向課程新紀元㈡**（頁8-17）。台北：中華民國教材研究發展學會。

Chapin, J. R., & Messick, R. G. (2002). *Elementary social studies: A practical guide.* Boston: Allyn & Bacon.

Chapter **11**

社會學習領域教學評量設計

陳煥文

洪碧霞

徐秋月

　　九年一貫課程的基本理念在於培養具有民主素養、法治觀念、獨立思考及創造力的國民，並進而達成加強國民的國家意識與擴展其國際視野，因而社會學習領域之學習乃是國民教育階段不可或缺的學習領域。而新課程改革社會學習領域的基本理念，係以「人」為中心，著眼於統整「自我、人與人及人與環境」之間互動關係所產生的經驗知識領域。基於社會學習領域的基本理念，國民教育階段的課程目標乃以學生為主體，以生活為中心，培養學生具有帶著走的十項基本能力，進而達成培養健全國民與具世界觀的公民（教育部，2003）。

　　教育部於 2000 年即公布了「九年一貫課程暫行綱要」，其中詳列了十項社會學習領域的課程目標，更由九大主題軸轉化分段能力指標，除強調認知層面外，也兼顧了態度及價值等情意層面與技能運用層面的學習成果（教育部，2003；黃炳煌，2002）。能力指標屬於比較概括性的課程目標，須進一步轉化為單元目標或教學目標，其功能可作為評量及判斷學生學習成效的效

標,因此指標解讀後據以設計出的評量方法,須能真確地反映出學生學習之成效(高新建,2002)。

本章首先介紹社會學習領域教學評量上之應用,並就第十章所提出之社會學習領域第三階段之「民主法治」與「經濟」單元教學範例,針對評量部分提出示例及說明。

一、社會學習領域教學評量設計概念

評量乃蒐集、綜合和解釋學生學習資料,以作為教學決定的歷程,其為課程設計中所不可或缺的要素。而教學評量乃教師將課堂上蒐集來的量化或質性的資訊加以選擇組織並解釋,用以對學生做決定或進行價值判斷的過程(李坤崇,1999)。社會學習領域的教學評量不是社會學習領域教學的終點,其主要目的在於分析教學得失及診斷學習困難,作為實施補救教學和個別輔導,及修正課程、教材、教法的依據(歐用生,1999;Kaltsounis, 1979)。

根據不同教學階段的評量目標,評量可分為準備度、安置性、形成性、診斷性及總結性評量,教師應先確立評量目標,才能設計一份理想教學評量計畫。表11-1(鄒慧英譯,2003;Airasian & Madaus, 1972)為不同教學階段,各型評量之比較。

Gardner(1993)提出評量應重視全面性的了解與解釋,利用多元的測量工具,兼顧各種智慧,並宜在類似真實工作情境的狀態下進行,而評量結果可用以協助學生了解其學習的優缺點。因此評量乃是以教師教學與評量的專業為基礎,依據教學目標研擬適切的多元評量方式、決定評量內涵、評量人員、評量時機與過程,並呈現多元的學習結果,以提供更適性化的教學來增進學生成長。然而多元評量並非廢除紙筆測驗,而是應於適當時機使用,以達成評量目標。

教師設計教學評量時,應統整課程、教材與教學,將評量納入課程設計的一環,並使評量與課程、教學目標三者相呼應,並將評量內涵詳盡呈現,如評量目標、範圍、評量方式與計分方式、內容所占比例、結果的運用、補救教學、學習評量通知單等(李坤崇,1999)。而設計評量的基本步驟包

表 11-1　教學評量的基本類型

功能	教學前		教學中		教學後
	準備度	安置性	形成性	診斷性	總結性
測量的焦點	先備的起點技能	課程或單元目標	事先界定的教學段落	大多數共同的學習錯誤	課程或單元目標
樣本本質	選出技能的有限樣本	所有目標的廣泛樣本	學習作業的有限樣本	明確錯誤的有限樣本	所有目標的廣泛樣本
試題難度	難度通常較低	難度範圍通常較廣	隨著教學段落而變化	難度通常較低	難度範圍通常較廣
施測時間	課程或單元開始時	課程或單元開始時	定期於教學中進行	視需要於教學中進行	課程或單元結束時
結果的使用	補救起點的不足或分派至學習小組	教學規劃與高階安置	透過持續性的回饋改善並指導學習	補救與重要學習困難相關的錯誤	分派等第、確認成就或是評鑑教學

括：決定評量的目的、設計評量用的雙向細目表、選擇適當的試題類型和評量作業、準備相關的評量作業、編組評量、評量的施測及計分、審查與修改、善用結果（鄒慧英譯，2003；Linn & Gronlund, 2000）。

二、教學目標與雙向細目表的發展

　　傳統的社會科教學只有強調能增加知識的目標，但是九年一貫課程的社會學習領域尚須培養學生獨立思考及應付變化和衝突的能力，以適應現代社會的需要。教學上，由於「批判思考教學法」的應用愈發重要，因此，評量也應重視測量批判思考能力。社會學習領域的教學評量須反應教學目標，兼顧評量認知、情意與技能的學習成果。認知教學目標的評量常以紙筆測驗為工具，情意教學目標多以行為或態度評量表、檢核表、口語量表或高層次的紙筆測驗為評量方式，技能教學目標通常以行為檢核、行為評量或口語評量為評量方式。

以認知教學目標為例，Bloom 等人（1956）將認知領域又分為知識、理解、應用、分析、綜合與評鑑等六個層次。Anderson等人（2001）修訂Bloom之教育目標分類將認知層次分為記憶、了解、應用、分析、評鑑、創造等六項。參考美國 NAEP 的評量架構（National Assessment Governing Board, 2002）、鄧毓浩（2000）的命題指標及 Anderson 等人（2001）的認知領域，表 11-2 呈現三個認知層次作為社會學習領域評量工具編製之依據。其中知識層次包含了再認及回憶兩種歷程，理解包含了詮釋、舉例、分類、摘要、推論、比較及解釋等歷程，高層次思考則包含了應用、區辨、組織、歸因、檢查、批判（判斷及評論）、產生、計畫及製作等歷程。

教師可以根據測驗或評量目的及教學目標，發展雙向細目表，為一二向度分類表，一般以教學目標（如認知層次）為縱軸，以教材內容為橫軸，細目內通常為試題數（有時含計分）的分配，亦可為評量活動的分配。雙向細目表是測驗編製的藍圖，教師編製測驗時，應根據雙向細目表的計畫，以提升評量工具的品質。表 11-3 為一成就測驗雙向細目表的示例。

表 11-2　社會學習領域認知層次概述表

認知層次	說明
知識記憶	能辨認社會學科中重要的名詞與觀念。
理解	能掌握資料、理解正確的訊息、運用適合的圖表呈現資料，從資料中去推理可能的關係與趨勢，與了解相關學科所提供探究問題的方法。
高層次思考	能以主動的態度去釐清問題的內涵與關係、利用提供的資料與現有的知識進行歸納與整理，並以合理的態度與客觀的立場去評析問題。

表 11-3 國小六年級社會領域成就測驗雙向細目表

認知層次 內容領域	知識記憶	理解	高層次思考	總題數（％）
台灣的地理	11	11	9	31（26％）
台灣的歷史	9	9	9	27（22％）
公民生活	9	9	7	25（21％）
台灣文化內涵	5	5	5	15（12％）
全球化	8	8	6	22（19％）
總題數（％）	42（34.2％）	42（34.2％）	36（31.6％）	120（100％）

三、紙筆測驗編製原則

　　為因應九年一貫課程的實施，現行「國民中小學學生成績評量準則」中強調多元評量的精神，然而多元評量並非廢除紙筆測驗，而是應根據教學評量計畫，與其他評量方式搭配使用，以適當地評量學生的學習結果（李坤崇，1999；陳國彥、吳宗立，2002）。紙筆測驗常用於評量學生認知領域的學習結果，而常用於社會學習領域中的紙筆測驗的試題形式，包含了是非題、配合題、選擇題、簡答題及論文題等。其中選擇題在第三階段及國中第四階段（五至九年級）中的運用，會比小學低年級階段來得普遍，因為選擇題的作答要倚賴較高的閱讀理解能力，且亦能用於測量學生高層次思考能力（Borich & Tombari, 2004）。相較於選擇題而言，論文題能測量學生是否能整合各種高層次思考能力，以解決複雜的問題，因此論文題所提供的高層次思考能力的評量訊息，比較正確（Norris & Ennis, 1989）。

　　用於第三階段或第四段社會學習領域的紙筆測驗，若架構中含測量高層次思考能力，在測驗時間許可下，原則上建議題型可包含選擇題及論文題。本章所提出的示例為第三階段社會學習領域，因此本節就選擇題及論文題，分別說明其命題原則及提出示例。

㈠選擇題命題原則*

1. 一般注意事項

(1)試題內含的訊息不宜是某些群體所特別熟悉或是比較陌生的。

不佳試題：武俠小說《大漠英雄傳》是以中國的哪一個朝代為背景？
(A)唐　(B)宋　(C)明　(D)清

較佳試題：有一部改編史實的小說，主角是一在<u>蒙古</u>長大的<u>漢人</u>，與<u>大理</u>、<u>西夏</u>人士結為兄弟，最後在對抗<u>蒙古</u>入侵中原的戰爭中喪生。請問：這個故事最可能發生在<u>中國</u>的哪一個朝代？
(A)唐　(B)宋　(C)明　(D)清

(2)題材盡量採取與考生的生活經驗有關的，避免一般學生不熟悉的題材。

不佳試題：有句氣象諺語「六月十九日無風，水也吼。」是形容何種天氣特徵？
(A)梅雨季長　(B)颱風來襲　(C)夏季多雨　(D)午後雷雨

較佳試題：有句氣象諺語「六月十九日無風，水也吼。」意旨農曆六、七月份即使還沒有颳大風，從海浪的吼聲如雷也可以預測天氣的變化。請問：此諺語所預測的天氣變化，最有可能是下列何者？
(A)梅雨季長　(B)颱風來襲　(C)夏季多雨　(D)午後雷雨

(3)避免未定或有所爭議的題材。

(4)測驗所使用的語言與敘述能為一般學生所能理解。

(5)試題中所提供的資料與圖形應盡量與事實相符。

---

* 部分原則及示例引自國民中學學生基本學力測驗社會學科命題研習會手冊（2000）；國中生基本學力測驗工作推動小組之說明。

不佳試題：右圖的天氣圖顯示有一熱帶低氣
　　　　　壓正侵襲台灣，請問：台灣在哪
　　　　　些季節常常面臨颱風的威脅？

　　　　　(A)春夏二季

　　　　　(B)夏秋二季

　　　　　(C)秋冬二季

　　　　　(D)春冬二季

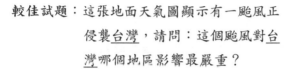

較佳試題：這張地面天氣圖顯示有一颱風正
　　　　　侵襲台灣，請問：這個颱風對台
　　　　　灣哪個地區影響最嚴重？

　　　　　(A)東北部

　　　　　(B)西北部

　　　　　(C)東南部

　　　　　(D)西南部

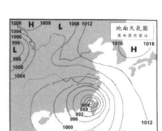

(6)選擇清晰可辨的圖形，無關的線條盡可能減少。

(7)使用圖表命題時，圖表必須是答題時重要資訊的來源。

(8)不要將四個是非題拼湊成一個選擇題，以致缺少一個明確的中心問題。

不佳試題：下列有關四川省的敘述，哪一項正確？

　　　　　(A)冬溫比長江中、下游冷

　　　　　(B)地形上為一高原

　　　　　(C)盛產稻米雜糧，可惜人口太多，無法自給

　　　　　(D)夏季悶熱，主因是四周山嶺圍繞、距海太遠

較佳試題：四川冬季較長江中、下游溫暖，主要原因是什麼？

　　　　　(A)緯度較低

　　　　　(B)高山屏障

　　　　　(C)距海較遠

　　　　　(D)地形崎嶇

(9)試題具有原創性，避免抄襲參考書、補習班講義或其他測驗。

(10)試題用字或敘述應避免出現對特定族群的歧視或褒獎。

不佳試題：傳教者向<u>小玉</u>傳教，下面是她所聽到四種宗教的主張，其中，哪一個主張是較理性的？

(A)道士：購買本教仙丹，可治百病且延年益壽

(B)牧師：向本教捐獻財物，個人的罪惡即可洗清

(C)比丘尼：信仰本教不得奢華，應過簡單樸素的生活

(D)神父：世界末日即將來臨，盡早結束生命才能上天堂

較佳試題：傳教者向<u>小玉</u>傳教，下面是她所聽到四種宗教的主張，其中，哪一個主張是較理性的？

(A)購買本教仙丹，可治百病且延年益壽

(B)向本教捐獻財物，個人的罪惡即可洗清

(C)信仰本教不得奢華，應過簡單樸素的生活

(D)世界末日即將來臨，盡早結束生命才能上天堂

2. 題幹部分

(1)題幹要清楚表達題意，避免過短或過長，只問一個問題。

不佳試題：<u>蔣經國</u>總統和<u>李登輝</u>總統分別於民國七十六年、八十年宣布了什麼重大事項，對於<u>台灣</u>邁向民主政治有很大的貢獻？

(A)解嚴、廢止動員戡亂時期

(B)解嚴、省市長開放民選

(C)解嚴、正副總統由公民直選

(D)解嚴、制定動員戡亂時期臨時條款

較佳試題：<u>台灣</u>的民主制度，是一個持續改造的歷程，在民國七十六年，由<u>蔣經國</u>總統宣布下列哪一項重大變革，開啟<u>台灣</u>社會回歸憲政體制的發展？

(A)解除戒嚴

(B)省市長開放民選

(C)廢止動員戡亂時期

(D)正副總統由公民直選

(2)在各選項重複出現的文字，應放在題幹內。

(3)題幹應盡量用正面的敘述，避免使用否定句，如須以否定句陳述問題，則須特別強調否定用字。

不佳試題：<u>小華是一名國中學生，他從事下列哪一種行為時，不用得到父母或監護人的同意？</u>

(A)接受同學贈送的禮物

(B)向銀行借錢購買機車

(C)與別人訂立契約租屋

(D)購買昂貴的電腦設備

較佳試題：<u>小華是一名國中學生，他從事下列哪一種行為時，<u>不需要</u>得到父母或監護人的同意，即具有法律的效力？</u>

(A)接受同學贈送的禮物

(B)向銀行借錢購買機車

(C)與別人訂立契約租屋

(D)購買昂貴的電腦設備

(4)避免提供正確答案的暗示性線索。

(5)題幹的敘述應保持完整，避免被選項分割成兩個部分或段落。

3. 選項部分

(1)誘答選項具同質性與似真性，包含常見的錯誤觀念。

不佳試題：科學革命時期，許多科學家提出新的觀念來研究自然，其中，提出「物競天擇，適者生存」學說，來解釋人類進化原則的是誰？

(A)洛克　(B)拿破崙　(C)<u>達爾文</u>　(D)莎士比亞

較佳試題：科學革命時期，許多科學家提出新的觀念來研究自然，其

中，提出「物競天擇，適者生存」學說，來解釋人類進化原則的是誰？

(A)牛頓　(B)哥白尼　(C)笛卡兒　(D)達爾文

(2)謹慎使用「以上皆是」或「以上皆非」。

不佳試題：工業革命不僅帶來生產方式的變革，對近代歐美社會與經濟亦有重大的影響，其影響面包括下列何者？

(A)使糧食生產大增

(B)都市化成為趨勢

(C)社會主義的興起

(D)以上皆是

較佳試題：工業革命不僅帶來生產方式的變革，對近代歐美社會思想上的改變，有何種影響？

(A)啟蒙思想的發源

(B)專制王權的開展

(C)社會主義的興起

(D)宗教思想的重視

(3)選項之間應相互獨立，避免意義重疊、連鎖。

不佳試題：中國內流區與外流區的分布差異，最主要是受到下列哪一因素的影響？

(A)降水多寡　(B)位置差異　(C)蒸發強弱　(D)地形差異

較佳試題：中國內流區與外流區的分布差異，除了受位置、蒸發強弱的影響之外，還有下列哪一因素的影響？

(A)降水多寡　(B)位置差異　(C)蒸發強弱　(D)地形差異

(4)變化正確答案的長度以排除提供線索的可能。

(5)標準答案必須是正確的答案或是沒有爭議的最佳答案。

(6)選項的敘述應力求簡短，相同的字詞宜放在題幹。

(7)選項避免出現「總是、一定、絕對、從來、所有」等副詞。

不佳試題：學生自治的精神是讓學生學習管理自己的事務，培養民主
的素養，而實行學生自治應具備何種態度？

　　(A)所有和學生有關的事務，都屬於學生自治範圍

　　(B)一定要以投票表決來決定團體的事務

　　(C)學生的意見具有絕對的權力

　　(D)在學校與社會規範內，決定團體的事物與規範

較佳試題：學生自治的精神是讓學生學習管理自己的事務，而實行學
生自治應具備何種態度？

　　(A)和學生有關的事務，都屬於學生自治的範圍

　　(B)以民主的方式來決定團體的事務

　　(C)學生自治可不受學校規範的限制

　　(D)學校師長不能對學生自治事項表示意見

4.劣質選項的特徵

一般在社會學習領域的選擇題中，常見的選擇題劣質選項特徵如下：

(1)句長不一：各選項之句長過於懸殊。

(2)條件界定特殊：正確選項條件說明清晰，誘答選項則無。

(3)概括性：正確選項較誘答選項更具有普遍性。

(4)相斥性：選項中有兩個相斥的陳述句。

(5)措詞：選項包含武斷、含糊、無禮或感情的語詞。

(二)論文試題命題原則

1. 測量較高層次思考之學習結果，才用論文題。

不佳試題：

請說明<u>美國</u>有哪些主要的政黨？

較佳試題：

請從政府在私人企業的角色扮演上，比較<u>美國民主黨</u>與<u>共和黨</u>在政策

上的差異。

2. 明確界定欲測量的行為。

　　不佳試題：

　　　　<u>美國</u>憲法如何限制政府權力？

　　較佳試題：

　　　　請舉出兩個<u>美國</u>憲法如何限制政府權力的例子。

3. 用更清晰、明確、具體的辭彙來敘述。

　　不佳試題：

　　　　請比較傳統農具生產方式和現代農具生產方式。

　　較佳試題：

　　　　請就「農具材質」、「工作效率」與「農田形狀」三方面比較傳統農
　　　　具生產方式和現代農具生產方式的差異。

4. 不應允許學生選擇試題作答。

5. 提示每一題的作答時間與配分，並給予充分時間作答。

6. 以多題短答的限制反應問題取代少題長答的論文題。

四、教學評量之紙筆測驗示例

　　第十章呈現了社會學習領域第三階段之民主法治以及經濟兩個部分中，頗為重要的「法律就在你身邊」及「經濟生活」兩大單元的教學規劃實例，教學評量的設計中，可分別輔以評定量表與觀察檢核表來評量情意與技能教學目標，而本節主要提供常用於評量認知教學目標的紙筆測驗的示例。

㈠民主法治──「法律就在你身邊」單元紙筆測驗示例

　　本測驗內容取自翰林版《國小社會》（六上）「法律就在你身邊」中的「權利救濟」與「生活法律」兩個單元，測驗配合相對應於社會學習領域能力指標（6-3-3、6-3-4）的行為目標（A-1、A-2、A-3、A-4，如第十章表 10-1 所示）來進行命題。

1. 測驗目的：測驗屬總結性測驗，目的在了解學生的學習成果，以確定學生

表 11-4 「法律就在你身邊」行為目標

代碼	行為目標
A-1	認識人民合法的權利。
A-1-1	辨識人民合法的權利。
A-2	了解憲法所保障的權利義務。
A-2-1	區辨受法律保障與否的行為。
A-2-2	區辨憲法所保障的基本權利。
A-3	了解採取法律的正確途徑。
A-3-1	區辨犯罪行為所適用的法律。
A-3-2	區辨保障人民權益所適用的法律。
A-4	判斷法律制度的設定意涵。
A-4-1	區辨法律制度正確與不正確的意涵。
A-4-2	區辨正確與不正確的守法觀念。

是否精熟表 11-4 所示之行為目標，而達成教學預定目標；測驗時間為二十分鐘。

2. 測驗題型與配分：題型為八題選擇題，每題 2 分，兩題建構反應試題，每題最高分數為 2 分，共十題，總計 20 分。

3. 設計雙向細目表：雙向細目表如表 11-5 所示，本測驗之認知層次分為記憶、了解與高層次思考三類。行為目標 A-1-1 至 A-3-1 屬記憶及了解的認知層次，主要以選擇題來評量，而行為目標 A-3-2 至 A-4-2 屬高層次思考的認知層次，除了選擇題之外，還以論文試題來評量。由於施測對象為九年一貫第三階段高年級學生，且配合以啟發學生批判思考能力的教學設計，高層次思考的認知層次占了較高的比重。

表 11-5　「法律就在你身邊」雙向細目表

內容 ＼ 認知	記憶	了解	高層次思考	題數
權利救濟	1	2、8	9	4
生活法律		3、4	5、6、7、10	6
題　　數	1	4	5	10

4.測驗內容：

　　測驗試題及解析呈現如下，第 1 題至第 8 題為選擇題，而第 9 題及第 10 題為論文試題。

⑴當人民因犯案而被警察逮捕時，下列何者是嫌犯合法的權利？（A-1-1，記憶）

　⑷要求媒體採訪

　⒝聘請辯護律師

　⒞進行絕食抗議

　⒟選擇承辦檢察官

【解析】此題評量學生是否能辨識人民合法權力，屬於記憶認知層次。答案為 B。

⑵下列何種情形是民主社會中<u>不受法律保障</u>的人民集會？（A-2-1，了解）

　⑷激進派政黨舉行集會爭取支持

　⒝學生團體在公園舉辦搖滾演唱

　⒞一些小型的宗教團體舉辦活動

　⒟激進派秘密集會計畫推翻政府

【解析】此題評量學生是否能區辨受與不受法律保障行為的異同，屬於了解認知層次。答案為 D。

⑶近年來黑道勢力侵入校園的事件時有所聞，尤其以恐嚇勒索的行徑最為囂張。在遇到這種危及人身安全的情形時，我們應該報警處理以使不法份子接受哪一種法律的制裁？（A-3-1，了解）

　⑷民法　⒝刑法　⒞國安法　⒟警察法

【解析】此題評量學生是否能區分犯罪行為所適用的法律，屬於了解認知層
次。答案為 B。

(4)**大明是其父母當年未婚生子的結晶，並由母親獨自扶養成人；大明長大後**
發現父親是某大企業的負責人，因此想要「認祖歸宗」。大明可以依哪一
種法律來爭取其應有的權益？（A-3-2，了解）

　(A)民法　(B)刑法　(C)行政法　(D)健保法

【解析】此題評量學生是否能區分保障人民權益所適用的法律，屬於了解認
知層次。答案為 A。

(5)**我國法律規定恐嚇、詐欺之犯罪行為是採取公訴原則，意即檢察官可依具**
體事證直接提起訴訟，以保護人民的生命財產安全。請判斷部分法律條文
採用公訴的適當理由為何？（A-4-1，高層次思考）

　(A)簡化警察局報案程序

　(B)維護社會的公共利益

　(C)提升檢察官辦案業績

　(D)保障加害者個人隱私

【解析】此題評量學生是否能區辨採用法律條文的理由，屬於高層次思考。
答案為 B。

(6)**針對我國法律的描述，判斷下列何者是正確的？**（A-4-1，高層次思考）

　(A)律師負責制訂法律

　(B)法律之前人人平等

　(C)法官負責解釋法律

　(D)檢察官負責監督法律

【解析】此題評量學生是否能判斷法律制度的意涵，屬於高層次思考。答案
為 D。

(7)**法律是為了維持社會的公平正義，判斷下列哪一個敘述是正確的守法觀念？**
（A-4-2，高層次思考）

　(A)為了接送小孩方便，家長在上下學期間可以併排停車

　(B)因為學生財力有限，所以可上網下載免費的盜版軟體

　(C)由於家醜不可外揚，故父母酗酒打人也只能默默承受

⑼因為地球只有一個，所以對污染環境的人要勇於檢舉

【解析】此題評量學生是否能區辨正確的守法觀念，屬於高層次思考。答案
　　　　為 D。

⑻民國四十年代，<u>台灣地區除已存在的少數政黨外，人民不得籌組其他政黨</u>。
　　解嚴之後，目前合法登記的政黨已有一百零六個，由此可見我國在哪一種
　　基本權利的保障上已有長足的進步？（A-2-2，了解）

　　(A)平等權　　(B)自由權　　(C)受益權　　(D)參政權

【解析】此題評量學生是否能區分憲法所保障的基本權利，屬於了解認知層
　　　　次。答案為 D。

⑼<u>大明因生意需要而向小華借了一百萬，後來大明因為生意失敗而無法償還
　　債務。依我國法律規定，小華可以採取哪兩種方式來保障其權利？</u>
　　（A-3-2，高層次思考）

　　答：＿＿＿＿＿＿＿＿＿＿＿＿＿＿＿＿＿＿＿＿＿＿＿＿＿

　　　　＿＿＿＿＿＿＿＿＿＿＿＿＿＿＿＿＿＿＿＿＿＿＿＿＿

第 9 題評分規準

給分	說明
2	提出的兩個方式皆能正確說明法律對基本權利的保障。
1	只提出一個能正確說明法律對基本權利的保障。
0	不能提出正確說明法律保障基本權利的兩個理由。

【解析】此題評量學生是否能區辨採用保障人民權益所適用的法律，屬於高
　　　　層次思考。

⑽小華和家人一起去看電影，當他們到達時電影票已經售完，小華表示他不
　介意坐在地板上看電影，但是媽媽提醒他注意牆上的這張告示：
　（A-4-2，高層次思考）

請問你／妳認為消防單位限制電影院人數的最適當理由為何？
答：_____

第 10 題評分規準

給分	說明
2	提出的解釋明顯而正確。
1	1 提出的解釋薄弱不夠明確。 2 提出的解釋只是就告示內容進行說明。
0	提出的解釋不明確或離題。

【解析】此題評量學生是否能區辨正確與不正確的守法觀念，屬於高層次思
　　　　考。

㈡經濟——「經濟生活（第三課、投資理財）」單元紙筆測驗示例

　　本測驗內容取自翰林版《國小社會》（六上）經濟生活中的「投資理財」
單元，測驗配合相對應於社會學習領域能力指標（7-3-1、7-3-3）的行為目標

（A-1、A-2、A-3，如第十章表 10-3 所示）來進行命題。

1. 測驗目的：測驗屬總結性測驗，目的在了解學生的學習成果，以確定學生是否精熟表 11-6 所示之行為目標，而達成教學預定目標；測驗時間為二十分鐘。

表 11-6 「經濟生活（第三課、投資理財）」行為目標

代碼	行為目標
A-1	能了解投資的意義與生產、消費的差異。
A-2	能理解投資與理財之間的相關性。
A-3	能判斷理財方式的意涵。

2. 測驗題型與配分：題型為九題選擇題，每題 2 分，一題建構反應試題，最高分數為 2 分，共十題，總計 20 分。

3. 設計雙向細目表：雙向細目表如表 11-7 所示，本測驗之認知層次分為記憶、了解與高層次思考三類。行為目標 A-1 及 A-2 屬了解的認知層次，主要以選擇題來評量，而行為目標 A-3 屬高層次思考的認知層次，除了選擇題之外，還以論文試題來評量。由於施測對象為九年一貫第三階段高年級學生，且配合以啟發學生批判思考能力的教學設計，高層次思考的認知層次占了較高的比重。

表 11-7 「經濟生活（第三課、投資理財）」雙向細目表

認知 內容	記憶	了解	高層次思考	題數
投資 理財	0	2、4、6、9	1、3、5、7、8、10	19
題數	0	4	6	10

4. 測驗內容：

測驗試題及解析呈現如下，第 1 題至第 9 題為選擇題，而第 10 題為論文試題。

(1)下列敘述中，何者最接近「儲蓄」的意思？（A-3，高層次思考）

　(A)哥哥買很多遊戲卡，然後藏在衣櫃裡

　(B)媽媽去市場時都買便宜的蔬菜水果

　(C)爺爺和奶奶常常主動給我們零用錢

　(D)爸爸將沒花完的錢存到銀行戶頭裡

【解析】此題評量學生是否能區辨理財方式的意涵，屬於高層次思考。答案為 D。

(2)「護士鄭阿姨最近買基金賺大錢，於是帶全家去日本玩。」

　請問上述句子中，何者是鄭阿姨所做的「投資」？（A-1，了解）

　(A)當護士　(B)買基金　(C)賺大錢　(D)去日本玩

【解析】此題評量學生是否能了解投資的意涵，屬於了解認知層次。答案為 B。

(3)夢公園的涼亭裡，兩位老人家邊下棋邊談到他們最近的遭遇……

　招寶姨：「聽說開紅茶店的利潤很高，可是我投資的店卻倒閉，真倒楣。」

　進財伯：「唉，我也把退休金全跟了利息很高的互助會，但是會首卻捲款
　　　　　逃跑了！」

　根據上述內容判斷，他們在做理財規劃時都忽略下列哪一種觀念？

　（A-3，高層次思考）

　(A)風險評估　(B)推銷策略　(C)降低成本　(D)開源節流

【解析】此題評量學生是否能區辨適當理財方式，屬於高層次思考。答案為 A。

(4)園遊會結束後，負責記帳的小毛他的記事本寫著：「一、在扣除原來買康
　乃馨的 500 元和包裝紙 100 元之後，還剩 1,000 元。二、下週一補假。」由
　上述內容中可知該班的買賣「利潤」為？（A-2，了解）

　(A) 1,000 元　(B) 400 元　(C) 600 元　(D)下週一可以補假

【解析】此題評量學生是否能了解理財的意義，屬於了解認知層次。答案為 A。

(5)胡小瓜的日記寫著「爸爸說因為經濟不景氣造成他買的『蓮花科技』股票
　賣不出去，所以今年沒有辦法帶我去迪斯奈樂園玩，我好失望。」小瓜這

一段日記內容與下列哪一個經濟現象的意思相同？（A-3，高層次思考）

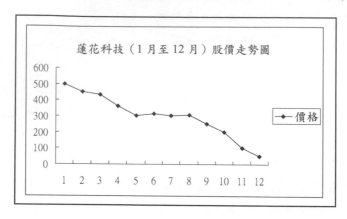

蓮花科技（1月至12月）股價走勢圖

(A)只要努力工作就能夠增加收入

(B)自由的市場能保證我們的利潤

(C)先前投資績效不保證未來獲利

(D)政府積極介入金融機構的經營

【解析】此題評量學生是否能判斷理財方式的意涵，屬於高層次思考。答案
　　　為 C。

(6)下表是王爺爺投資台灣證券市場四種不同類型股票，投資時的資金與投資
　一年後獲利情形比較表。請問：王爺爺使用的投資理財工具中，哪一個賺
　的錢最多？（A-3，了解）

理財工具	金融股	水泥股	鋼鐵股	地雷股
投資金額	3 萬元	5 萬元	10 萬元	15 萬元
獲利金額	2,400 元	3,000 元	7,000 元	7,500 元
報酬率	8%	6%	7%	5%

(A)金融股　(B)水泥股　(C)鋼鐵股　(D)地雷股

【解析】此題評量學生是否能了解獲利的意涵，屬於了解認知層次的歷程。
　　　答案為 D。

(7)（呈上題）王小花的奶奶買樂透彩中了二十萬元，請問小花如果要幫奶奶
　做投資理財的話，她應該投資哪一個工具，才能幫奶奶賺得最多錢？（A-3，

高層次思考）

　　(A)金融股　　(B)水泥股　　(C)鋼鐵股　　(D)地雷股

【解析】此題評量學生是否能判斷報酬率意涵，屬於高層次思考。答案為 A。

⑻**大富翁銀行公布該銀行最近三年來的存款利率走勢圖，阿土伯發現他的利**

　息收入愈來愈少；下列

　何者最有可能造成這種

　結果？（A-3，高層次

　思考）

　　(A)銀行的房貸客戶增加

　　(B)民間的投資愈來愈多

　　(C)民眾喜歡到銀行存錢

　　(D)買賣股票可以賺大錢

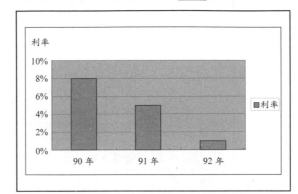

【解析】此題評量學生是否能判斷儲蓄的意涵，屬於高層次思考。答案為 C。

⑼爸爸領了工作獎金 20,000 元，預備下個月拿來買液晶電視，這段期間爸爸

　如何處理這筆錢最好呢？（A-2，了解）

　　(A)購買樂透彩券

　　(B)放在抽屜藏好

　　(C)存入銀行戶頭

　　(D)購買人壽保險

【解析】此題評量學生是否能區分理財方式，屬於了解認知層次。答案為 C。

⑽**小銘**有 1,000 元的壓歲錢，他想要買「玩具車」也想買「熊娃娃」，而他

　也想下個月和同學一起去看「超人特攻隊」的電影；但是錢好像不太夠，

　請你幫他想個解決的辦法吧，並說明你的理由。

玩具車	500 元／每台
熊娃娃	350 元／每個
電影票	200 元／每張
銀行的利率	10%（每月）

第 10 題評分規準

給分	說明
4 分	能正確解答，並說明理由。例如先買玩具車，再將剩下的 500 元存入銀行，等到一個月後，就有 500 元和利息 50 元，如此就能買熊娃娃和看電影了。
3 分	能說出解答，但未說明理由。例如先買玩具車，等到一個月後，就能再買熊娃娃和看電影了。
2 分	解答未利用表格內容，但仍能針對問題回答。例如將玩具車和熊娃娃一起買，下個月再跟媽媽拿錢看電影就好了。
1 分	採用的方法未能完全解決問題。例如只要買熊娃娃和看電影就好了，玩具車不要買。
0 分	完全未答，或未針對問題回答。例如把錢交給媽媽，叫她想辦法。

（A-3，高層次思考）

【解析】此題評量學生是否能判斷理財方式的意涵，屬於高層次思考。

五、結語

　　「培養具獨立思考與解決問題能力的學生」是九年一貫課程社會學習領域的重要目標，因此不僅教學活動應依據此目標進行規劃，教學評量的設計亦應以其為藍圖。本文除介紹九年一貫課程社會學習領域多元教學評量的設計概念與原則外，並提供應用於第十章中「法律就在你身邊」與「經濟生活」兩單元教學規劃之紙筆測驗的示例。有別於一般偏重記憶背誦層次的紙筆測驗，本文所提出之測驗示例，除以能力指標為設計基礎外，並呼應第十章所提之教學目標，著重學生「批判思考能力」的評量，測驗示例中所使用之試題經專家的檢核及實證資料的驗證，對評量工具設計者應具獨特的參考價值。

參考書目

李坤崇（1999）。**多元化教學評量**。台北：心理。

高新建（2002）。能力指標轉化模式㈠：能力指標之分析及其教學轉化。載於黃炳煌（主編），**社會學習領域課程設計與教學策略**（頁51-94）。台北：師大書苑。

教育部（2003）。**國民中小學九年一貫課程綱要社會學習領域**。台北：教育部。

陳國彥、吳宗立（2002）。**社會領域教材教法**。高雄：麗文。

黃炳煌（2002）。基本原理與課程目標。載於黃炳煌（主編），**社會學習領域課程設計與教學策略**（頁11-20）。台北：師大書苑。

鄒慧英譯（2003）。Robert, L. L. & Norman, E. G. 著（2000）。**測驗與評量——在教學上的應用**。台北：洪葉。

歐用生（1999）。國民小學九年一貫課程的內涵與特色。刊於中華民國教材研究發展學會編印，**邁向課程新紀元㈡**（頁8-17）。台北：中華民國教材研究發展學會。

鄧毓浩（2000）。國中基本學力測驗與公民科教學評量。**菁義季刊，12**（2），2-4。

Airasian, P. W., & Madaus, G. F. (1972). Functional types of student evaluation. *Measurement and Evaluation in Guidance, 4,* 221-233.

Anderson, L. W., Krathwohl, D. R., Airasian, P. W., Cruikshank, K. A., Mayer, R. E., Pintrich, P. R., Raths, J., & Wittrock, M. C. (2001). *A taxonomy for learning, teaching, and assessing: A revision of Bloom's taxonomy of educational objectives.* NY: Longman.

Bloom, B. S., Engelhart, M. D., Furst, E. J., Hill, W. H., & Krathwohl, D. R. (Eds.) (1956). *Taxonomy of educational objectives: The classification of educational goals (Handbook I: cognitive domain).* NY: David Mckay.

Borich, G. D., & Tombari, M. L. (2004). *Educational assessment for the elementary and middle school classroom* (2nd ed.) NJ: Pearson Education, Inc.

Gardner, H. (1993). *Multiple intelligences: The theory in practice.* NY: Haper Collins.

Kaltsounis, T. (1979). *Teaching scoial studies in the elementary school.* NJ: Prentice Hall.

Linn, R. L., & Gronlund, N. E. (2000). *Measurement and assessment in teaching.* NJ: Prentice Hall.

National Assessment Governing Board (2002). *Assessment framework—2006 NAEP in economics* (Contract Number ED01CO0130). Washington, DC: author.

Norris, S. P., & Ennis, R. H. (1989). *Evaluating critical thinking.* CA: Midwest Publications.

chapter 12

藝術與人文領域教學與評量設計

謝苑玫

林玫君

洪顯超

一、藝術與人文領域概述

　　民國九十年開始實施國民中小學九年一貫課程，以「藝術與人文領域」取代以往音樂、美術、勞作、工藝等分科教學，從原本以藝術為主體的各個分科學習，變成一個強調經由藝術陶冶、涵育人文素養的藝術學習課程。這顯示了我國國民藝術教育之理念，是採取「透過藝術學習」的功能性觀點，蘊涵對國民藝術教育社會功能上的期待；也明白地顯示國民藝術教育與專業藝術教育目的之不同。尤其「人文」兩字的加入，更帶給這個課程領域新的可能性。

　　「藝術與人文領域」課程之主要目標是「培養學生藝術知能，鼓勵其積極參與藝文活動，提升藝術鑑賞能力，陶冶生活情趣，並以啟發藝術潛能與人格健全發展」，更因為它是每一位國民均要接受、普遍性最高、強制性質的國民藝術教育工作，對於國民藝術基本素養的培育有著寬廣的影響。

「藝術與人文領域」的範疇很廣，包含視覺藝術、音樂、表演藝術等方面的學習。視覺藝術從以往的美勞拓展而來，音樂課程由來已久，而表演藝術則是新興的課程，包含戲劇、舞蹈、說唱、相聲、民俗藝術等課程。

「藝術與人文領域課程」肯定所有的人都需要學習藝術的機會，透過各類藝術活動的參與，兒童和青少年學習領會、經驗與認識藝術作品的文化背景與意涵。藝術是人類文化的結晶、生活的重心之一，提供人類非語文的溝通形式。這次的「藝術與人文領域課程」將探索與表現、審美與理解、實踐與應用訂為三個目標主軸，再依國小低、中、高，以及國中四個年段訂立能力指標，取代以往以統一的教材內容綱要，限定教學素材的做法，允許教師在工作上有開放自主的空間，期望能以更自主、開放、彈性的全方位人文素養為內容的藝術學習，取代以往技術本位或精緻藝術導向的藝術教育。

除了肯定一般藝術教育的普遍性外，藝術與人文領域的課程也十分注重藝術與生活的關係，包含：提供學生機會探索生活環境中的人事與景物；觀賞與談論環境中各類藝術品、器物及自然景物；運用感官、知覺和情感，辨識藝術的特質，建構意義；訪問藝術工作者；了解時代、文化、社會、生活與藝術的關係。此外，提供學生親身參與探究各類藝術的表現技巧並鼓勵以個人經驗和想像去發展創作靈感。由於理念的改變，帶動課程重點的轉移，使得教師必須在教材教法上調整，以符合新課程精神的要求。目前教科書的編輯方式，以「主題」來統整視覺藝術、音樂、表演藝術等多方面的學習最為普遍。

主題統整的課程設計方式很多，可運用的原則如：相同的美學概念、相同的運作歷程、共同的主題、共同的目的、互補的關係、階段性過程之統整等，連結成有結構組織和教育意義的學習單元；另外探索與表現、審美與理解、實踐與應用三個不同目標主軸的觀念也可以進行統整，依教學者的衡量其主、客觀環境與資源，進行專業判斷與決定。

二、過程取向和結果取向的課程與評量

藝術教育工作者呼應時代的轉變與教育目標的調整，發展出各式各樣的

課程。從教學的目的來看，可分為結果取向與過程取向的課程。結果取向的課程強調目標的實踐或作品的產出，把教學過程當作最終結果的預備，學校教育長久以來在這部分比較著重。過程取向的課程由於重視長程性一般目標，因此其評量的依據也比較接近長程的目標，不會侷限於學科知識或技能等短期的目標。

現今九年一貫課程中的十大基本能力，就是代表所有中小學課程的一般性長期目標，而藝術與人文課程也不例外，包含：了解自我與發展潛能；欣賞、表現與創新；生涯規劃與終生學習；表達、溝通與分享；尊重、關懷與團隊合作；文化學習與國際了解；規劃、組織與實踐；運用科技與資訊；主動探索與研究；獨立思考與解決問題等方面。上述的教育目標若是能夠長期經營，可以形成未來國民的關鍵能力。

理想上，過程性的評量可在日常教學活動中，記錄學生個別的學習與發展狀況，一般不會期望學生在短期內發生戲劇性的轉變。然而，要求教師對每一位學生的學習歷程進行檔案記錄，有實際作業上的困難，因此需要透過有系統的計畫，蒐集有意義的資訊。

雖然教學的目標不同，過程取向的課程及結果取向的課程兩者並不是截然劃分的，只是它們對當下學習成果的期待有所不同。過程取向的課程雖不將結果視為最重要的目的，但也不是沒有結果，只是著重透過各類藝術活動的經驗，來培養一般學習的態度與能力。結果取向的課程則比較重視具體產出作品的品質與數量，並以之檢核是否達成教育目標，雖然如此，教學流程的設計仍不能忽略。

雖然國內目前的藝術與人文教學不強調分科，著重一般學習能力的養成，然而，藝術素養的培育有賴知識、技能的累積與長時間的沉浸薰陶，藝術學科本質的學習，還是不可或缺的。國外近年來藝術教育，有朝向音樂、視覺藝術、戲劇、舞蹈等學科本位課程推動的趨勢，並運用評量強化教學的要點。因此，教師可以運用專業知能，透過學科導向的評量設計，強化某些特定的學習，以培養更具藝術素養的未來公民。

三、教學目標與評量的配合

　　教學者在思考評量設計時須以教學目標為依據，因此，相同的教學活動會因為教學目標的不同，其評量的重點、做法也會有所不同。

　　本章的教學案例是以「拼貼」為主題而發展設計，學生的學習活動包含視覺藝術、音樂、表演藝術的各種不同活動，評量的內容與方式也有多種可能性。作者將這個統整的教學活動設計寫得詳細，並分「過程取向的評量」與「結果取向的評量」兩欄來敘寫評量，期望透過實際的案例加上文字的輔助說明，顯示藝術與人文領域教學進行中，評量可能進行的時點。

㈠教學目標與評量的配合

　　藝術與人文領域的教學是國民教育的一環，因此就其教學目標而言，有從整個國民教育整體目標而思考的長期性教育目標，也有從藝術與人文領域課程目標軸出發的領域教學目標，更有從視覺藝術、音樂、表演藝術學科學習切入的學科本位教學目標，透過一個個的教學活動逐步達成。教師選擇評量方式時，有多種的可能，相同的教學活動也因此有不同的評量方式可以進行，端視教學者對於目標的設定，以下分別加以說明。

1. 一般長期性教育目標

　　若教學的目標以九年一貫課程中的十大基本能力為主，需要長期性持續的養成，在評量方面，可以參考教學活動設計中「過程取向評量」一欄的描述。其重點包含：了解學生如何透過不同的藝術媒材，嘗試自我表現及創作的態度和意願。另外，學生在藝術活動過程中，個人或小組之規劃、組織與實踐的能力及其表達、溝通和分享的表現，都可以是評量的重點。如果教師認為對於各國藝術及多元文化的體悟與了解也是重要目標的話，也可以考慮在評量時加入此項目。

　　本章第四部分的評量示例㈠「過程取向的評量示例：一般性教育目標檢核表」就是針對上述的一般性目標所設計，教師可以參照，或依個別需要對

其內容、項目加以增減。

2. 九年一貫藝術與人文課程目標

　　若教學的目標著重九年一貫藝術與人文課程標準，以探索與表現、審美與理解、實踐與應用作為評量的重點，本案例設計的教學目標如下：

　　(1)探索不同聲音與肢體的表現方式。

　　(2)透過不同作品的欣賞，理解「拼貼」的概念，並能嘗試發表其想法。

　　(3)運用「拼貼」的概念，選擇適當的藝術媒介，表達具主題的複合場景。

　　本章第四部分的評量示例(二)「九年一貫藝術與人文課程評量規準示例」，係從探索與表現、審美與理解、實踐與應用的目標主軸出發，以「拼貼」的教學活動內容為範圍所設計的評量規準，教師運用時可以依自己的授課內容進行修改。

3. 學科本位課程目標

　　若是教師覺得藝術本質與內涵的陶冶是其教學的重點，可以考慮加上一些以學習成果為主的評量項目，在「拼貼」教學與評量設計中，「結果取向評量」一欄的內容，就是希望補充教師們在這方面的需要。

　　本章第四部分所附的評量示例(三)「結果取向評量示例：音樂與表演藝術與視覺藝術」，分別從這三者的學科本位教學出發，說明在「拼貼」這個活動設計中，音樂、表演藝術、視覺藝術等相關教學活動後，可能進行的評量設計及實際做法，期望能以實例呈現以學科本位的課程目標為依歸進行教學時，評量設計可以參酌的方式。

(二)教學活動設計案例

　　以下將以主題為「拼貼」的教學活動設計來呈現評量與教學如何進行連結。本案的主題「拼貼」原來是視覺藝術的用詞，由於其不受限於特定的材料與形式，重視創作者的想法在過程的體現，以及其對於產出作品，也是以能否彰顯原創者的意念想法為主要考量等特性，本單元將其主題的概念加以擴展，引導學生探索「拼貼」概念在視覺藝術、音樂、表演藝術，以及不同形式的藝術活動之綜合表現與應用。以下為教學活動設計的架構圖：

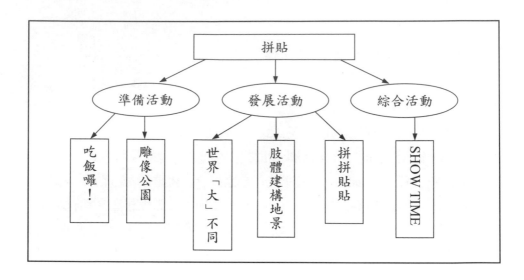

「拼貼」教學與評量設計

主題名稱	拼貼	教學時間	120 分鐘
教材來源	自編	學生人數	32 人
教學年級	五年級	設計團隊	林玫君、洪顯超、謝苑玫
準備器材	CD、CD player、鈴鼓、手鼓、單槍投影機、筆記型電腦		

教學計畫	過程取向評量	結果取向評量
壹、準備活動 一、吃飯囉！ ※目標： 1. 觀察周遭環境的各種聲音，並嘗試為聲音做記錄。 2. 探索人體和身邊的物件可以發出的聲音，並以之為媒介，表現個人之意念。 　(1)透過小組合作，運用身體和周遭的物件，共同創作聲音故事，並將之表現出來。 　(2)能以適當的態度，欣賞其他同學聲音故事的表演。		

（續）

教學計畫	過程取向評量	結果取向評量
※流程： 課前準備： 1. 課前請學生觀察吃飯前後某一時段，或用餐環境的聲音。可提示注意的項目，包括：有什麼人、做什麼事、用什麼工具、發出什麼聲音等部分，強調注意的焦點在「聲音」。 2. 記錄三種不同的聲音。指導學生使用飲食相關聲音觀察記錄。 3. 若客觀情況允許，可以要求學生以錄音工具錄下三種不同的聲音，每段的時間不要太長，建議最多二十秒，全部錄音的長度也不要超過三分鐘。 上課時： (一)課前所觀察的討論與分享 1. 兩人一組的分享。 2. 全班一起討論。問題可以是： 　你在什麼時候進行觀察？（飯前、吃飯時、飯後） 　你在什麼地方進行觀察？ 　你觀察了哪些人？ 　你聽到些什麼聲音？那個聲音是由什麼發出來的？（必要時可以播放學生錄的聲音） 　聽到這個聲音代表什麼意思？ 　聲音有沒有大小聲的變化？是逐漸改變還是瞬間改變？中間有沒有休息？ 　聲音有沒有快慢的變化？是逐漸改變還是瞬間改變？中間有沒有休息？ (二)從聲音到音樂創作 1. 引導學生嘗試製造聲音。老師問：「除了人的口、手、腹、腳可以發出聲音，還有哪些身邊的物件可以發出聲音？」並請學生當場嘗試著把聲音做出來。 2. 說明用聲音可以表達某種意思，複合不同聲音則可以表達得更多面。例如：		
	能與人談論聲音；能主動舉手發表或與小組同儕分享其觀察。 勇於想像與發表；安靜地聆聽。 勇於想像與發表；能欣賞別人	完成錄音或飲食相關聲音觀察記錄。 （參見評量示例：「音樂表1.飲食相關聲音觀察記錄」） 能製造出複合兩種以上音色的聲音來表達自己的想像。 （參見評量示例：「音樂表2.

（續）

教學計畫	過程取向評量	結果取向評量
會讓人想起消防車或救護車； 會讓人感受消防車或救護車正趕往某地去； 若大聲的槍響ㄅㄧㄤㄅㄧㄤ接著ㄛㄧㄛㄧ呢？ （讓學生發表，沒有一定的答案，請鼓勵不同的聲音想像。） 3. 剛才的聲音表達可以改用物件或樂器取代口技來表達。例如：ㄛㄧㄛㄧ改用哨子吹短長短長四聲，或是強弱強弱敲桌四下。（教師示範兩種後，徵求學生表達其他做法） ㄛㄧㄛㄧ加上快速的ㄒㄧㄡㄒㄧㄡㄒㄧㄡㄒㄧㄡ呢？（教師以哨子吹短長短長四聲，接著快速搖鉛筆盒或一串鑰匙表現，示範兩種不同的音色複合；示範兩種後，徵求學生表達其他做法） 若大聲的槍響ㄅㄧㄤㄅㄧㄤ接著ㄛㄧㄛㄧ呢？ （讓學生發表，沒有一定的答案，請鼓勵不同的聲音想像。） 4. 教師說明：「把自己想要傳達的構想，透過聲音表現出來」是音樂創作，若把剛才的活動加以擴大，就可以一起來用聲音說故事。	的意見； 安靜地聆聽； 熱切嘗試不同的音色。 參與小組討論； 適度發表意見； 尊重別人想法。	聲音表現的探索與表現」）
㈢用聲音說個「吃火鍋」有關的故事 1. 小組討論如何用身體和周遭的物件，用聲音演出吃火鍋的故事。全長不要超過二分鐘。 討論的提示： 在哪裡吃火鍋？環境中有什麼樣的聲音？ 一個人還是很多個人吃火鍋？不同的人發出什麼聲音？ 火鍋會不會發出聲音？什麼時候發生？有沒有大小聲的變化？有沒有快慢的變化？ 你們想想表演哪些聲音？前後怎麼安排？ 誰負責做哪一部分？ 2. 分組排練。	參與排練	「吃火鍋」聲音故事演出的評量。 （評量示例：音樂表3） 「吃火鍋」聲音故事演出的欣賞態度評量。（評量示例：音樂表4）

（續）

教學計畫	過程取向評量	結果取向評量
3. 分組表演，第一次不可以有故事說白，只可以用身體和周邊的聲音。 4. 第二次分組表演，加上口語的旁白或故事說明。 二、雕像公園 ※目標： 1. 發現並描述不同雕刻作品的排列組合。 2. 探索不同的肢體組合，與他人合作並創作多樣的肢體造型。	遵照角色分工進行表演	
※流程： 1. 利用投影片呈現各種不同雕塑實例，引導討論其組合的特色與連結的美感。老師可以從以下各點進行討論：形狀、材料、空間的配置、不同的動作是如何連結的？材料給他的感覺？藝術的特性與構成元素。 「看看這座雕像，注意看喔，你覺得哪裡特別，怎麼連結的？為什麼美？」 「比較這座雕像與前一座，有什麼不一樣？連結的部位呢？」	貢獻想法的意願。	能觀賞及討論作品藝術的特性與構成元素。
2. 全班分組報數，利用一組人示範： 「我們現在要用自己的身體組成做特別的雕像。」 「每組八人，開始報數，由 1 號到 8 號，請記住自己的號碼。」（請自願者當示範組出來） 「當老師喊 1 時，每組的 1 號找一個空間，形成一個靜止的雕像；老師喊 2，2 號出列接觸 1 號的某一點，再形成兩人雕像；……以此類推。當喊完最後一號時，每組都將形成一巨大雕像。」	勇於嘗試與自我探索。	能以人體完成各種造形作品。
3. 雕像建構一：各組同時進行大型雕像的建構。 「每一組的 1 號請先形成一個雕像，記住每個雕像不一定都是站著的，它可能有著不同	自我身體的探索。	能注意身體不同部位的擺放位置。

（續）

教學計畫	過程取向評量	結果取向評量
的姿勢，它可能正在做某個靜止的動作。去想想頭、手、身體的各個部分它們的位置，例如，頭不一定都是朝向正面，它可能是低頭沉思，但是一腳可能抬高做飛翔的樣子……有很多的面向姿勢，想想看有什麼？」「2 號。」		能做出不同高低位置、不同面向的姿勢。
「每組的 2 號將身體的某一個點去接觸 1 號的另一個不同的點，例如用你的手臂去碰觸 1 號的頭，並且將你的身體調整成一個雕像的姿勢，不一定都是直直地站立，你也可以加點『眼神、表情』進去，形成兩人的特別雕像。」「3 號。」	能觀察別人，配合團體的發展，加入自己的想法。	能思考身體的不同部位作為接觸的點。 能加入表情、眼神。
「每組的 3 號，要碰觸的是 2 號的身體某一點，3 號你可以先觀察前面 2 人的雕像動作，思考你可以如何加入，再去接觸 2 號，形成 3 人的團體雕像。請注意不要變成一條龍站成一排，可以往哪個方向去接觸，前面、後面、斜側面等還有很多位置可以考慮。」「4 號請加入」、「5 號」、「6 號」、「7 號」、「8 號」。	與他人合作。 完成即興作品。	
4. 雕像建構二：每組的八人雕像完成後，再重塑另一個大型雕像。 「原本的雕像不要動，從最後一號 8 號再脫離出來，到另一個空間形成一人雕像。」 「7 號也退出來，到 8 號那接觸一點形成兩人雕像。」 ……依此類推到 1 號，又是形成另一個大型雕像。	與他人合作。 完成即興作品。	
5. 加入聲音的雕像：每次出場或接觸時，利用身體的不同部位發出聲音，形成奇特的有聲雕像。 「像剛剛形成大型雕像一樣，但是要出場或接觸身體的點時，請利用身體不同部位發出	與他人合作。 完成即興作品。	探索到不同能發出聲音的部位，並將它融合到動作表現中。

（續）

教學計畫	過程取向評量	結果取向評量
的聲音來輔助你，例如，你要做半蹲出拳的動作，可以在出拳時發出『呵』，或是蹲下時踩腳兩聲，或是還有什麼呢？」（身體旋轉一周，唸「耶呼耶呼」，再做動作與前一人連接……） 「1 號請出列，做你的動作時也須發出聲音。」 「2 號」……依此類推到 8 號，形成大型的有聲雕像。		
貳、發展活動 一、世界「大」不同 ※目標：藉由世界著名景點之圖片，引發學生以討論建築特色（請參考教案後附圖一）。 ※流程： 教師利用播放課前蒐集的世界各地著名建築物投影片簡報（如附圖一），引導學生欣賞建築物的構圖與造型。 〔教師宜注意引導語的使用，可視學生程度和反應情形而採用開放式、半開放式及封閉式的問法，其目的在協助學生觀察「事實」，建構「概念」，並歸納出「原理」，以便成為真正內化的能力。例如，可以提問學生： 1. 萬里長城（人面獅身、金字塔、自由女神、巴黎鐵塔）觸發你什麼感受呢？ 2. 為什麼你有這樣的感覺呢？ 3. 日常生活中，你曾經見過的建築物，是否也有這樣類似的感覺呢？可否嘗試舉一例子？ 4. 請嘗試畫出「萬里長城」、「自由女神」、「巴黎鐵塔」的線條形式。 5. 直線和曲線是否給人不同的感受？ 6. 非幾何形體（「人面獅身」、「自由女神」）給你的感覺是……	貢獻想法的意願。	能了解拼貼的概念，材質與形式。 分析、描述、討論各地不同建築物之特殊造型及其歷史背景。

（續）

教學計畫	過程取向評量	結果取向評量
7. 你覺得幾何形體──角錐（「金字塔」、「巴黎鐵塔」）哪一座建築物給人崇高向上、升騰、直入雲霄的感受呢？）		學習運用適當的視覺用語。
二、肢體建構地景 ※目標： 1. 以肢體與他人合作建構組合出建築物的特殊造型。 2. 能欣賞他人之作品。		
※流程： 1. 討論如何運用周遭的各種媒材，作為造型上的素材，如：不同材質顏色的布料、繩索、垃圾袋或上課地點附近隨手可見的工具如：桌椅、掃具、櫃子、書包、水壺、帽子……。		會運用多元的媒材、適當的技法，完成創作。
2. 各組先選擇所要表現的建築地景（「萬里長城」、「人面獅身與金字塔」、「自由女神」或「巴黎鐵塔」的造型，四選一）。	貢獻想法並參與討論。	
3. 分組構思主題並討論媒材與主題結合的可能性，且加以命名。如：哭不倒的萬里長城、升學壓力下的自由女神。	組織、規劃與團隊合作，共同完成作品。	默劇動作的表現。
4. 延續雕像公園的遊戲流程，以肢體與他人合作組合出建築物的特殊造型。各組進行分工，並排定出場順序。		
5. 每組分享其作品，並介紹作品的主題與命名原因。		
三、拼拼貼貼 ※目標： 1. 介紹拼貼的概念。 2. 透過視覺藝術與音像的作品欣賞，認識視覺、聽覺與動覺媒材的組合應用，引發創作的靈感。	以不同的媒材，清楚地表現小組的想法。 以口語具體分享作品。 欣賞他人作品。	能了解拼貼的概念。
※流程： 1. 教師呈現拼貼作品，鼓勵學生從多方面的角度敘述個別的發現。 「請注意看這件作品，你們發現了什麼？」		

（續）

教學計畫	過程取向評量	結果取向評量
2. 教師適時就學生討論的內容加入視覺語彙，如：造型／色彩／材質／量塊／空間。「這件作品中你們發現哪些形狀？」「哪些材料？感覺起來是粗糙還是光滑？」「看起來重還是輕？」「空間是如何呈現的？上下左右前後遠近關係如何？」 3. 欣賞 STOMP 的片段，了解藝術家如何應用生活中視覺、聽覺與動覺媒材組合的可能性。 4. 教師介紹各個作品創作的風格，說明創作中解構和重組的趣味。 5. 請學生課後蒐集相關聲音與視覺的媒材，為集體創作做準備。	貢獻想法的意願。	視覺語彙的運用，如：造型／色彩／材質／量塊／空間。 透過視覺藝術與音像的作品欣賞，認識視覺、聽覺與動覺媒材的組合應用，引發創作的靈感。
參、綜合活動～SHOW TIME ※目標：運用「拼貼」的概念將前面的四個地景解構，選擇適當的聲音、媒材與肢體動作，重塑想像中的複合場景，並且加入人物與情節，以四格靜像畫面，呈現具主題張力的情節。 ※流程： 1. 提供學生工作流程表，說明前置工作的項目與限定的時間。工作流程表包含下列： 　構思主題。 　依中心主題，選擇恰當的人物、情節。 　將情節切割成四個畫面。 　選擇材料──視覺、聽覺、動覺。 　以拼貼的概念進行初步構想的創作。 　呈現並解釋情節與設計理念。 2. 小組構思想要表現的主題。 3. 選擇恰當的人物、情節並依故事的開始、中間、結束創造四個靜止畫面，以表現出中心主題。 4. 請學生在小組（八人一組）中運用事先準備的視覺與聽覺的材料，重塑想像中的複合場	欣賞他人的創作作品。 與他人合作態度。 組織、規劃與團隊共同完成作品。	 情節的開始、中間、結束。 拼貼概念的運用。

（續）

教學計畫	過程取向評量	結果取向評量
景與情節。 5. 教師巡迴行間給予適當指導。 6. 每組分享其作品，並介紹作品的情節和欲表現的主題。 7. 引發討論如何結合媒材與默劇情節才能表現出作品的主題與張力。要求各組修正自己所要表現的主題，再重新組織創作，供大家討論。 8. 重複步驟4.建議照相或錄影建立資料檔案。	將想法以不同藝術媒材具體表現出來。 口語分享作品特色與主題。 欣賞與分析他人作品。	默劇動作的主題和張力。

附圖一：世界大不同教學圖片參考資料

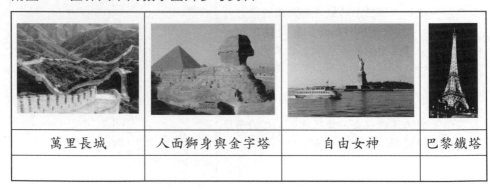

萬里長城	人面獅身與金字塔	自由女神	巴黎鐵塔

四、評量示例

㈠過程取向的評量示例：一般性教育目標檢核表

評量項目		姓名							
個人參與活動的情形	● 貢獻想法的意願								
	● 專注於活動的進行								
	● 勇於嘗試與自我探索的意願								
團隊合作及組織、規劃	● 與他人合作的態度（尊重他人）								
	● 組織規劃與團隊共同完成作品								
表達、溝通與分享	● 以不同的藝術媒介將個人或小組的想法清楚地表達出來								
	● 具體地利用口語來分享作品								
欣賞他人作品	● 欣賞他人作品的態度								
	● 欣賞他人作品的溝通能力								

㈡九年一貫藝術與人文課程評量規準示例

1. 探索與表現

	非常好 （Excellent）	好 （Good）	尚可 （Satisfactory）	須改進（Needs Improvement）
探索不同聲音的表現方式	能有創意地利用人體或環境中的媒材，表現三種以上的聲音與想法	能利用人體或環境中的媒材，表現三種的聲音與想法	能利用人體或環境中的媒材，表現一至二種聲音與想法	不太能運用人體或環境的媒材表現聲音與想法
肢體建構人物動作	能有創意地利用肢體展現出人物的動作特色	能利用肢體展現出人物的動作特色	能利用肢體展現出人物動作	不太能利用肢體展現出人物的動作
以肢體與他人合作建構場景	能有創意地與他人合作利用肢體建構出建築物的特殊造型	能他人合作利用肢體建構出建築物的特殊造型	能與他人合作利用肢體建構出建築物的造型	不太能與他人合作利用肢體建構出建築物的造型

2. 審美與理解

	非常好（Excellent）三種以上	好 （Good）	尚可 （Satisfactory）	須改進（Needs Improvement）
運用視覺語彙（拼貼造型材質層次空間）	能適切地運用三種以上視覺語彙討論建築特色	能運用三種視覺語彙討論建築特色	能運用一至二種視覺語彙討論建築特色	不太能用視覺語彙討論建築特色
欣賞他人作品	能描述與分析自己或他人的作品，並說出其背後的主題或意涵	能描述與分析自己與他人呈現作品	大致上能描述自己與他人呈現作品	不太能描述自己與他人的作品

3.實踐與應用

	非常好 （Excellent）	好 （Good）	尚可 （Satisfactory）	須改進（Needs Improvement）
拼貼概念的應用	能大量應用拼貼的概念表達出一個具有主題的複合場景	能大概應用拼貼的概念表達出一個具有主題的複合場景	能大致上應用拼貼的概念表達出一個具有主題的複合場景	不太能應用拼貼的概念表達出一個具有主題的複合場景

㈢結果取向評量示例：音樂、表演藝術與視覺藝術

1.音樂學科本位的評量

　　教學活動設計第一部分「吃飯囉！」是關於聲音的教學，內容包含課前準備與三個課間活動，其活動流程可以在過程取向與結果取向課程中實施，然而因為課程取向的不同，評量重點也有差異，教學時間的分配也會不同。若以「吃飯囉！」作為整個「拼貼」主題的準備活動，著重過程取向時，因教學時數的考量，課間活動三——用聲音說個「吃火鍋」有關的故事——可以省略。如果把「吃飯囉！」當作音樂學科本位的教學設計的話，有四種音樂教學評量的表單可以用來輔助教學，以下將分別加以介紹。但是，實際上課時，並不需要四個評量都實施，而是依教學重點及學生的程度加以選擇運用，作者建議最多實施兩個評量即可。

音樂表 1.飲食相關聲音觀察記錄

　　這個記錄是為了了解學生在教師的指導後，是否進行聲音的觀察記錄而設計的。表格中包含了「什麼的聲音」、「由誰發出」、「何時發出」、「在哪裡發生」、「發生頻率」、「音量」及「其他描述」等欄位，以指導學生學習從哪些地方著手，進行聲音的記錄，記錄的結果也有助於課堂討論與後續學習。

　　由於飲食相關聲音觀察記錄，是指導工作流程的學習，記錄的良窳並非評量重點。教師可以鼓勵學生盡可能地填寫每一個空格，文字不足以描述時，也可以用圖示或色彩加以輔助。

評定的工作可以在課間，運用學生相互檢核方式進行即可。每筆資料的七個欄位只要有填四個以上，就算通過，每一個人至少要通過三筆記錄。

如果客觀環境允許，這個記錄也可以直接以錄音工具進行即可，如：錄音機、錄音筆、手機的錄音裝置等。

什麼的聲音	由誰發出	何時發出	在哪裡發生	發生頻率	音量	其他描述
1				1次／多次		
2				1次／多次		
3				1次／多次		
4				1次／多次		
5				1次／多次		
6				1次／多次		

音樂表 2. 聲音表現的探索與表現

這個評量的設計，是為了解學生是否能運用兩種以上的音色組合，表達自己的想法而設計。評量的重點有三：一是每一種表達至少要運用兩種音色；二是創作表現的數量；三則是個人意念聲音表達的品質。

	非常好	好	尚可	須改進
音色	每個作品都能有創意地運用兩種以上的音色	作品能運用兩種以上的音色	部分作品能運用兩種以上的音色	作品只有一種音色
數量	三個以上（含三個）	二個	一個	未作
聲音表達的品質	能有創意地運用節奏和音色，清楚地表達自己的意念	能運用節奏和音色表達自己的意念	能運用節奏和音色，但意念的表達較為含糊	只能運用節奏或音色其中一項；設計的聲音無法表達自己的意念

上述的評定量表可以與視覺、表演藝術整合成一項如下，也可獨立成音樂表 2。

	非常好	好	尚可	須改進
探索不同聲音的表現方式	能有創意地利用人體或環境中的媒材，表現三種以上的聲音與想法	能利用人體或環境中的媒材，表現三種的聲音與想法	能利用人體或環境中的媒材，表現一至二種聲音與想法	不太能運用人體或環境的媒材表現聲音與想法

　　音樂表 2.可以在課間由小組互評或學生交換互評進行。其中「數量」一項是明顯易懂，直接圈選。音色項目的數量學生也可自行評定，只有在非常好的層級有所謂「有創意」的認定，可以由小組表決，或個人主觀認定即可。「聲音表達的品質」是主觀成分較多，可以小組共評表決方式進行，或由學生自選最佳的一個作品，供教師與同學共評。

**　音樂表 3.「吃火鍋」聲音故事演出的評量**

　　「吃火鍋」的聲音故事演出是小組的聲音創作作品的演出，需要學生創造、表達、組織、合作等能力，評量的項目有很多可能性。音樂表 3 的「計畫」和「聲音的品質」偏重音樂表現的結果，而「素材」則針對音樂創作方面的學習結果。如果受限於學生的語文表達能力，「計畫」一項可以省略。

　　音樂演出評量的評定，受評分人主觀認定影響，可以考慮以增加評分人員，以及分項評定兩種方式，來降低非客觀因素的影響。

　　配合教學活動設計，音樂表 3 評定時，每一組有二次表演機會，因此表演時間足可供評分者進行評定。而除了教師個人進行評定外，建議事先公布評分規準給所有學生，讓全班同學一起參與評定。

　　再者，為了鼓勵學生的學習，建議將表 3 的三個項目分開評定，即將計畫、素材、聲音的品質三個項目分開計分。每一項目以 4 分為滿分，三個成績分開算，分別獎勵，而加總成績又另設一個獎勵，如此能顯示各組的長處，而且鼓勵學生的參與。

項目	4 非常好	3 好	2 尚可	1 須改進
計畫	有清楚可行的步驟和素材，旁人不需其他說明就可看懂；不需要教師的協助就可以完成作業	有清楚可行的步驟和素材，旁人不需其他說明就可看懂；須教師一些協助以完成作業	步驟和素材大致清楚，教師協助後仍有些漏洞	計畫嚴重的不完整，即使老師協助後仍無法有次序
素材	選取適當的聲音素材，並有創意地加以運用	選取適當的聲音素材	大部分素材是適當的	素材不適當
聲音的品質	整個表演都能妥善地運用聲音的力度與速度的變化層次，表現劇情或情景	大部分表演能妥善地運用聲音的力度與速度的變化層次來表現劇情或情景	聲音的力度與速度的變化層次只出現在少部分的表演	整個表演都沒有聲音的力度與速度變化層次

　　教師若要轉化成百分計法，可將每一項的評分取平均數，再乘以 25 即可。為了節省計分工具，可以將組別當縱軸，計畫、素材和聲音的品質當橫軸，簡化評分單為：

組別	計畫	素材	聲音的品質	小計

音樂表 4.「吃火鍋」聲音故事的欣賞態度評量

　　音樂表 4.「吃火鍋」聲音故事的欣賞態度評量，是為培養優良的音樂欣賞者而設計的評量。除了教室外，在其他場合也可以運用。「注意力」與「拍手」都有需要看到學生表情的部分，若教師從學生背面評分，需要加以修改。

　　為在最短時間對所有學生進行評量，教師可以利用顏色和座位表進行記錄。表現「很好」的學生在座位表上劃上加號「＋」，表現「須改進」的學生在座位表上劃上減號「－」，表現「尚可」的學生不需劃記，以節省時間。

再者，每個評量項目可用一個顏色的筆劃記，如此就可在一張座位表上完成評定。

項目	3 很好	2 尚可	1 須改進
坐在位子上	大部分時間很有禮貌地坐在座位上欣賞，身體的移動不會影響他人，沒有與人交談	大部分時間坐在座位上欣賞，會移動身體，輕輕地與人交談	離開座位，身體動作妨礙其他人欣賞，或與人交談聲音太大
注意力	有禮貌地欣賞，有時露出有興趣的表情，不專心時也不會干擾別人	看不出有興趣或專心在欣賞，但保持安靜不會干擾別人	表演中發出聲音或動作干擾其他人
拍手	表演終了會以適度的音量拍手，並以喜悅的表情注視表演者	表演終了會以適度的音量拍手，但不看表演者	從頭到尾都不拍手，或在不適當的時候拍手

2. 表演藝術學科本位的評量

　　下列的活動是前述的綜合活動中與表演藝術有關者，老師們也可以將這些活動用來評量學生在表演藝術上的表現。

戲劇表 1. 學生在各種活動中的表現程度表

　　評量中最簡單省時的方式就是將活動列出，依據個別學生或組別的表現，由學生與教師分別在表中，以 4、3、2、1 的分數作為評分的依據。

評量項目	學生自評				教師評量			
雕像公園	4	3	2	1	4	3	2	1
人物刻畫	4	3	2	1	4	3	2	1
情境想像	4	3	2	1	4	3	2	1
角色練習	4	3	2	1	4	3	2	1
解構重塑	4	3	2	1	4	3	2	1
分享檢討	4	3	2	1	4	3	2	1
	總評論：				總評論：			

4 ＝表現傑出，少有錯誤。

3 ＝表現很好但有一些小錯誤，呈現技巧好。

2 ＝表現尚可。

1 ＝有待改進。

戲劇表 2. 肢體探索與表現之評量

　　肢體動作的探索與表現是表演藝術與戲劇教育的基礎。一般而言，學生能靈活的控制自己身體，去發展各種身體動作的可能性，是基礎課程的第一目標。再進一步，就是要學生能夠運用肢體或默劇動作，清楚地表達想法、感受或角色。就前述活動中的內容而言，教師可以運用下列的評量規準，以「雕像公園」的活動來進行評量。以下先說明表格中個別規準的定義，接著再呈現完整的評量表格，教師可針對個別需要做增刪。

規準之名詞釋義

　　控制：發展身體的控制能力，該動手的時候不會動腳，該動屁股的時候不會動頭。

　　放鬆：在進行肢體探索時，身體和心情需要先放鬆，才不會肢體僵硬而阻擋探索肢體的各種可能性。

　　協調：即於空間一個定點中身體的動作，包含伸展、扭轉、轉身、彎曲、蜷曲、搖擺、抖動等，以及肢體的協調和靈活運用的程度。協調度會影響個人自信與探索的興趣，若是手腳不協調、自己打自己，肢體探索也就進行不下去了。

規準＼表現	非常好 4 分	好 3 分	尚可 2 分	待改進 1 分
控制	能完全控制自己的肢體動作	能控制自己的肢體動作	能盡量控制自己的肢體動作	不太能控制自己的肢體動作
放鬆	能完全放鬆自己的肢體與心情	能放鬆自己的肢體與心情	能盡量放鬆自己的肢體與心情	不太能放鬆自己的肢體與心情
協調	能適度地協調肢體動作	能協調肢體動作	能盡量協調肢體動作	肢體動作不太協調
感受／想法	能適切地將感受與想法表達清楚	能將感受與想法表達清楚	能盡量將感受與想法表達清楚	不太能將感受與想法表達清楚
想像	能適切地與想像的環境和物品互動	能與想像的環境和物品互動	能盡量與想像的環境和物品互動	不太能與想像的環境和物品互動

感受／想法：利用肢體動作去探索某一人物的想法和感受。

　　想像：使用動作，再加上想像力，當作創意的表達。例如：透過動作，對一想像的環境做出適時的反應。

　戲劇表 3. 運用默劇動作或非語言性的訊息，融入小組／團體的戲劇互動中

　　這個階段比起前面的活動更具挑戰性，小組團隊在戲劇元素上的特殊表現成為評量的重點。從發展上看，要學生能在團體小組討論，並能整合所有人的想法與意見，利用默劇或非語言的訊息，將具有中心主題的劇情表現出來，這是戲劇學科本位課程中進階的教育目標。前述教案「肢體建構地景」及「Show Time」的綜合活動，就可以下列的規準來做進階課程的評量設計。

規準之名詞釋義

　　默劇動作：即為一個不包含語言、聲音表達的肢體動作，包含對物體的特質、所在的地點、特別的活動、人物的動作與行為等的清楚表達。有時會針對特定的主題或故事劇情，用清楚的肢體動作呈現。

　　非語言訊息：以表情、姿勢、身體動作或聲音等非語言訊息，清楚地表現人物、事件或地點的主題。

　　情節：一個有開始、中間和結束的故事片段，善用時間順序與人物或情節的衝突點，製造特殊的戲劇張力。

　　主題：清楚地表達戲劇的中心思想，從開始到結束之戲劇或動作表現，都一致地環繞著中心主軸發展。

　　特殊效果：將視覺和音像媒材運用於布景、道具、服裝、燈光、化妝等創作，以突顯劇情與主題的表現。

規準＼表現	非常好 4 分	好 3 分	尚可 2 分	待改進 1 分
默劇動作	能清楚地表現人物、地點及事件完整且詳細的默劇動作	能清楚地表現人物、地點或事件等 2 至 3 項的默劇動作	能表現人物、地點或事件等 1 至 2 項的默劇動作	在老師或同學的輔助下表現出一項默劇動作
非語言訊息	能清楚且細緻地以表情、姿勢、身體動作或聲音等訊息來表現想法	能清楚地以表情、姿勢、身體動作或聲音等訊息來表現想法	能以簡單的表情、姿勢、身體動作或聲音等訊息來表現想法	無法以表情、姿勢、身體動作或聲音等訊息來表現想法
情節	清楚且完整地表現情節的開始、中間、結束並能運用人物或事件的衝突，突顯主題的特色	清楚地以開始、中間、結束等畫面表現情節重點	大概能表達情節的發展	無法掌握情節的重點與發展
主題	運用戲劇張力，將故事的中心思想完全表達出來	定義並能表達戲劇或故事的中心思想	大概地表達戲劇或故事的中心思想	無法清楚地表達戲劇或故事的中心思想
特殊效果	完整地將視覺和音像媒材運用於布景、道具、服裝、燈光、化妝等創作，突顯劇情與主題的表現	將視覺或音像媒材運用於布景、道具或服裝等創作，以協助劇情與主題的表現	以簡單的視覺或音像媒材運用於布景、道具或服裝等創作，以協助劇情與主題的表現	無法將視覺或音像媒材運用於布景、道具或服裝等創作，以協助劇情與主題的表現

3.視覺藝術學科本位的評量

表 12-1　課程評量表

項目	內容	百分比
資料蒐集	蒐集與主題相關資料 資料的廣度與深度	
創作作品	作品符合創作主題 作品的創新及創意	
	媒材：材料、技法 形式：色彩、造型、肌理、構成、風格、其他	
學生自述	觀賞：視覺認知、感情移入、想像、思考、簡單描述能力	
學習態度	作品準時完成	
	專心聆聽作品分享 參與熱忱、接受評論	

- 課程評量時包含為四大項：資料蒐集、創作作品、學生自述、學習態度等。

　　而這四個部分所占的百分比，可隨教師的課程做適度的調整。

⑴資料蒐集

　　包含學生課前的準備與預習工作，若是學生課前資料蒐集相當完備且用心，則教師在這個部分可以給最高的分數。可針對所蒐集的資料內容再給予評分，例如資料的難易程度及豐富與否。

⑵創作作品

　　此部分的評量包含作品主題，媒材、技法、形式，形式包含色彩、造型、肌理、構成、風格與創造力等等。事實上此一部分的評量較為主觀，縱使教師們已列出了評量的標準，但對於藝術的欣賞是主觀的，即使盡量用客觀的方式來評量，仍避免不了教師個人主觀的影響，不過創作作品評量的目的主要是為了鼓勵孩童的創作能力。

(3)**學生自述——包含觀賞**

視覺認知、感情移入、想像、思考與簡單描述能力。學生在做完作品之後，要發表對自己作品與他人作品的意見，可根據他們對技法或色彩的專有名詞了解程度，以及在說明喜歡他人作品時是否能舉出事實，而非情緒性的形容詞。如我就是喜歡，因為看起來很舒服……等等。又在其說明自己的作品時是否融入感情與想像力，讓他的同學也能了解其作畫的想法與感受。由於此部分仍仰賴教師課堂上的訓練，以鼓勵的方式，培養學生欣賞與評析他人和自己作品的能力。

(4)**學習態度**

包含上課的態度與作品準時完成度，是否專心聆聽作品分享課堂上課參與情況，以及能否以尊重的態度接受同學們及師長的評論。

chapter **13**

健康與體育能力指標
的解讀與教學設計

歐宗明

龔憶琳

一、健康與體育教育之分合與演進

　　體育與健康教育之目標與目的皆是強調促進個人之身心健康，以增進個人之生活品質，其最大不同之處則在於達成目的之途徑取向，及此途徑採用之知識內容的差異，在某些部分目標相同及知識內容部分相互涵蓋之下，被認為「殊途同歸」，因此，自我國教育全盤西化後，健康教育與體育就一直存在著分合的現象。「體育」一詞剛傳入中國時，其內涵即是指衛生而言，隨後有「新體育」的出現，衛生和保健的目的和目標，仍存於「新體育」之中。二次大戰結束之前，由於我國處於內憂外患之下，不論是保種、尚武、民生等主義的體育思想，均是希望透過體育課的實行，以達成強健國民體魄的目的，也帶有強烈的保健意識。接著由於保健意識的抬頭，在師資培育中出現「體育衛生教育學系」，呈現「合」之明顯象徵，但旋及在四、五年後，再度因擴張需求而分道揚鑣，及至九年一貫課程改革後，再結合成「健康與

體育」學習領域。體育與健康教育在我國學校教育中所占的位子及所扮演的角色,可以從清末教育制度全盤西化以來的課程目標及內容,清楚地看出兩者分合的演進過程。

在國中(初中)部分,清末至北伐結束前(1902-1928),健康與體育教育是「合」;北伐結束後至九年一貫課程實施前(1929-1999),健康與體育教育則是「分」;九年一貫課程實施後(2000),健康與體育教育才再度「合」。在國小(小學)部分,清末至民國 56 年(1902-1967),健康與體育教育均是「合」;民國 57 年至九年一貫課程實施前(1968-1999),健康與體育教育則是「分」;九年一貫課程實施後(2000),健康與體育教育才再度「合」。由清末至今百餘年的課程演進過程觀之,健康教育與體育在學校教育中,分合乃是常見之事,概隨國際背景、國家政策、社會需求而改變,只是在不同時期分合中,如何進行課程教學,使其能達成教育目的,乃是課程實施之重點所在。

二、健康與體育教育之分工與合作

(一)健康與體育的目標與任務

「健康教育」的目標在獲得有關健康的相關知識,進而能促進健康行為的實踐;「體育」的目標在透過各種身體活動促進學生動作能力之發展,習得終身運動所必須的基本技能,藉以養成運動習慣,維持個人健康體適能於良好狀態。因此,「健康與體育」學習領域之目標在於鼓勵學生藉由健康行為的實踐,運動能力及技能的培養,使學生生活在健康的環境中,維持健康的身體和適能,且成為具有進行終身學習能力的國民。

(二)健康與體育教材綱要之比較

1993 年教育部頒訂國民小學課程標準,修訂了十八年未曾變更之國小課程。1993 年版國民小學課程標準仍維持「體育」之設立,健康教育則與道德合為「道德與健康」一科。道德與健康乙科,一至六年級每週教學二節,共

八十分鐘；一至三年級採合科教學；四至六年級採分科教學，各科每週各一
節（教育部，1993，頁 13）。體育則六個學年均實施，低年級每週兩節，共
八十分鐘；中高年級每週三節，共一百二十分鐘（教育部，1993，頁 221）。
一至六年級的健康教材綱要分為生長與發育、個人衛生、心理衛生、食物與
營養、家庭生活與性教育、安全與急救、疾病的預防、藥物使用與濫用、消
費者健康，以及環境衛生與保育等十個類別；體育教材綱要除了田徑、體操、
舞蹈、球類及國術等五大類的運動技能外，並將體育認知、運動習慣、體適
能與社會行為融入課程中。

　　2003 年教育部再頒訂「國民中小學九年一貫課程綱要」，分設語文、健
康與體育、數學、社會、藝術與人文、自然與生活科技及綜合活動等七大學
習領域，強調領域中及領域間課程橫向的統整（教育部，2000，頁 9）。其
中「健康與體育學習領域」的設立，將小學健康教育與體育分科教學的情形
再度結合在一起。九年一貫新課程建構之基礎，在於將「人自己之生長發
育」、「人與人、社會、文化之互動」、「人與自然、面對事物時如何做決
定」等三個面向內涵，整合先前 1993 年課程標準合併成一個具備「生長、發
展」、「人與食物」、「運動技能」、「運動參與」、「安全生活」、「健
康心理」與「群體健康」七大主題軸之健康與體育學習領域。九年一貫新課
程與 1993 年課程教材綱要之比較可參考表 13-1。

(三)健康與體育課程之統整

　　從課程統整的概念來看，健康教育與體育教學的共同理念，是培養健康
且良好體能的人。針對此理念重新組織課程，幫助學生從統整的學習內容中，
使學得的知識與生活的關係更為接近（Glatthorn & Foshay, 1991）。因此我們
必須從九年一貫健康與體育學習領域中的七大主題軸中，分析其內容或概念
到底是單純地屬於健康教育的部分或是體育的部分，抑或是涵蓋兩者，有關
健康與體育學習領域之內容或內涵可參考表 13-2。了解主題軸的內容或內涵
後，確立健康與體育彼此間的關係，有助於未來設計統整課程時一個明確的
方向。第一階段的健康與體育學習領域，課程設計較適合整合健康議題與體
育教材，進行統整教學；第二階段則適合採行課前統整相關概念，但健體分

別授課的模式。雖然目前第一階段為一至三年級，第二階段為四至六年級，但就兒童身心發展及動作技能發展而言，課程設計階段之劃分，仍依低、中、高年級較理想。本章第四節「健康與體育教學設計示例」中，即分別以低年級為對象所設計的健體統整課程「我的身體會說話」，以及以中年級為對象的體育課程「墊上精靈」。

表 13-1　九年一貫新課程與 1993 年課程的比較

版本	八十二年課程		九年一貫新課程
名稱	科目： 　　道德與（或）健康	科目： 　　體　育	學習領域： 　　健康與體育
課程時間	一～三年級合科：二節／每週 四～六年級分科：一節／每週	一～二年級：二節／每週 三～六年級：三節／每週	各校依據規定比例，彈性安排教學節數：二～三節／每週
教材綱要	一～六年級健康教材綱要分為十個類別： 1. 生長與發育 2. 個人衛生 3. 心理衛生 4. 食物與營養 5. 家庭生活與性教育 6. 安全與急救 7. 疾病的預防 8. 藥物使用與濫用 9. 消費者健康 10.環境衛生與保育	體育教材綱要按低中高三階段分為： 低年級： 　#徒手遊戲；器械遊戲 　　球類遊戲；舞蹈遊戲 中年級： 　#田徑、體操、球類、 　　舞蹈、其他 高年級： 　#田徑、體操、球類、 　　舞蹈、國術、其他	教材的選編以達到各分階段能力指標為原則，配合七項主題軸： 1. 生長、發展 2. 人與食物 3. 運動技能 4. 運動參與 5. 安全生活 6. 健康心理 7. 群體健康

表 13-2　健康與體育學習領域之內容或內涵

七大主題軸	內容或內涵
一、生長、發展	健康：生長發育、老化死亡、個人衛生、性教育（家庭生活）。 體育：開發身體功能、動作能力培養。
二、人與食物	健康：食物營養（食品安全與製造、食物選擇、飲食習慣）。 體育：飲食與運動、水分補充與運動、增補劑與運動。
三、運動技能	體育：運動技能、動作概念、運動規則。
四、運動參與	體育：運動參與及規劃、休閒與體適能、運動欣賞、運動與文化了解。
五、安全生活	健康：安全教育、急救處理、藥物教育。 體育：運動安全與傷害、運動與藥物。
六、健康心理	健康：自我認識、健全生活照顧、人際關係。 體育：運動精神、運動與人際關係、運動與個人心理衛生、運動與個人自信心。
七、群體健康	健康：健康促進與疾病預防、消費者健康、環境衛生與健康。 體育：與運動相關的消費行為、群體健康與運動。

三、健康與體育領域能力指標與教學之關係

(一)領域目標與能力指標的關係

　　國民教育的最終目的是為培養身心充分發展，並養成終身學習能力的健全國民與世界公民。健康是一切事務的基石，我們的國民必須擁有良好的體能，健康的身心才能夠擔負新時代的任務，提升國家整體競爭力。為達此目的，教育的方向不能只是知識的傳承，就健康與體育而言，健康教育課程也不能只教授過於抽象的內容，體育課程也不再只是技能的傳授，而必須朝向

讓學生具備能配合社會變遷，因時、因地調整休閒生活型態的能力；能養成尊重生命觀念和豐富健康與體育生活的態度；能充實促進健康知識、發展運動概念與運動基本能力，提升體適能的態度與技能；以人際關係之促進與互動，具健康與體育實踐、營造健康環境等能力的養成為方向。因此，九年一貫「健康與體育學習領域」課程目標，旨在突破傳統對健康與體育的概念，期能從關懷全人健康理念切入，全盤思考科技整合的理念，將主觀式的詮釋融入各學習課程中，透過健康概念的追求及身體活動的參與，重新解構身體與健康的獲得而釐定了「養成尊重生命的觀念，豐富全人健康的生活」、「充實促進健康的知識、態度與技能」、「發展運動概念與運動技能，提升體適能」、「培養增進人際關係與互動的能力」、「培養營造健康社區與環境的責任感和能力」、「培養擬定健康與體育策略與實踐的能力」及「培養運用健康與體育的資訊、產品和服務的能力」等七個領域課程目標。

為使此七個領域課程目標，不再只是以往雖理想但難以實現的「課程標準」，因此依據此七個領域目標加以分析，探查學生需要有何種能力才能達成領域目標。於是將健康與體育課程內容統合為「生長、發展」、「人與食物」、「運動技能」、「運動參與」、「安全生活」、「健康心理」與「群體健康」等七個主題軸，並根據不同主題軸之內涵，再細分為若干所需達成的基本能力，即所謂的能力指標。因此，領域目標為能力指標之本源，而能力指標是領域目標達成之所應具備之能力細項之陳述，領域目標與能力指標，兩者具有上下相承之關係。

㈡能力指標與教學（模式）的關係

有了細項之能力指標，才能規劃設計欲達此能力指標之教學活動內容，能力指標一一達成，進而邁向既定的領域目標，達到全人健康的目的。此種教學模式即所謂的「目標模式」。

在課程設計方法上有所謂的「過程模式」及「目標模式」兩種。「目標模式」係由上而下之理性邏輯分析模式，以課程目標、領域目標、能力指標作為教學內容、活動與評鑑的主導方針。課程設計者依據「能力指標」，先設定本單元所要之「學習目標」，規劃所需時數，再選擇適當內容，即依學

習目標所需,選擇適當教材以達成所選擇之目標,其後組織教材內容,並依學習目標設定學習評量方法。簡言之,即先有確定的目標、指標,再依此設計所欲進行的教學活動。另一個與「目標模式」精神正好相反的課程設計方法是「過程模式」。「過程模式」係由下而上,由活動衍生出學習目標的模式,以生活中的主題做概念分析後,將其組成活動,再對應能力指標。課程設計者先將大概念分析為若干小概念,如大概念為「運動安全」,則小概念可以是「運動前身體健康檢查與評估」、「運動員精神之實踐與運動規則之遵守」、「運動場所、器材、設施之維護和管理」、「運動傷害之預防」、「運動傷害之處理與急救」、「運動場所之安全使用規定」,然後再依小概念設計活動來教學,當所有活動均設計妥之後,再將活動與能力指標尋找對應關係,即將兩者配對。更明確地來說,即先設計好教學內容,再根據教學內容尋找出所欲達成的能力指標。

兩者方式不同,優缺點互現。「目標模式」之優點,可以確保每一能力指標均有被設計之機會,且可以使每一能力指標出現機會在控制之範圍內;缺點為目標與成果間有誤差存在,且此種方法忽略人類自主、思考、創造等需要,因為一切均須以能力指標為中心,思考會受限制。「過程模式」之優點為從活動意義出發,學習活動本身即具有其價值性,其缺點則為進行了許多活動不能確知是否達成目標,且無法控制是否能將所有能力指標均納入教材及課程設計中。

九年一貫新課程的精神,原屬意於「目標模式」,然而此方式對國小老師來說,無疑是相當大的挑戰,尤其對非本科系但卻擔任健體領域課程的教師而言,更是沉重的負擔。為避免對老師造成無謂的困擾,演變至後來,不論教學採用何種模式,只要在該階段結束前,所屬階段的能力指標皆運用於課程中即可。因此,現階段國小教學所採用的模式,大部分皆採用「「過程模式」,但為了避免「可能會有些能力指標出現很多次,而有些能力指標可能一次都未出現」的情形發生,因此在每一學習階段的最後一年,必須將之前使用過的能力指標加以整理,對照該階段所有能力指標後,針對未曾使用過能力指標,採用「目標模式」的方式來設計教學活動,以期學生在該階段結束前,所欲培養的能力皆能達成。下一節的教學設計示例,低年級的課程

設計採統整教學的「目標模式」，中年級則採分科教學的「過程模式」。

　　然而，不論教學模式採用何種方式，擔任健體課程之教師，首要條件必須對「健康與體育學習領域」的能力指標有基本的了解與認識。在九年一貫健康與體育學習領域裡，依課程目標所訂定的七大主題軸中，共計有一百零六項的能力指標，教師在規劃課程及選編教材時，可根據課程目標、分段能力指標，透過分工（分科教學）與合作（統整教學）方式的教學活動，滿足學生不同的需求，讓學習的成果與日常生活相互結合，以達到全人健康（total well-being）的目的。

四、健康與體育教學設計示例

(一)以低年級為例

1. 設計理念

　　認識身體、五官及各種情緒後，進一步學習如何保護、愛護身體與正確地表達情緒，是低年級小朋友在健康教育課程中，相當重要且必須學習的課程，本單元「我的身體會說話」，係從此概念開始出發，設計六節課程。

　　以往健康教育教學方式大部分都是老師在課堂上說，學生坐在台下聽，為改變此一傳統方式，並因應教育部公布的總綱中明文界定的教學方式原則，嘗試以遊戲法，設計透過律動的方式，讓小朋友在快樂的情境中，自然學唱出並習得正確的健康概念、名稱及知識。舞蹈是一種適合男女老幼的運動，學習舞蹈不僅能增加身體柔軟度，對於節奏感、律動感、協調性與敏捷性的培養也有相當大的助益。而低年級的小朋友因學習反應較慢，所以安排的課程難度較低，希望透過循序漸進的方式，讓小朋友從快樂、有趣的學習中喜歡舞蹈，並增進身體各方面的基礎能力。

　　「我的身體會說話」考量低年級學童身心發展及動作發展的階段性，結合學生生活經驗，統整健康教育與體育教學，融合「一、生長、發展」、「三、運動技能」、「四、運動參與」、「五、安全生活」及「六、健康心

理」五項不同的主題軸。透過課程中的「唱和跳」，讓小朋友認識自己的身體，從「模仿遊戲」中再學習身體律動，增進兒童身體的韻律感、協調性及平衡感，藉由暖身操的介紹與學習，知道如何利用暖身活動以避免運動傷害的發生，另一方面，透過所設計的團體遊戲，讓學童在進行過程中能養成互助合作與積極學習的態度，在競賽中也能習得勝不驕、敗不餒的精神。圖 13-1 為本單元的課程架構。

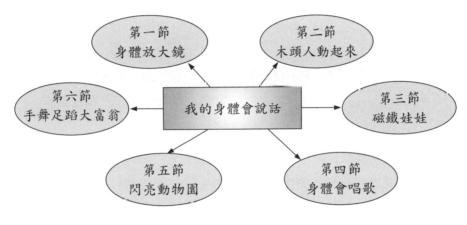

圖 13-1　　課程架構圖

2. 教學節數及要點

第一節　身體放大鏡：認識自己的身體並了解身體各部位的功能。

第二節　木頭人動起來：了解運動前暖身活動對減少運動傷害發生的重要性，並透過「暖暖拳」的活動，幫助學生更加熟悉身體各部位的暖身動作。

第三節　磁鐵娃娃：透過「聽哨聲，拍拍手」的活動，培養學童傾聽音樂的能力，增進對節奏的敏感度；並設計「磁鐵碰觸」活動，經由從身體的碰觸中，學會尊重別人的態度。

第四節　身體會唱歌：利用五官和肢體表達「喜、怒、哀、樂、懼」等情緒及「冷、熱、痛、癢」等感覺的動作，且能隨著音樂，律動自己的身體，並藉由「超級比一比」的遊戲競賽活動，學會

觀察他人身體傳達的訊息。

第五節　閃亮動物園：透過模仿，培養學童觀察的能力，並運用肢體語言表達出動物所屬的特色動作。

第六節　手舞足蹈大富翁：結合前五節的活動來設計團體遊戲，藉由遊戲培養學生互助合作的精神，同時進行評量。

3.教學媒體、器材

CD player、兒歌 CD、身體掛圖、各器官的圖片、布、哨子、各動物的圖片、自製大富翁海報半開二張、自製骰子二顆（點數只有三個一、二個二、一個三）、四個代表物磁鐵、自製骰子兩顆（貼有頭、手、膝、肩膀、腰、腳的身體部位名稱）、掛圖（男生、女生穿泳裝的圖片）、題目籤卡、可彎式吸管。

4.分段能力指標

1-1-3 認識身體發展的順序與個別差異。

1-1-4 養成良好的健康態度和習慣，並表現於生活中。

1-1-5 討論對於身體的感覺與態度，學習尊重身體的自主權與隱私權。

3-1-1 表現簡單的全身性活動。

3-1-4 表現聯合性的基本運動能力。

4-1-1 藉語言或動作，來表達參與身體活動的感覺。

4-1-3 認識並使用遊戲器材與場地。

5-1-5 說明並演練預防運動傷害的方法。

6-1-1 描述自己的特色，並接受自己與他人之不同。

6-1-3 展示能增進人際關係、團隊表現及社區意識的行為。

6-1-4 認識情緒的表達及正確的處理方式。

6-1-5 了解並認同團體規範，從中體會並學習快樂的生活態度。

5.教學活動流程

以認識身體的「身體放大鏡」、表達情緒的「身體會唱歌」以及如何依學習目標進行學習評量的「手舞足蹈大富翁」為例。

能力指標	教學活動內容	學習評量
	第一節：身體放大鏡	
3-1-1 表現簡單的全身性活動	一、準備活動 (一)帶動唱 利用兒歌「頭兒肩膀膝腳趾」，讓小朋友先熟悉我們的身體及五官的名稱。 1.讓小朋友聽或跟著大聲唱。 2.老師配合歌曲教導所需動作： 　(1)「頭兒」——用手輕拍頭二下。 　(2)「肩膀」——用手輕拍肩膀二下。 　(3)「膝」——用手輕拍膝蓋一下。 　(4)「腳趾」——用腳踩二下。 　(5)「眼耳鼻和口」——雙手指著部位，同時身體左右搖晃。 3.將兒歌和動作相結合，全班跟著音樂做動作並大聲唱出。反覆二次。	大部分的學生能跟著老師的動作，做出指定的動作並大聲唱出。
1-1-3 認識身體發展的順序與個別差異	二、發展活動 (一)活動一：認識身體 1.利用掛圖讓小朋友指出正確的位置並說出名稱。 2.介紹身體主要部位的功能：	大部分的學生能正確指出並說出。
1-1-5 討論對於身體的感覺與態度，學習尊重身體的自主權與隱私權	(1)先讓小朋友自己說出 　(2)老師再加以補充。 (二)活動二：認識五官	能踴躍參與。
1-1-3 認識身體發展的順序與個別差異	1.利用掛圖讓小朋友指出正確的位置並說出名稱。 2.介紹五官的功能： 　(1)先讓小朋友自己說出 　(2)老師再加以補充說明五官所提供的不同訊息。	大部分的學生能正確指出並說出。 能踴躍參與。
3-1-1 表現簡單的全身性活動	三、綜合活動 (一)瞎子摸象 1.分組：將全班均分成四組。每組派出一位小朋友當「象」（被摸的人），另一位小朋友	
6-1-3 展示能增進人	眼睛矇上布當「瞎子」（去摸的人）。	

（續）

能力指標	教學活動內容	學習評量
際關係、團隊表現及社區意識的行為 6-1-5 了解並認同團體規範，從中體會並學習快樂的生活態度	2. 說明遊戲規則： 　(1)每次只有一組進行活動，以三分鐘為限，採得分制，正確完成一次得 1 分。 　(2)由老師抽出一張五官或身體部位的圖片，台下比賽組的小朋友指示「瞎子」方位（不可以亂說）。 　(3)當「瞎子」摸到正確指定部位時，比賽組小朋友必須再說出至少一項此部位的功能。 　(4)回答正確後再繼續抽圖片，直到限定的時間。 3. 比賽開始。 　當一組完成活動時，全班要給予掌聲。 4. 宣布得分及名次。 ㈡總結並再次提醒本次上課內容，對表現良好的學生給予精神獎勵。 ㈢預告下節內容。 〜第一節結束〜	能安靜並專心聽講。 大部分的學生能遵守規則並熱烈參與活動。
  3-1-1 表現簡單的全身性活動 6-1-5 了解並認同團體規範，從中體會並學習快樂的生活態度 3-1-1 表現簡單的全身性活動 6-1-4 認識情緒的表達及正確的處理方式	第四節：身體會唱歌 一、準備活動 ㈠整隊、暖身活動 　第二節所教授的動作。 ㈡引起動機 1. 告知今天所要上的主題——「情緒」與「感覺」。 2. 請小朋友嘗試說出與「情緒」、「感覺」有關的詞彙。 二、發展活動 ㈠活動一：比手劃腳 1. 請小朋友嘗試用自己的五官或肢體表達「喜、怒、哀、樂、懼」等情緒及「冷、熱、痛、癢」等感覺的動作。 2. 老師說出一個與情緒或感覺有關的詞彙，例如「很快樂」、「身體癢」、「好害怕」……等，小朋友在台下自己做出動作。如果有小	 能踴躍發言。 大部分的學生能根據指令做出動作。 大部分的學生能熱烈參與。

（續）

能力指標	教學活動內容	學習評量
	朋友做出很特別的動作，可請他到台上與大家分享，鼓勵小朋友多發揮想像力。	
	3. 老師採隨機的方式，一次請一位小朋友上台表演一個「情緒」或「感覺」的動作，讓其他的小朋友說出答案。	能踴躍發言。
6-1-1描述自己的特色，並接受自己與他人之不同	(二)活動二：我該怎麼做 1. 由老師設計「當我很……，我會……」等題目，請小朋友就本身的經驗，舉手自由發表。	能認真聽講。
6-1-4認識情緒的表達及正確的處理方式	2. 老師歸納正確與不正確的情緒表達及處理方式。 三、綜合活動	
	(一)超級比一比 1. 分組：全班均分為四組，每組分別排成一長排（共四排）。	能注意聆聽遊戲規則。
	2. 遊戲規則：	
3-1-1表現簡單的全身性活動	(1)每組派一位小朋友出來，站在隊伍前面，負責抽出一張題目卡（題目包含各種不同的情緒及感覺詞彙），並在不能發出聲音的情況下，做出動作，傳給下一位小朋友，一直到最後一位小朋友。	
4-1-1 藉語言或動作，來表達參與身體活動的感覺	(2)每組最後一位小朋友要說出該題的答案，答對得 1 分。	
6-1-5 了解並認同團體規範，從中體會並學習快樂的生活態度	(3)每次兩組進行活動，限時五分鐘。另兩組負責擔任裁判工作。	能發揮團結互相合作精神，完成比賽。
	(4)最後總計得分最高者為冠軍，其他組別給予掌聲鼓勵。	
	3. 比賽開始。	
	4. 宣布得分及名次。	
	(二)總結並再次提醒本次上課內容，對表現良好的學生給予讚美。	
	(三)預告下節內容。	
	～第四節結束～	

（續）

能力指標	教學活動內容	學習評量
3-1-1 表現簡單的全身性活動 3-1-4 表現聯合性的基本運動能力	第六節：手舞足蹈大富翁 一、準備活動 ㈠整隊、暖身活動 　方式、動作同第二節。 ㈡依據老師的指令，複習前幾節上課的主要動作，例如「兒歌」、「情緒與感覺的動作」及「模仿動物的動作」。 ㈢說明本節上課內容。 二、發展活動 ㈠手舞足蹈大富翁	能依照指令正確做出動作。
6-1-5 了解並認同團體規範，從中體會並學習快樂的生活態度	1. 說明遊戲規則： (1)玩法跟一般大富翁一樣，擲骰子，根據骰子的點數前進（大富翁遊戲單見附件一）。 (2)根據格子內容，整組做出指定的動作，若正確則再由下一組擲骰子，否則整組退回擲骰子時的位置。 (3)遇到模仿動物的格子，要一邊唱動物歌，一邊做動作。例如：「模仿兔子」時，要一邊唱：「拔蘿蔔，拔蘿蔔，嘿喲嘿喲，拔不動，兔子快快來，快來幫我拔蘿蔔！」並做出拔及兔子的動作。 (4)最先抵達終點的一組要先做一次「愛的鼓勵」，說「我完成了！」並蹲下方才獲勝。 (5)十分鐘內若兩組皆未抵達終點，則以較接近終點之組別獲勝。 2. 分組比賽： (1)全班均分成四組。	能專心聽講並說出遊戲規則。

（二）　　大富翁海報　　（四）

（一）　　（三）

（續）

能力指標	教學活動內容	學習評量
4-1-3 認識並使用遊戲器材與場地 3-1-1 表現簡單的全身性活動 3-1-4 表現聯合性的基本運動能力 6-1-3 展示能增進人際關係、團隊表現及社區意識的行為	(2)第一、三組先比賽，第二、四組在場地兩邊當裁判。 (3)十分鐘到或已分出勝負時，換第二、四組比賽，第一、三組當裁判。 (4)猜拳決定先後順序，及拿代表物磁鐵。 3. 比賽開始。 　(1)比賽時，老師在海報旁邊，協助唸出海報內容。 　(2)觀察小朋友的表現，並注意比賽安全情形。 三、綜合活動 (一)宣布獲勝組別。 (二)由教師引導，透過問答方式請小朋友將本單元的內容重新回顧一遍。 (三)預告下一單元內容。 　　　～本單元結束～	能遵守遊戲規則並發揮團隊合作精神爭取榮譽。 能熱烈參與並踴躍發言。

(二)以中年級為例

1. 設計理念

　　墊上運動在國小體操課程中屬於器械體操的地板項目。體操課程對於學童的感覺統合能力，及肌力、肌耐力、平衡性、協調性、柔軟性、爆發力等基本運動能力，都有促進及提升的效果，尤其墊上運動對於日常生活中突發危急狀況的自衛、應對能力，有相當學習遷移的良好效益。本單元設計時考量，中年級屬於小朋友身體能力全面發展的時期，在此階段若能藉由器材簡便，安全、技巧性不高的墊上運動，設計有趣又兼顧身體動作發展的課程，不僅能提高學童學習的興趣，對往後學童從事各項運動亦能奠定扎實的基礎能力。

　　採大單元教學方式，以中年級為對象，設計六節課以學會體操地板運動中的前滾翻為目標，結合學生日常生活經驗中熟悉事務，融合「三、運動技能」、「四、運動參與」、「五、安全生活」及「六、健康心理」四項不同

的主題軸的體育教學。學習前滾翻不只是會滾翻動作而已，首先必須具備上肢支撐的肌力，其次是背部肌群的柔軟度以及動態平衡的能力。因此，課程中希望透過有趣的伸展遊戲及體能遊戲，加強學童身體的柔軟度、協調性、動靜態的平衡感；從搖椅、不倒翁、側滾翻、前滾翻及連續前滾翻各種滾翻延伸動作中，增進學童的肌力、肌耐力、爆發力、協調性及平衡感；另一方面，透過所設計的團體遊戲，讓學童在進行過程中能養成互助合作與積極學習的態度，在競賽中也能習得勝不驕、敗不餒的精神。圖 13-2 為本單元的課程架構。

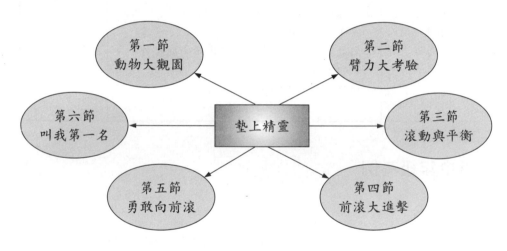

圖 13-2　課程架構圖

2. 教學節數及要點

第一節　動物大觀園：透過觀察，模仿「小雞走路」、「螃蟹走路」及「大象走路」等活動，增強學生下肢及腹部肌群的肌肉適能，培養平衡感與協調性。

第二節　臂力大考驗：透過「蛙立」及「手推車」等簡單遊戲，增強上肢肌群的肌肉適能，加強平衡感與協調性。

第三節　滾動與平衡：藉由「金雞獨立」、「搖椅」及「不倒翁」等動作，體會身體滾動的感覺，增強動態平衡感、協調性與柔軟度

等的基本運動能力。

第四節　前滾大進擊：學習「單人側滾」及「前滾翻」，體會身體控制
　　　　的技巧，增強肌力、爆發力及協調等基本運動能力。

第五節　勇敢向前滾：透過不同的遊戲設計，熟練「連續前滾翻」的動
　　　　作，並增進肌耐力及基本運動能力。

第六節　叫我第一名：複習「連續前滾翻」並進行評量。

3.教學媒體、器材

所需硬體：體操教室或軟墊、藍色膠帶及巧拼板。

其他：哨子。

4.分段能力指標

3-2-1 表現全身性身體活動的控制能力。

3-2-2 在活動中表現身體的協調性。

3-2-3 在遊戲或簡單比賽中表現各類運動的基本動作或技術。

3-2-4 了解運動規則，參與比賽，表現運動技能。

4-2-1 了解體適能促進的活動，並積極參與。

5-2-2 判斷影響個人及他人安全的因素並能進行改善。

6-2-3 參與團體活動，體察人我互動的因素及增進方法。

6-2-5 了解並培養健全的生活態度與運動精神。

5.教學活動流程

以學習前滾翻的前導動作「滾動與平衡」及強調動作技巧的「前滾大進
擊」為例。

能力指標	教學活動內容	學習評量
	第三節：滾動與平衡	
	一、準備活動	
	㈠課前	
	教師：蒐集相關資料、準備場地。	
	學生：運動服。	
	㈡課間	
	1. 集合整隊。	能迅速排好隊形。
3-2-1 表現全身性身體活動的控制能力	2. 暖身運動： 　每個動作四個八拍，加強肌肉伸展。由體育股長帶操，老師指導。	能認真、確實做好暖身動作。
	(1)頸部繞環。	
	(2)手部運動。	
	（壓腕、壓肘、壓臂、大臂繞環）	
	(3)腰部運動。	
	（交叉前彎、前彎後仰、左右側彎）	
	(4)腿部運動。	
	（前後或左右弓箭步、大腿前側伸展）	
	(5)腕踝繞環。	
3-2-2 在活動中表現身體的協調性	3. 引起動機：	
	(1)提問上節課內容。	
	(2)原地複習「蛙立」動作。	能姿勢正確完成五秒以上。
	(3)學生練習時，老師在一旁提醒動作要點。	
	4. 說明本節教學內容。	
	二、發展活動	
	㈠活動一：金雞獨立	
	1. 解說動作要領與示範：	能注意聆聽動作要點。
	(1)右腳站立，左腳屈膝前抬靜止二秒。	
	(2)右腳站立，左腳側抬靜止二秒。	
	(3)右腳站立，左腳直膝後舉，同時身體向前傾，成飛機狀態靜止五秒。	
	(4)換左腳站立，右腳重複上列動作。	
	2. 嘗試練習	能依老師指令正確做出動作。
3-2-1 表現全身性身體活動的控制能力	(1)全班分成六排，以排為單位。	
	(2)第一、三、五排先做，第二、四、六排觀	

（續）

能力指標	教學活動內容	學習評量
	摩並幫忙糾正動作。 3. 動作糾正 　(1)學生練習時，老師注意觀察學生動作有無 　　錯誤。 　(2)全部學生做完後，再次提醒易犯的錯誤並 　　強調動作要點。 4. 反覆練習 　全班以上述「嘗試練習」方式再做一次。 (二)活動二：搖椅 1. 解說動作要領與示範： 　(1)蹲姿，雙手抱膝。 　(2)向後傾倒以臀、腰、背、肩依序著墊。 　(3)雙眼注視肚臍，避免頭部撞擊墊子。	
3-2-1 表現全身性身體活動的控制能力 5-2-2 判斷影響個人及他人安全的因素並能進行改善	(4)使身體像搖椅般前後搖動。 　(5)動作結束前，向前用力振擺，使身體前傾， 　　回復蹲姿，雙手抱膝動作。 2. 嘗試練習： 　練習時要注意前後安全距離，避免發生碰撞。 3. 動作糾正。 4. 反覆練習。 　2~4 的方式皆同活動一。 (三)活動三：不倒翁	能注意聆聽動作要點。 能姿勢正確連續完成三次以上。
3-2-1 表現全身性身體活動的控制能力 5-2-2 判斷影響個人及他人安全的因素並能進行改善	1. 解說動作要領與示範： 　(1)坐姿，腳掌相對，雙手抓住腳踝。 　(2)先向側方傾倒，再沿著手臂、肩、背至對 　　側，滾轉一圈。 　(3)滾轉過程中，眼睛注視腳踝，避免頭部撞 　　擊墊子。 2. 嘗試練習： 　練習時要注意前後左右安全距離，避免發生 　碰撞。 3. 動作糾正。 4. 反覆練習。 　2~4 的方式皆同活動一。	能注意聆聽動作要點。 能姿勢正確連續完成三次以上。

（續）

能力指標	教學活動內容	學習評量
3-2-4 了解運動規則，參與比賽，表現運動技能 3-2-3 在遊戲或簡單比賽中表現各類運動的基本動作或技術 4-2-1 了解體適能促進的活動，並積極參與 6-2-5 了解並培養健全的生活態度與運動精神	三、綜合活動 (一)誰是不倒王 1. 說明遊戲規則： 　(1)全班分成六組，每次三組出列比賽。 　(2)設起點、搖椅站、不倒翁站及終點，共四站，每站間隔十公尺。 　(3)所有學生排（蹲）在起點後方，第一位同學站在起點上，聽到哨音後立即跑到「搖椅站」，連續做三次正確動作，之後跑到「不倒翁站」，連續作三次以上，若動作中斷算失敗，最後再跑到終點站後方蹲下，才算完成。 　(4)採計時決賽。 2. 老師示範一次後遊戲開始。 3. 遊戲結束，核算秒數，請秒數最少的優勝者起立，其他小朋友給予一個愛的鼓勵加上「你好棒！」 (二)回顧本節課重點；提醒練習時如何保護自己與他人安全的方法。 (三)預告下節內容；整理器材；拍手解散。 ～第三節結束～	能專心聆聽遊戲規則。 能發揮團結互相合作精神，完成比賽。 能說出自我保護的要領。 能專心聽講。
	第四節：前滾大進擊 一、準備活動 (一)課前 　教師：蒐集相關資料、準備場地。 　學生：運動服。 (二)課間 1. 集合、整隊。 2. 暖身運動： 　動作參考第一節，並加強頸部伸展。 3. 引起動機： 　(1)提問上節課內容。 　(2)統整要領，提示小朋友做動作時，須注意	能注意聆聽動作要點。

（續）

能力指標	教學活動內容	學習評量
3-2-1 表現全身性身體活動的控制能力	的身體防護要點。 (3)原地複習「搖椅」的動作。 (4)學生練習時，老師在一旁提醒動作要點。 4. 說明本節教學內容。 二、發展活動 (一)活動一：單人側滾 1. 解說動作要領與示範：	能姿勢正確連續完成五次以上。
	(1)身體仰躺，收下巴，雙手在胸前交叉，雙腳打直。 (2)全身僵直，向側方滾動。 (3)身體一旦歪斜，須扭動身體使其回到直線。	能注意聆聽動作要點。
3-2-1 表現全身性身體活動的控制能力 3-2-2 在活動中表現身體的協調性	2. 嘗試練習： (1)全班分成六排（組），以組為單位。 (2)每組第一位前進至五公尺的終點處後坐下，第二位再前進。 (3)第二位到達終點時排到第一位後面坐下，以此類推。 3. 動作糾正： (1)學生練習時，老師注意觀察學生動作有無錯誤。 (2)全部學生做完後，再次提醒易犯的錯誤並強調動作要點。 4. 反覆練習： 以上述「嘗試練習」方式再做一次。	能姿勢正確向側滾動至少三公尺以上。
5-2-2 判斷影響個人及他人安全的因素並能進行改善	5. 動作優秀小朋友示範： 請動作最佳者上墊示範，並給予口頭上讚美。 (二)活動二：前滾翻 1. 解說動作要領與示範： (1)預備姿勢：身體直立。 (2)蹲姿，雙手撐在墊子上與肩同寬。 (3)低頭，收下巴，重心向前移。 (4)以頸、背、腰、臀、足，依序著墊。 (5)翻滾過程中屈腿抱膝，身體保持圓球形，不可讓身體打開。	能懂得欣賞別人。 能注意聆聽動作要點。

（續）

能力指標	教學活動內容	學習評量
3-2-1 表現全身性身體活動的控制能力 3-2-2 在活動中表現身體的協調性 5-2-2 判斷影響個人及他人安全的因素並能進行改善	(6)後半段動作像搖椅一樣，手掌須用力向地推撐，蹲身屈腿抱膝。 (7)最後完成動作：起身，同時雙臂向斜上舉，以維持平衡。 2. 嘗試練習。 3. 動作糾正。 4. 反覆練習。 5. 動作優秀小朋友示範。 　2~5 的方式皆同活動一。	能做出正確動作。
3-2-4 了解運動規則，參與比賽，表現運動技能	三、綜合活動 ㈠滾動接力 1. 分組：全班分成三隊。 2. 遊戲規則說明： 　(1)在預備線等候，聽到哨音後，立即出發至起終點。 　(2)前進至墊子時，做完整的「前滾翻」動作二次，再跑至折返點返回。 　(3)回程前進至墊子時，須以「單人側滾」的動作回起終點。 　(4)交接棒：互相擊掌後，下一棒才可出發。 　(5)完成之隊伍須蹲下，並做一次「愛的鼓勵」，等待比賽全部結束。	能注意聆聽遊戲規則。
3-2-3 在遊戲或簡單比賽中表現各類運動的基本動作或技術 6-2-5 了解並培養健全的生活態度與運動精神	3. 動作程序示範： 　請一位小朋友將整個動作，從頭到尾示範一遍，以加深學童了解。 4. 比賽開始。 5. 宣布冠軍隊伍，全班給予冠軍隊一個愛的鼓勵。 ㈡回顧並提示本節動作技巧重點及自我保護要領；預告下節課內容。 ㈢整理器材；拍手歡呼解散。 　　　～第四節結束～	能懂得欣賞別人。 能發揮團隊合作精神完成比賽，並注意安全。 能說出自我保護的要領。

五、結語

　　健康與體育學習領域最重要的理念，在於啟發學生最基本的學習能力，讓學習的成果與日常生活相互結合，終極目標是要求每一個學生能培養出自主學習的能力，養成終身從事身體活動的習慣及健康的獲得。因此，除了必須尊重專業自主之外，健體教師本身也必須不斷進修專科學識，培養整體思考與統整的能力，有系統地規劃、安排、設計課程，運用有效的教學方法，讓學生重拾身體活動的樂趣，並在競賽中學習超越自我及與他人合作的情操，才能達到全人教育的理想。

參考書目

教育部（1993）。**國民小學課程標準**。台北：台捷。

教育部（2000）。**國民中小學九年一貫課程暫行綱要**。台北：教育部。

Glatthorn, A., & Foshay, A. (1991). Integrated curriculum. In A. Lewy (Ed.), *The international encyclopedia of curriculum* (pp. 160-162). Oxford: Pergamon Press.

附件

模仿兔子	說出兩項暖身活動的重要性	說出兩個「身體部位」名稱及功能	回到起點	後退一格	模仿猴子
「頸繞環」左右各一個八拍					休息一下吧（停玩一次）
說出並做出兩種「感覺」的動作					「膝繞環」左右各一個八拍
前進兩格					說出並做出兩種「感覺」的動作
「磁鐵碰觸」——背部		手舞足蹈大富翁			「磁鐵碰觸」——肩膀
說出並做出兩種「情緒」的動作					說出兩個「五官」的名稱及功能
說出兩個「五官」的名稱及功能					「肩繞環」左右各一個八拍
後退三格					後退兩格
模仿大象					前進一格
「腰繞環」左右各一個八拍					「磁鐵碰觸」——創意部位
「磁鐵碰觸」——創意部位					唱出並做出「頭肩膀膝腳趾」
「踝關節繞環」左右各一個八拍					抵達終點
前進三格	「磁鐵碰觸」——膝蓋	說出並做出兩種「情緒」的動作	說出兩項暖身活動的重要性	唱出並做出「頭肩膀膝腳趾」	開始 ←

chapter 14

健康與體育教學評量設計

龔憶琳

歐宗明

一、教學評量的三種視野

　　從健康與體育學習領域來談教學評量，大致上可以從三種不同的角度切入，也因此會出現三種不同的視野。這三種視野並無衝突，亦時常相互涵蓋，只是切入角度不同，而產生對教學評量聚焦有所不同。以下茲就這三種教學評量視野略做說明。

㈠專業分科的視野

　　傳統分科教學目標概依據 Bloom 對於目標的三項分類而劃分，即認知（cognitive）、技能（psycho-motor，應譯為「心理—動作」較妥，因其原文有指涉心理狀態）、情意（affective）。這樣的劃分使得健康教育的學習在重智主流思想下，只重健康知識的記誦，而不重健康行為的實踐，更不注意健康習慣的養成。其評量自然以系統知識記憶為主軸，並以紙筆測驗為主要方

式。在體育部分，教學設計及評量則聚焦於技能，偏向技術的評量導向，認知及情意部分逐漸形成技術學習的「附加」產物，造成體育成為「藝能科」之一，而在重智的主流思想下，「藝能科」成為一種「負面」的標示符號，是一種可有可無的「副科」，是調劑正科學習的副科，可以因為所謂「正科」的需求，而外借其學習時段的科目。當藝能科「動作技術」學習為主要的內涵成為體育科的概念時，其評量自然會對動作技能的學習多所聚焦，而出現針對各項運動技術熟練程度及其展現成果為基準的評量準則之情形，技術的精熟就成為了體育科教學評量的唯一標準。

(二)學習領域的視野

九年一貫課程的訂定理念係認為國民教育之課程應以生活為中心，配合學生身心能力發展，以培養現代健全國民所需具備的各種基本能力，如規劃、組織與實踐的能力、獨立思考和解決問題的能力。因此，基本能力就成為課程、教學與學習的最核心概念，學生對於各學習領域基本能力的學習也成為各領域的終極目標，而評量的實施自然而然地會以基本能力習得為主要的評估準則。在健康與體育學習領域中，「健康行為的實踐」和「動作能力的發展」是兩個最重要的核心。在健康知能的學習上，應由覺知進而形成一個人的價值觀，才能真正地影響他們的態度和行為，因此，評量時的準則除了以往了解學生健康知識獲取程度的規準外，對於學生健康行為實踐情形之評估亦是領域的評量重點。在動作能力的發展上，是將以往課程標準中各單項運動技術再予以分解，成為各種所謂的「基礎動作能力」，其分類大致上有穩定性、移動性和操作性等三種。因此能力指標的敘寫、課程的編撰，和教學的核心均以此為依歸，很自然地，各項評量當是以能否展現這些動作能力為主要判準依據。

(三)全人教育的視野

現代教育的目的在培養人民健全的人格、民主的素養、法治的觀念、人文的涵養、強健的體魄，及獨立思考、判斷和創造的能力，此種將成為現代國家公民各方面需求均納入考量的教育，可以稱之為全人教育。亦即全人教

育是不偏向任何一方，對於每個人各方面之能力，均加以培養，以求達成最大能力極限的一種教育觀念。而個人之智慧，依 Gardner 博士所提出的多元智能（依鄭博真之用語）理論（Theory of multiple intelligence，簡稱 MI 理論），認為人類的認知歷程不是一元的，而是多元的，並承認每個個體在認知方面的文化差異（Gardner, 1983）。同時更指出每個個體都有獨特性，具有不同的發展潛能，因而在教育歷程中，應有更多元的教學路徑，使學生的獨特智慧潛能能夠發展。截至目前為止，人類的智能已發現八種（李平譯，2003；鄭博真，2000），即語文（language）、邏輯—數學（logical-mathematical）、空間（spatial）、肢體—動覺（bodily-kinesthetic）、音樂（musical）、人際（interpersonal）、內省（intrapersonal）和自然觀察者（naturalist）等八種智能（intelligence）。其中，如何開發及應用肢體—動覺智能是全人教育的最主要目標，因此，從全人教育的視野切入，教學評量應就透過課程教材的學習後，學生對於運用肢體來表達想法和感覺，並運用身體的部分生產或改造事物之能力加以評量，將成為學生學習成效的評估準則。

二、能力指標與教學評量

　　傳統分科教學僅以行為主義為出發點，將學習目標切割成各種的行為目標，有扭曲知識本質、誤解學習意義、簡化教師角色、忽略學習自主權的缺陷。九年一貫課程改革的新理念之一即是以「能力」獲得，取代「知識」記憶，因此能力就成為新課程的核心概念之一。雖然對於「能力」從不同的角度和理論來解釋有其差異，但 Leplat 認為能力的基本特徵有下列三項：能力有其目的性、能力是可學習之事、能力有其階層組織（掌慶維，2001）。就其目的性言之，能力一定有一個最後到達的終點；就可學習性來說，能力可以透過模仿、操作、練習等方式學得；就其階層組織而言，能力有其序階性，要先滿足較低階段能力的各項條件，才能進入更高一階的能力。另從 Rey 的兩種觀點來看，當能力如行為時，以行為主義的觀點出發，強調傳遞模式，注重模仿與練習，因而能力的高低即由表現來看；當能力如功能時，著眼於建構主義，學習在於基模，學習者用以建構學習意義，且學習是透過人與人、

人與環境間的交互作用所建構而成的（掌慶維，2001）。

「指標」則是一種統計的測量，它能反映出重要層面的主要現象，能對相關的層面進行加總（aggregation）或分化（desegregation），以達到分析的目的（Johnston, 1981）。指標通常是由多個變項組合而成，且透過操作型定義的過程，將理論的品質轉化為實證的意義（許義雄、陳鎰明、程瑞福、陳敬能，1998）。綜合言之，能力指標應是透過課程內容及教材，「能夠」學習到有目的、有序階性的知識、技能、態度和價值觀，且可以透過操作型定義的轉換，進行統計測量。在新課程綱要中，所有的課程設計、教學內容、教材選擇均以能力指標為依據，學習評量也須亦步亦趨地，時時以能力指標為最主要的依歸。在進行評量前，當須先將能力指標進行適當的操作性定義之轉換，並將其設計為可具以檢測的量尺或規準，針對學生學習成效才能符合能力指標的要求。

三、健康與體育教學評量應用類型

九年一貫課程理念中「多元評量」的精神，應用於健康與體育學習領域時，並非要廢除傳統教學評量中的紙筆測驗（健康教育與體育常識）或術科技能測驗（體育技能），也不是鼓吹使用兩種或兩種以上的評量方式，諸如實作評量、遊戲化評量（或稱過關評量）、口頭報告、觀察記錄、日誌手札、軼事記錄、歷程檔案、訪談或問卷調查……等評量方式，就掌握了九年一貫課程教學評量之精髓。畢竟評量不只是蒐集資料的技術，它還是一種有系統的過程，在有效教學過程「教學目標—起點行為—教學活動—教學評量」中，扮演著非常重要的角色。

教學目標是提供評量學生學習的基礎，任何正規的教育活動必定涵蓋認知領域、技能領域與情意領域三大教學目標的層面。實施九年一貫新課程之前，即強調一切教學活動均以教學目標為依歸，教學的評量也要以教學目標為根據（教育部，1997）。九年一貫新課程綱要中也明文規定，一切的教學活動以能力指標為依歸，教學評量也要以能達成分段能力指標為原則（教育部，2001）。這種以教學目標（分段能力指標）為評量依據的精神未曾改變！

也因此，當進行健康與體育教學評量時，為了使評量資料更加的可信和有意義，除了將較抽象的能力指標轉換成較具體的教學目標外，同時考量兒童成長發展及學習階段、評量時機及學習目標達成類別之不同，再選擇適當的評量方式和評量工具。以下就：(1)兒童成長發展；(2)評量時機；和(3)評量目標三方面加以討論：

(一)兒童成長發展

兒童的成長與動作發展不是隨意的，而是遵循著一定的順序有系統、有次序的進行著。雖然每一位兒童成長發展的過程有個別差異，每個兒童學習的起點行為能力也不盡相同，但整體來說，兒童期的成長與動作發展仍遵循可預測的模式，隨著不同年齡層，顯現各種不同的認知特性、情意特性與動作特性。兒童期大約是介於兩歲至十二歲左右的年齡層，一般又將之分為兒童前期與兒童後期兩個階段。兒童前期的年齡層約在兩歲至八歲之間，兒童後期則在九歲至十二歲之間。就國小年級來分，兒童前期屬一至二年級的低年級階段，兒童後期屬四至六年級的中、高年級階段。本書第十三章的教學設計示例，及第十四章的教學評量示例，即依此劃分的階段來設計。

(二)評量時機

教學評量的目的，最主要是評量學生學習效果，了解學生在學習過程中的進步情形或困難所在，必要時予以補救教學，同時也評鑑教師教學績效，檢驗教師的教材內容、教學方法及教學目標是否適當。「教學」，本質上是師生共同參與，交互影響的持續性活動，因此在整個學期的教學過程中，必須掌握適當的評量時機，才能將評量的功能與作用，做最有效率的發揮。評量時機包括教學前、教學中與教學後三個時期。

1. 教學前——診斷性評量

學生與學生之間，在身心發展成熟度及運動經驗上，皆不盡相同。於是，在教學前，了解學生的預備狀態、起點行為，可作為教師決定教材及分組的依據，有利於教師發展適當的教學，而不須隨意地猜測。因此「課前評量」

（又稱診斷性評量或安置性評量）有其價值與重要性。但從另一個角度來說，在目前所有課程節數都縮減的情況下，若能避免每一教學單元都需花一段時間甚至一節課的時間，透過觀察、口頭問答或是檢測的方式來了解學生的程度，最好的方式是建立「檔案評量」。「檔案評量」是以學生個人為單位，就特定主題連續蒐集個人一單元的、一學期的、每年度的或經歷數年的學習教學的歷程與成果，教師經由檔案資料，可了解學生的成長歷程，或評鑑其在健康與體育領域的技能與成就。「檔案評量」的內容，除了由任課老師及學校相關單位提供外，部分需要學生完成的部分，低年級可透過家長的協助（家長評量），而中、高年級，則已有能力可以自己完成（自我評量）。

2. 教學中——形成性評量

　　形成性評量對師生來說都是一項很重要的評量方式。就評量的目的而言，形成性評量是教學中持續進行的一項過程，過程中，教師透過觀察法，使用「檢核表」的方式，了解學生學習的情形與目標達成的程度，提供回饋訊息，讓教師重新檢視教學內容、進度與所設定的目標，並作為調整教學的重要參考；讓學生藉此進行「自我評量」，知道自己學習狀況與進步情形，增強學習動機。

3. 教學後——總結性評量

　　總結性評量通常是在某一個教學單元完成後或是學期末時實施。總結性評量評估的是學生達成目標的程度，所蒐集的資料最主要是評估學生的學習成就，並將學生之間的成就做比較（常模參照評量；norm-referenced assessment），或是與教師所設定的目標做比較（效標參照評量；criterion-referenced assessment）。但假如你個人的教學哲學考量的是學生的個別差異，是以個體進步為目標，那麼你可以結合課前評量（前測或檔案）與課後成果（後測）做比較（自我參照評量；self-referenced assessment）。

　　總結性評量的資料除了拿來評定學生的分數，決定其該學期健體領域的成績等第與及格與否外，若沒有妥善的運用，作為未來教學之參考、評量之參照，或是與家長、學生分享，讓家長能夠了解小孩在校的學習內容與情形，讓學生本人知道自己的學習狀況，甚至進步情形（如表 14-1，三年級田徑教

表 14-1　田徑教學學習評量表

教學單元：<u>60 公尺短跑</u>				任課教師：_____

班別：____年____班　　　　座號：____號　　姓　名：_____

	評量內容	很棒	尚可	加強
上課表現	能愉快地與同學一起學習。			
	能遵守秩序且踴躍發言。			
	上課專心，學習態度積極。			
	認真確實從事暖身活動（慢跑、做操）。			
運動能力	手臂擺動的高度□太高□剛好□太低。			
	步幅（跨步的距離）□太大□剛好□太短。			
	步頻（腳步交換的快慢）□太快□剛好□太慢。			
	體角（身體傾斜的角度）□前傾□剛好□後仰。			
	跑步的動作□太僵硬□輕鬆且富有節奏感。			
	60 公尺計時：____秒____。			
老師的話	□課餘時間多加練習，你一定表現得更好！ □其他_____			
整體表現	_____分			

各位家長您好：

　　以上是貴子弟上 <u>60 公尺短跑</u>單元的評量成績，若您有任何疑問歡迎隨時與我聯繫。建議您可以和您的寶貝，就這個單元一起分享他（她）的學習心得或感想，如果可以，請孩子試著請把它寫下來。另外，也希望您寫一些話來讚美或鼓勵您的寶貝，謝謝您的參與！

孩子的話：

爸爸媽媽的話：

家長簽名：_____

表 14-2　健康與體育領域第××學期成績單

健康與體育	主要評量項目＼能力表現	表現優良	已經做到	還須加油	等第
	運動技能		V		甲
	運動知識與健康觀念	V			
	學習態度	V			

學學習評量表），否則這些資料就變得沒有意義。舉例來說，表 14-2 為某國小健體領域的學期成績單，其上所列出的評量等第對學生及家長來說，只是符號的代表，看不出學生的努力或是程度，也看不出學習內容與成就，因此不具任何實質的意義！

(三)評量目標

　　教師對學生的表現成果可能是以某項技能或技巧，亦可能是以某項情意或認知行為的因素來做評量，例如：能正確做出前滾翻的動作（技能）；能願意參與遊戲活動（情意）；能知道遊戲的規則（認知）⋯⋯等。但需要評量的學習目標之範圍應是全面性、多元性的綜合資料，現分述如下：

1. 認知評量

　　認知評量指的是知識的學習結果，包括六個由低而高的能力層次。因此，健康與體育認知評量範圍，不能只偏重在屬於記憶性行為的、最低層次的知識能力，尚須兼顧理解、應用、分析、綜合及評鑑等其他層次（Bloom, Engelhart, Furst, Hill, & Krathwohl, 1956）。故除了老師平時在課堂上，教學講授的健康知識或體育知識、常識之內容外，尚應結合教學當時，日常生活中最切身、最生活化、最熱門的健康資訊與體育事件；另一方面，有關健康或體育運動的文章及筆記，學生的想法與感受等，皆涵蓋在認知評量範圍內。

　　教師評量認知教學結果時，可以採用傳統紙筆測驗或實作評量。紙筆測驗可以是教科書或現成的測驗，也可以是教師自編紙筆成就測驗。實作評量類型多樣，可以是較常用於總結性評量的「口試」；或較常用於形成性評量

的「口頭問答」（低年級不做紙筆測驗）；可以是由學生個人獨立完成，或由家長參與協助完成的「學習單」；可以是一個單元（較建議採用的範圍）或是整學期，讓學生反省他們的學習和行為表現，或是分享感受、看法與態度的「日誌手札」（如表 14-3）；可以是經綜合統整，呈現學生在一時間階段內，達到學習標準的代表性作業、資料的「檔案評量」等的方式來做評量。

表 14-3　體育課反省作業單（反省日誌）

班別：＿＿＿年＿＿＿班	姓　　名：＿＿＿＿＿＿＿＿＿ 任課教師：＿＿＿＿＿＿＿＿＿

1. 這學期的體育課，老師一共教了幾個單元（項目）？
　　計有：＿＿＿＿＿＿＿＿＿＿＿＿＿＿＿＿＿＿＿＿＿＿＿＿＿
　　＿＿＿＿＿＿＿＿＿＿＿＿＿＿＿＿＿＿＿＿＿＿＿＿＿＿＿＿＿

2. 哪一個單元（項目）是你最喜歡的？為什麼？
　　我喜歡＿＿＿＿＿＿＿＿＿＿＿＿＿＿＿＿＿＿＿＿＿＿＿＿＿＿
　　因為：＿＿＿＿＿＿＿＿＿＿＿＿＿＿＿＿＿＿＿＿＿＿＿＿＿＿

3. 哪一個單元（項目）是你最不喜歡的？為什麼？
　　我不喜歡＿＿＿＿＿＿＿＿＿＿＿＿＿＿＿＿＿＿＿＿＿＿＿＿＿
　　因為：＿＿＿＿＿＿＿＿＿＿＿＿＿＿＿＿＿＿＿＿＿＿＿＿＿＿

4. 你是否認為你的運動能力（體能）比以前好？為什麼？請舉例說明。
　　我覺得我的運動能力（體能）比以前　□好　□不好　□一樣
　　因為＿＿＿＿＿＿＿＿＿＿＿＿＿＿＿＿＿＿＿＿＿＿＿＿＿＿＿

5. 你是否變得比以前更喜愛體育課？為什麼？
　　對於現在所上的體育課我比以前　□更喜愛　□更不喜愛　□一樣喜愛
　　因為＿＿＿＿＿＿＿＿＿＿＿＿＿＿＿＿＿＿＿＿＿＿＿＿＿＿＿

6. 上了一學期的體育課，你有沒有什麼話還想和老師說的？或是針對課程有很好的點子想和老師分享？（請自由發揮，老師很期待喔！）

2.情意評量

　　健康與體育情意方面評量範圍，應包括學生對健康與體育的學習態度、行為與習慣（後續的學習結果）、樂趣之養成、人際關係與運動精神等項目。除了評量外在的學習態度、行為之外，更重要的是，如何讓學生由接受進而產生肯定，最後能內化為自身的終身行為習慣。這也是在進行較抽象的情意評量時，不能一成不變而需要有更多面向、更明確的評量內容。

　　教師透過觀察，記錄每一教學單元或整學期教學時學生的表現，可使用軼事記錄表（如表 14-4）或檢核表（如表 14-5）；若對記錄觀察的行為欲給予程度上的評定，則可使用評分表（如表 14-6）或稱之為評量表來評量情意項目。除了老師評量外，亦可嘗試讓學生自評，藉由自評的方式（如表 14-7），除了達到自我反省的目的外，更希望藉由自評，了解學生是否將課堂上所習得的知識或技能，確實應用於日常生活中？一如先前所述，「內化為自身的終身行為習慣」，才是教學最重要的目標。

表 14-4　情意評量——軼事記錄表

			健康與體育領域情意評量——軼事記錄表	
班別：＿＿年＿＿班			任課教師：＿＿＿＿＿＿＿	
姓名	時間	地點	事件描述	老師評述
王曉明				
⋮				
⋮				
張小櫻				

使用說明：
1. 老師於每節課中，觀察學生上課情形，將其特殊表現（好、壞均可）記錄下來，教師或可加以評述。
2. 根據記錄表的內容，斟酌給分或扣分，以 5 分為限。與其他情意評量合併計算。

表 14-5　檢核表暨軼事記錄表

健康與體育領域情意評量──檢核表暨軼事記錄表									
班別：＿＿年＿＿班　　　　　　　任課教師：＿＿＿＿＿＿＿＿									
座號　　　　　　　　　　　姓名　　　　　檢核項目	王曉明								
1. 帶著愉快的心情準時上課。									
2. 服裝儀容乾淨整齊。									
3. 老師交代的用具皆能準備齊全。									
4. 老師講解示範動作時能專心安靜聆聽。									
5. 練習時能積極認真參與。									
6. 參與活動時能遵守規則規定。									
7. 遊戲比賽時能展現團結合作的精神。									
8. 能主動幫助同學練習。									
9. 規定的作業皆能完成。									
10.懂得欣賞會讚美別人的優點。									
❖軼事記錄❖　　事件描述&老師評述：									

使用說明：

(一)檢核項目：

　1.根據學生上課時的表現，若有做到者請於姓名下打「V」，若沒做到則打「？」。

　2.打「V」者得 3 分；打「？」者得 1 分。

(二)軼事記錄：

　1.觀察學生上課情形，若有特殊表現（好、壞均可）將其記錄下來，教師或可加以評述。

　2.根據記錄表的內容，斟酌給分或扣分，以 10 分為限。

(三)計分說明：以 60 分為基本分，總分為 100 分。

表 14-6　情意評量——評分表

健康與體育領域情意評量——評分表

班別：＿＿＿年＿＿＿班　　　　　　　　任課教師：＿＿＿＿＿＿＿＿＿

座號 ＼ 評量項目 ＼ 姓名	運動精神					學習態度					總分	備註
	負責盡職	守法守紀	爭取榮譽	人際關係	運動習慣	出席狀況	課前準備	認真學習	勇於發問	欣賞能力		
1												
2												
3												
4 ⋮												
36												

說明：

1. 在每一個項目下，依學生達到的程度，給予適當的分數「3」分、「2」分、「1」分及「0」分。

2. 計分方式：90%以上都有做到得「3」分；50%以上有做到得「2」分；偶爾做到得「1」分；都沒有做到不給分，即「0」分。

3. 備註欄可記錄學生特殊事件，依學生表現優劣給予分數，以加減「5」分為限。

4. 基本分數為 70 分，總分為 100 分。

表 14-7　情意評量──自我評量表

健康與體育領域情意評量──自我評量表

教學單元：＿＿＿＿＿＿＿＿　　　　任課教師：＿＿＿＿＿＿＿

班別：＿＿＿年＿＿＿班　　　座號：＿＿＿號　姓　　名：＿＿＿＿＿＿

親愛的同學：在上這次單元時，你有做到下面所列的項目嗎？若從頭到尾都有做到，請在「經常做到」欄下打「V」；若有時有做有時沒做的話，請在「偶爾做到」欄下打「V」；若只做到一次或幾乎沒有做到的話，請在「很少做到」欄下打「V」。最後，請針對老師提出的問題，寫下你的心得、感想或建議。

評量項目	經常做到	偶爾做到	很少做到
1. 我會帶著愉快的心情準時上課。			
2. 每次上課我的服裝儀容都很乾淨整齊。			
3. 老師交代要帶的用具我都會準備齊全。			
4. 每次上課時我都會專心、安靜並且注意聽老師的說明。			
5. 每次練習，我都會認真地做。			
6 參與活動時，我都能遵守遊戲規則及老師的規定。			
7 參加遊戲比賽時，我會和同伴合作，努力爭取好成績。			
8 我會主動幫助能力不好的同學一起練習。			
9 老師規定的作業（練習）我都能準時完成。			
10. 別人在表演時我會安靜地欣賞，並會讚美別人的優點。			

上完這個單元後，你會利用下課或是假日時間，繼續練習或是與家人、朋友從事這項活動嗎？為什麼？

好棒喔！你完成以上的評量表了！

3.技能評量

健康與體育技能方面評量範圍，包括健康技能與運動技能學習成果。

(1)健康技能評量

現有的健康教育教學方式，大多數仍以講述方式為主，偶爾採用問答、報告或討論的方法，因此，在評量方面，也多傾向於認知評量的紙筆測驗，若要論及健康技能評量，不妨透過角色扮演、實驗或示範等方式，讓學生親自操作。例如低年級的「潔牙方式」，可讓小朋友邊說邊實際做出；第十三章低年級的教學實例中的「身體放大鏡」，讓學童正確指出身體部位。最熱門的「資源回收」活動，可透過實物，讓學生清楚辨別並做出正確的判斷。例如低年級學童能辨別「一般垃圾」及「資源回收垃圾」；中高年級的學生則進一步判斷出資源回收垃圾的類別。運動傷害或燒燙傷的急救與處理，可藉由模擬情境，讓學生正確做出。當然，不是每一個健康教育單元都能做到「技能評量」，雖然不必「為了評量而評量」，但是，評量是呼應教學的改革！過去的健康教育評量方式，養成只會說不會做的學生，而九年一貫課程最重要的精神，是要將知識落實在日常生活中，所強調的就是親身經驗的重要性。因此，「健康技能評量」的實施，誠如哲學家杜威所說的：「在做中學」；Gardner所提出的「肢體—動覺智能」一樣，是透過實際的操作演練，從身體的智能來學習！

(2)動作技能評量

除了認知與情意的學習，動作技能的學習是體育課程的核心所在。動作技能依不同年齡階段，動作由簡單到複雜，由一般基礎性的動作逐漸提升到各單項特殊性運動技能的學習。

針對動作技能學習成果評量方面，通常有兩種較合適的評量形式，一為結果評量，或稱表現的評量，屬於量及客觀的性質；另一為過程評量，或稱觀察的評量，屬於質及主觀的性質。就學習者而言，初學一項新的動作或技巧時，較適合採用過程評量，一旦技術熟練後，採用結果評量較具意義。

①結果評量

結果評量是指經由反覆的學習，在動作熟練一段時間後，有關一個人動

作結果、身體表現的評量。舉凡涉及跑多快、跳多高、擲多遠、投幾次……等，能以皮尺、碼錶或計數方式，可以明確、客觀測量出動作技能優劣者，均屬之。採用結果表現評量時，須事先決定測驗的項目、內容或方法，並製作給分量表。測驗的項目必須具有相當水準的效度與信度，同時施測時，必須是經濟可行且合理的；給分量表則依教師的目的，可選擇常模參照評量、效標參照評量或自我參照評量。

②**過程評量**

過程評量是一種透過觀察的方式，用來評量身體表現的基本動作，或是運動技能之機制，簡言之，即是評定動作表現的優劣與正誤。教師除了必須清楚知道各種動作技能的機制外，同時，也必須對學童的運動生理發展有清楚的概念。因此，基本上，觀察法評量較適合具專業能力或知識豐富的老師使用。為避免觀察評量的結果受到評量者主觀評判、好惡或偏見的影響，教師須將欲評量的動作先做技術因素結構分析，再依此結構分析給分，盡可能將此主觀的評量客觀化。可採用檢核表（如表 14-8 及表 14-9）或評定量表（請參考表 14-1 田徑教學學習評量表中的「運動能力」評量部分及表 14-10）的方式，來評量動作技能。

四、體育教學評量示例

㈠低年級「我的身體會說話」教學評量示例

以第十三章教學設計示例中，低年級健康與體育統整課程「我的身體會說話」為例。該單元教學目標是讓學生認識自己的身體，進而能運用自己的身體做出老師設計的各項活動。每節課都根據該節課重點設計遊戲或比賽，此時教師可透過觀察，記錄學生個人的表現，並在最後一節課時，藉由「手足舞蹈大富翁」的遊戲競賽，進行小組的「遊戲化評量」，並在過程中再次觀察學生個人表現，對照之前的觀察結果，評量學生是否有進步。本單元共六節課，在這過程中，教師透過口頭問答、觀察法評量學生在認知、技能及情意三方面的學習表現成就。

表 14-8 健康與體育領域動作技能觀察檢核表

座號 姓名 檢核項目	王曉明							
1. 能隨著歌曲正確做出「頭肩膀膝腳趾」的動作。								
2. 能正確指出至少兩個「身體部位」的位置。								
3. 能正確指出至少兩個「五官」的位置。								
4. 能正確做出至少兩種以上的暖身動作。								
5. 能明確做出至少兩種「情緒」的動作。								
6. 能明確做出至少兩種「感覺」的動作。								
7. 能模仿出至少兩種動物的動作。								
8. 能用正確肢體部位做出「磁鐵碰觸」的動作。								
9. 能根據老師給予的哨音指令正確做出拍手次數。								
10. 能明確做出「快」或「慢」節奏的步法。								

教學單元：我的身體會說話　　任課教師：＿＿＿＿＿＿＿

班別：＿＿年＿＿班　　　　組　別：第＿＿組

使用說明：

(一)檢核標準：

1. 觀察學生在平時上課及遊戲時的表現，若在過程中「正確做出」該檢核項目者，則在檢核表中的姓名下打「V」；然若「未正確做出」該檢核項目者，則打「？」。

(二)計分說明：

1. 檢核項目共十題，評量打「V」者得5分；打「？」者得3分。

2. 基本分為50分，總分為100分。

表 14-9　低年級健體課「我的身體會說話」觀察檢核表

教學單元：我的身體會說話			任課教師：_____						
班別：____年____班			組　別：第____組						

檢核項目		座號 / 姓名	王曉明						
認識身體	1. 能唱出並正確做出「頭肩膀膝腳趾」的動作。								
	2. 能說出並指出「身體部位」的位置、名稱及功能。								
	3. 能說出並指出「五官」的位置、名稱及功能。								
	4. 能說出暖身運動的重要性。								
運用肢體	1. 能正確做出暖身動作。								
	2. 能做出至少兩種與「情緒」有關的動作。								
	3. 能做出至少兩種與「感覺」有關的動作。								
	4. 能模仿出至少兩種動物的動作。								
	5. 能用正確肢體部位做出「磁鐵碰觸」的動作。								
	6. 能根據指令運用不同肢體部位拍出正確次數。								
上課表現	1. 上課專心且發言踴躍。								
	2. 認真且熱烈參與各項遊戲或競賽。								
	3. 能發揮互助合作的精神爭取團隊榮譽。								
	4. 遵守遊戲規則並表現運動家的精神。								
名次：第____名									
總分									

使用說明：

(一)檢核標準：

　1. 觀察學生在平時上課及遊戲時的表現，若在過程中「正確做出」該檢核項目者，則在檢核表中的姓名下打「Ｖ」；然若「未正確做出」該檢核項目者，則打「×」。若在最後一節課評量時，發現學生有進步，且能正確做出該檢核項目，則在原項目中打「×」者畫一個圓，即「⊗」。

　2. 根據比賽結果，排列名次。

(二)計分說明：

　1. 檢核項目共十四題，評量打「Ｖ」者得 5 分；打「⊗」者得 4 分；打「×」者得 3 分。

　2. 名次第一名者得 5 分，第二名者得 3 分；若能分出四名，則得分方式可修正為「5」、「3」、「2」、「1」分。

　3. 基本分為 25 分，總分為 100 分。

⼆中年級「墊上精靈」教學評量示例

以第十三章教學設計示例中，中年級體育課程「墊上精靈」為例。本單元教學重點是學會前滾翻的動作。前滾翻屬於基礎動作技能中穩定性技能的一項類別，依其技術結構分析，可分為「預備姿勢」、「滾翻動作」及「完成動作」，而每項技術結構又涵蓋一至多項因素結構，例如：

技術結構	因素結構分析
預備姿勢	1. 身體直立，抬頭挺胸。
	2. 蹲姿，雙手撐在膝蓋前方約四十公分之墊子上。
	3. 雙手打開與肩同寬。
滾翻動作	1. 低頭，收下巴，臀部抬高，重心向前移至雙手上。
	2. 雙腳輕蹬，後腦著地後以頸、背、腰、臀、足，依序著墊。
	3. 翻滾過程中屈腿抱膝，身體保持圓球形，維持團身姿勢，不可讓身體打開。
	4. 身體持續向前滾動，直到臀部接觸到墊子時，手掌須用力向地推撐，成蹲身屈腿抱膝。
完成動作	起身，同時雙臂向斜上舉，以維持身體平衡。
聯合表現	1. 滾翻過程，動作順暢、連貫、一氣呵成。
	2. 身體滾動方向維持在一直線上。

評量前滾翻動作時，若採結果評量可訂出滾翻次數；若採過程評量，則需視學童的年齡階段、動作技巧要求的複雜性及起點行為，訂出客觀的評量向度及評分規範。因本單元針對前滾翻動作技能評量，兼顧「結果評量」及「過程評量」兩種方式。

表 14-10　中年級健體課「墊上精靈」評定量表

向度	評量項目	很棒	不錯	加油
教學單元：墊上精靈		任課教師：_____		
班別：____年____班　　座號：____號		姓　名：_____		
預備姿勢	1.身體直立，抬頭挺胸。			
	2.蹲姿，雙手撐在膝蓋前方約四十公分之墊子上。			
	3.雙手打開與肩同寬。			
滾翻動作	1.低頭，收下巴，臀部抬高，重心向前移至雙手上。			
	2.雙腳輕蹬，後腦著地後以頸、背、腰、臀、足，依序著墊。			
	3.翻滾過程中屈腿抱膝，身體保持圓球形，維持團身姿勢，不可讓身體打開。			
	4.身體持續向前滾動，直到臀部接觸到墊子時，手掌須用力向地推撐，成蹲身屈腿抱膝。			
聯合表現	1.滾翻過程，動作順暢、連貫、一氣呵成。			
	2.身體滾動方向維持在一直線上。			
完成動作	起身，同時雙臂向斜上舉，身體保持平衡狀態。			
連續前滾翻次數	_____次			
總　　分	_____分			

使用說明：

(一)、評量方法及標準：

1.本單元評量分「動作過程評定等級」及「動作結果評量」兩部分。

2.動作過程評定等級：每位學生進行前滾翻時，依據評量項目，在「很棒」、「不錯」及「加油」三種等級下的□打「v」。

3.「很棒」表示該項評量項目的動作要點全部都有做到；「不錯」表示部分有做到；而「加油」表示都沒有做到。

4.動作結果評量：指學生可以連續做的次數，但最高以「五次」為限。

(二)、計分說明：

1.「動作過程評定等級」共十項，依等級給分標準為「5分」、「3分」及「1分」。占50分。

2.「動作結果評量」，滾翻一次給「4分」，占20分。

3.基本分30分，總分為100分。

五、結語

　　評量的形式有許多種，但使用的評量方式必須是可行的、可信賴的，能應用到真實的學習或生活情境中，能有效地檢核學生達成目標的程度，評量出學生現行能力水準，同時檢核教師的教學效果。以往健康教育的評量方式，過於偏重強調記憶背誦層次的紙筆測驗；而體育評量則過於依賴量化測量，偏重技能忽略了認知與情意層面，更重要的是，未能顧及學童因身心成熟度、性別及運動經驗上的不盡相同，所造成運動能力上的差異性。不必全然否決傳統教學評量方法，然而改變勢在必行，唯有讓每一位學生的各種能力均獲得充分的尊重與發揮，提供學生更多元化的學習成就表現方式和結果解釋，才能真正落實教育改革理念與展現人性化的教育目的。

參考書目

李平譯（2003）。**經營多元智慧**（二版）。台北：遠流。

教育部（1997）。**學校體育教材教法與評量**㈠。台北：教育部。

教育部（2001）。教學評量。**教學創新九年一貫課程問題與解答**（頁60-65）。台北：教育部。

許義雄、陳鎰明、程瑞福、陳敬能（1998）。**我國學校體育發展指標建構之研究**。行政院國家科學委員會委託專題研究計畫成果報告書，未出版。

掌慶維（2001）。九年一貫健康與體育領域能力指標之議題探討。**翰林文教，24**，16-19。

鄭博真（2000）。多元智能理論在課程統整的應用與設計。**台灣教育，596**，28-37。

Bloom, B. S., Engelhart, M. D., Furst, E. J., Hill, W. H., & Krathwohl, D. R. (Eds.) (1956). *Taxonamy of educational objectives: The classification of educational goals (Handbook I: cognitive domain).* New York: David Mckay.

Gardner, H. (1983). *Frames of mind: The theory of multiple intelligences.* New York: Basic Books.

Johnston, J. N. (1981). *Indicators of education systems.* London: UNSCO.

國家圖書館出版品預行編目資料

呼應能力指標的教學與評量設計／洪碧霞等著.
-- 初版. -- 臺北市：心理，2010.01
　　面；　公分. --（教育研究系列；81036）
　含參考書目
　ISBN　978-986-191-321-6（平裝）

　1. 教學評量　2. 中小學教育

523.3　　　　　　　　　　　　　　　98020875

教育研究系列 81036

呼應能力指標的教學與評量設計

主 編 者：洪碧霞
作　　者：洪碧霞、陳　沅、林宜樺、黃秀霜、鄒慧英、蔡玲婉、鍾榮富、
　　　　　林娟如、林素微、謝　堅、蔡樹旺、涂柏原、翁大德、陳煥文、
　　　　　徐秋月、謝苑玫、林玫君、洪顯超、歐宗明、龔憶琳
執行編輯：李　晶
總 編 輯：林敬堯
發 行 人：洪有義
出 版 者：心理出版社股份有限公司
地　　址：台北市大安區和平東路一段 180 號 7 樓
電　　話：(02) 23671490
傳　　真：(02) 23671457
郵撥帳號：19293172　心理出版社股份有限公司
網　　址：http://www.psy.com.tw
電子信箱：psychoco@ms15.hinet.net
駐美代表：Lisa Wu（Tel：973 546-5845）
排 版 者：臻圓打字印刷有限公司
印 刷 者：東縉彩色印刷有限公司
初版一刷：2010 年 1 月
I S B N：978-986-191-321-6
定　　價：新台幣 400 元